Grade Pre-1

英検®準1級

最短合格！
リスニング問題
完全制覇 新装版

佐野健吾・花野幸子・田中亜由美 &
ジャパンタイムズ出版 英語出版編集部 著

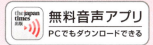
無料音声アプリ
PCでもダウンロードできる

英検®は、公益財団法人日本英語検定協会の登録商標です。

はじめに

　本書は、2016 年のリニューアル後の傾向を踏まえた、英検® 準 1 級リスニング対策書です。準 1 級の出題形式は 2 級と同じ会話、パッセージのほか、Real-Life 形式が加わります。2 級の場合、日常の身近な話題が中心ですが、準 1 級では歴史、科学、ビジネスなど、扱われる内容が高度になり、また量も多くなりますので対策は欠かせません。

　本書の読者の多くは、すでに 2 級に合格、あるいはそれと同等の英語力があり、これから上の級を受験される方でしょう。以前は準 1 級と 1 級の間では相当なレベル差がありましたが、近年その差が縮まってきています。まずは 2 級と準 1 級の難易度の差を体感し、それに慣れることから始めましょう。

　また、本書は準 1 級の試験対策だけでなく、しっかりとしたリスニング力を身につけたいと考えている方にも有効です。例えば、大学受験に向けてリスニング学習に力を入れたい高校生や、準 1 級合格者で 1 級を目指しているが、リスニング力がまだ少し弱いという方にも役立つに違いありません。

　Chapter 1 では、英語が聞き取れない主な原因とその克服法について述べています。これは本書の特徴の一つで、一般の試験対策本と大きく異なるところです。英語をただ漠然と聞いているだけではリスニング力は上がりません。まず自分の弱点を認識して、それを意識的に克服することが不可欠です。練習問題を解く中で、聞き取れない箇所に出会ったら、本書で扱っている訓練法を適宜選んで試してください。苦手な音を一つひとつクリアにしていくうちに、自然とリスニング力が上がっている自分に気づくでしょう。

　Chapter 2 ～ 4 は、それぞれ本試験の出題形式に沿った練習問題です。各 Chapter の冒頭で問題形式の特徴、傾向、注意点等を確認したら、続いて典型的な問題の解説が続きます。この概要の部分は、出題形式の全体像を把握し対策を立てる上でとても参考になるはずです。Chapter 5 には 2 回分の模擬試験が収録されていますので、仕上げに活用してください。本書の問題はすべてオリジナルで合計 160 問。試験の形式に慣れ、対策を立てるには十分の量です。

　本書が英語力の向上に役立ち、皆さんが見事目標を達成されることを心より願っています。

佐野健吾　花野幸子　田中亜由美

目次 Contents

はじめに ……………………………… 002　　音声のご利用案内 ……………………… 007
本書の構成と使い方 ……………… 005

Chapter 1　準1級リスニングテストを攻略するために
―― その特徴とリスニング力アップのための訓練法

1 準1級リスニングの特徴 …………………………………………………… 010
2 苦手意識とその克服法 …………………………………………………… 012
　▶ 1 リスニングの苦手意識の4タイプ ……………………………………… 012
　▶ 2 ハードル突破の訓練法 ………………………………………………… 015
　▶ 3 本試験に向けての対策 ………………………………………………… 028

Chapter 2　Part 1 攻略
―― Dialogues 形式問題を解く

Dialogues 概要 …………………………………………………………… 030
テーマ別練習問題 ………………………………………………………… 040
　▶放送文と訳・解答・解説 ………………………………………………… 042
演習問題 1 ………………………………………………………………… 054
　▶放送文と訳・解答・解説 ………………………………………………… 056
演習問題 2 ………………………………………………………………… 080
　▶放送文と訳・解答・解説 ………………………………………………… 082

Chapter 3　Part 2 攻略
―― Passages 形式問題を解く

Passages 概要 …………………………………………………………… 108
テーマ別練習問題 ………………………………………………………… 118
　▶放送文と訳・解答・解説 ………………………………………………… 122
演習問題 1 ………………………………………………………………… 140
　▶放送文と訳・解答・解説 ………………………………………………… 142

演習問題 2 .... **154**
▶ 放送文と訳・解答・解説 **156**

Chapter 4 — Part 3 攻略
—— Real-Life 形式問題を解く

Real-Life 概要 **170**

テーマ別練習問題 **178**
▶ 放送文と訳・解答・解説 **182**

演習問題 1 .... **196**
▶ 放送文と訳・解答・解説 **198**

演習問題 2 .... **208**
▶ 放送文と訳・解答・解説 **210**

Chapter 5 — 模擬試験
—— 模試 2 セットに挑戦！

模擬試験 1 .... **222**
▶ 放送文と訳・解答・解説 **228**

模擬試験 2 .... **274**
▶ 放送文と訳・解答・解説 **280**

`マークシート` 模擬試験 1　　　326　　　模擬試験 2　　　327

コラム

Tips for you! 効果的な学習のコツ

① 口語表現に親しもう 106
② イギリス発音に耳を慣らそう 168
③ リスニング学習の 5 つのカギを知ろう 220

■ カバー・本文デザイン／DTP 組版：清水裕久（Pesco Paint）　■ 問題作成：株式会社 CPI Japan　■ ナレーション：Howard Colefield（米）／Chris Koprowski（米）／Karen Haedrich（米）／Emma Howard（英）／Nadia McKechnie（英）
■ 録音・編集：ELEC 録音スタジオ　■ 音声収録時間：約 2 時間 40 分

本書の構成と使い方

本書は、英検®準1級に挑戦する方がリスニングパートの攻略に必要な力をつけるための問題集です。最新5年分のデータを元に作成した完全オリジナル問題で、徹底的に訓練しましょう。

■ Chapter 1　準1級リスニングテストを攻略するために
——その特徴とリスニング力アップのための訓練法

最初に、合格のために必要なリスニング力を基礎から見直し、苦手意識をなくすためのトレーニングをしましょう。まずはリスニングで越えなければならない4つのハードルとその対処法を説明します。続いて、各ハードルを突破するための実践的な訓練方法を紹介します。これらのページを通じて、自分の弱点をしっかり認識するようにしましょう。

■ Chapter 2-4　Part 1-3 攻略

3つのパートそれぞれの問題形式や対策のポイントを踏まえた上で、問題を解いていきます。概要では典型的な問題のパターンを取り上げ、テーマ別練習問題では、各パートでよく出題されるテーマを扱います。パターンとテーマの両面から対策することで、どんな問題にも対応できる力をつけましょう。

▶ **Part 1**（Dialogues 形式）

パターン別問題（4問）、テーマ別練習問題（6問）、演習問題（12問）2セットを収録。

▶ **Part 2**（Passages 形式）

パターン別問題（3題6問）、テーマ別練習問題（9題18問）、演習問題（6題12問）2セットを収録。

▶ **Part 3**（Real-Life 形式）

パターン別問題（3問）、テーマ別練習問題（7問）、演習問題（5問）2セットを収録。

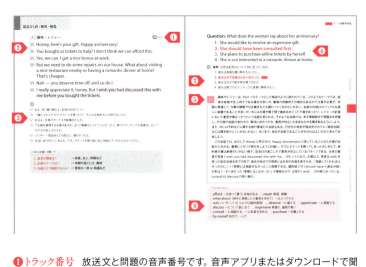

- ❶ トラック番号　放送文と問題の音声番号です。音声アプリまたはダウンロードで聞くことができます。音声の聞き方については、007 ページをご覧ください。
- ❷ 放送文　ヒントとなる箇所に色をつけてあります。
- ❸ 訳　放送文と選択肢は全訳つきです。問題を理解するのに役立ててください。
- ❹ 選択肢　問題ページだけでなく、ここにも選択肢を掲載してあります。正解できたかどうか、確認しましょう。
- ❺ 解説　どんな点に注意して問題を解いたらよいか、正解を導くための道筋を丁寧に説明しています。
- ❻ 語注　覚えておきたい単語・表現を取り上げました。知らない単語はここでチェックしましょう。

■ 模擬試験

　練習問題で力をつけた後は、仕上げとして模擬試験にチャレンジしましょう。2セット用意しました。巻末のマークシートを利用し、本番の試験に臨む気持ちで解いていきましょう。

■ コラム

　効果的なリスニング学習のコツをご紹介しています。

音声のご利用案内

本書の音声は、スマートフォン（アプリ）やパソコンを通じて MP3 形式でダウンロードし、ご利用いただくことができます。

スマートフォン

1. ジャパンタイムズ出版の音声アプリ「OTO Navi」をインストール
2. OTO Navi で本書を検索
3. OTO Navi で音声をダウンロードし、再生

3秒早送り・早戻し、繰り返し再生などの便利機能つき。学習にお役立てください。

パソコン

1. ブラウザからジャパンタイムズ出版のサイト「BOOK CLUB」にアクセス

   https://bookclub.japantimes.co.jp/book/b659751.html

2. 「ダウンロード」ボタンをクリック
3. 音声をダウンロードし、iTunes などに取り込んで再生

   ※音声は zip ファイルを展開（解凍）してご利用ください。

※本書は、CD-ROMつき『最短合格！ 英検®準1級リスニング問題完全制覇』(2009年9月20日初版発行)の新装版です。本文の内容や音声に変更はありません。

Chapter 1

準1級リスニングテストを攻略するために
―― その特徴とリスニング力アップのための訓練法

1 準1級リスニングの特徴

　準1級のリスニングパートは、Part 1（Dialogues）、Part 2（Passages）、Part 3（Real-Life）の3つの部分に分かれ、試験時間は指示などを含めると全体で約29分です。2級のリスニングパートは Part 1 と Part 2 のみですが、準1級では Part 3 が新たに加わり、内容や難易度の点でも差が見られます。ここでは、2級の出題形式と比較しながら、準1級リスニングの特徴を見ていきましょう。

■ Part 1（Dialogues）会話の内容に関する質問に答える（4択）

	準1級	2級
問題数	12題 12問	15題 15問
問題形式	男女による会話を聞き、それに関する質問に 10 秒で解答する。	
場面	日常のさまざまな場面（家庭、職場、学校、仕事、レジャー、公共施設、電話など）が扱われる。	
語数	60 ～ 110 語	45 ～ 75 語
スピード	両級とも、1分間に 150 語前後で大差はないが、語彙レベルなどの違いから、準1級の方が速く読まれているように感じる。	

- 準1級では全体的に2級よりも会話文が長くなり、より情報量が多く内容も複雑になります。
- 2級と比較すると、準1級では語彙レベルが上がり、長い単語も多く含まれるため、1分間あたりの語数は同じでも実際にはより速く読まれています。また、2級では一つひとつの単語が比較的はっきりと読まれているのに対して、準1級ではよりなめらかに自然に読まれます。
- 準1級には、イギリス人のナレーターが登場します。

■ Part 2（Passages）パッセージの内容に関する質問に答える（4択）

	準1級	2級
問題数	6題 12問	15題 15問
問題形式	各パッセージ（説明文）を聞き、それに関する2問の質問にそれぞれ 10 秒で解答する。	各パッセージ（物語文、説明文、アナウンス、レポートなど）を聞き、それに関する1問の質問に 10 秒で解答する。
テーマ	科学、テクノロジー、生物、環境、健康、医療、IT、ビジネス、社会、教育、歴史、考古学など、アカデミックな内容が扱われる。	架空の人物に関するフィクションが最も多いのが特徴。その他、お客・生徒・従業員などへのアナウンスや、地域・生物・歴史上の人物や出来事などを紹介する説明から出題される。

010

語数	130 ～ 160 語	55 ～ 75 語
スピード	1分間に130語前後。ただし、高い語彙レベルと長さのため、実質的には2級より速く読まれ、難しく感じる。	1分間に140 ～ 150語前後。語彙がやさしめであるため、1分間に読まれる語数は多くなるが、さほど速いとは感じられない。

- 両級ともパッセージを聞いて設問に解答する形式ですが、準1級ではパッセージの長さが2級の倍以上になり、各パッセージにつき2問ずつ設問があります。
- 2級では身近で起こり得るストーリーが読まれるため、比較的理解しやすい内容です。一方、準1級では上記の通り、アカデミックなテーマであるため、語彙レベルはもちろんのこと、内容も複雑になります。
- Part 1と同様に、準1級ではイギリス人のナレーターが登場します。

■ Part 3 (Real-Life) Real-Life 形式の放送内容に関する質問に答える (4 択)

	準1級	2級
問題数	5題5問	なし
問題形式	問題用紙に印刷された Situation と Question を10秒で読み状況を把握した後、音声 (施設でのアナウンス、各種説明・連絡、ボイスメール、音声ガイダンスなど) を聞き、その後 Question に10秒で解答する。	
場面	仕事、学校、買い物、交通機関、レジャー、保険、不動産、病院などが扱われる。	
語数	80 ～ 110 語	
スピード	1分間に150語前後	

- Part 3は、準1級と1級のみで出題される形式です。実生活でありそうなさまざまな具体的状況が扱われ、より実用的な内容になります。
- Situation や質問文を限られた時間で読み、状況を把握する必要があるため、リスニング力と同時にリーディング力も必要です。
- 音声には効果音が使用されることがあります。英文もリアルな雰囲気を出して読まれるため、慣れるまでは聞き取りづらいと感じるかもしれません。

　このように、2級と比較すると、準1級のリスニングでは会話やパッセージを聞く量、選択肢や Part 3 の Situation を読む量が増えるのはもちろんのこと、難易度も上がります。したがって、高いリスニング力がなければ準1級のリスニングに対応することは難しいでしょう。これらを踏まえた上で、しっかりと基礎固めをしながら本書を使って対策をしていきましょう。

2 苦手意識とその克服法

1 リスニングの苦手意識の 4 タイプ

　リスニングがリーディングと大きく異なるのは、何度も意味を確認することができないという点です。文字は繰り返し見ることができますが、音声は瞬時に消えてしまいます。聞こえた瞬間に意味をつかまなければ、二度と確認の機会はありません。そのため「リスニングは苦手」という方は多いでしょう。そこでこの苦手意識をなくすために、まずはリスニングで越えなければならない **4 つのハードル** を見てみましょう。一つひとつハードルを越えて行けば、その先に「リスニングが得意になる」という素晴らしいゴールが待っています。

ハードル 1 　発音の聞き取りが難しい

　聞き取れない音が多い場合です。準 1 級レベルの単語や文を文字にすると理解できるのに、それをネイティブスピーカーが話す音声で聞くと、意味がつかめなくなります。文章を読む量に比べて、英語の音声を聞く量が少なく、またネイティブスピーカー特有の発音にも不慣れで戸惑ってしまいます。

ハードル 2 　発音が聞けても意味が理解できない

　単語レベルでは聞き取れるのに、全体の意味が分からない場合です。単語一つひとつははっきりと聞こえるのに、意味を成すセンテンスとして頭に入ってこないのです。ゆっくり考えれば分かる場合でも、リスニングでは話者のスピードに合わせなければならないので、意味を取る余裕もなく音声は先へと進んでいきます。まして読んでもよく分からない文は、発音がクリアでもお手上げです。

ハードル 3 　意味が分かったのに覚えられない

　聞いているときは分かったつもりでも、音声が終わると忘れてしまう場合です。ハードル 2 と違い、聞いているときは何とか理解できても、音声が終わった途端に何を言っていたか忘れてしまうのです。センテンスの内容が少し複雑になると、理解するのに精一杯で、記憶しておく余裕がなくなってしまうことも原因の一つです。

ハードル 4　パニックになって途中から脱落してしまう

　少しでも聞き取れない部分があると、その後ついていけなくなる場合です。最初のうちは順調でも、途中で分からない部分が出てくると、そこを考えているうちに音声がどんどん先に進んでいき、話の展開に追いつけなくなるのです。パニック状態になって、以後やさしいセンテンスでもついていけないことがあります。また、音声の冒頭が聞き取れないと、そのままずるずると全体が分からなくなる場合もあります。

　これら 4 つのハードルにどう対処すればよいでしょうか。まずは各ハードルを越える方法の概要を説明します。その後、より具体的なハードル突破方法に進み、陥っている状況に合った訓練法を試してみましょう。4 つのハードルを越える練習をしていく中で、リスニングの苦手意識は自然になくなっていくはずです。

ハードル 1 を越える！

　自分がイメージしている英語の発音と実際の発音がかけ離れているのが原因ですから、スクリプトを見ながら単語の発音を確認することから始めましょう。「とにかく音声だけで理解できるようにならなければ」とやみくもに聞くだけでは、なかなか分かるようになりません。自分が今まで認識できていなかった英語発音の特徴を、スクリプトと照らし合わせながら確認することで、聞こえてくる音声に対して怖じ気づくことなく、自信が持てるようになります。　　　　　　　　　　参照▶ 黙聴（015 ページ）

ハードル 2 を越える！

　単語は結構聞き取れるのに、全体で何を言っているのか分からないのはなぜでしょう。それは各単語の意味は理解できても、各単語を結びつけるルール、つまり文構造を瞬時にとらえていないためです。自分の言いたいことを相手に伝えるためには、自分も相手も分かる共通のルールが必要です。そのルールである文構造がつかめなければ、各単語の意味が理解できても、全体の意味を正確にとらえることはできません。

　単語レベルの理解を文レベルの理解へ押し上げるには、「ディクテーション」が有効です。聞こえた音声を書き出してみると、意味の通る文として音を聞いているかどうか一目瞭然です。自分が間違って聞いている箇所を確認し、それを正していく中で、

音声を単語の羅列ではなく意味のある文として理解できるようになっていきます。

参照 ▶ **ディクテーション** (017 ページ)

♪♪ ハードル3を越える！

　聞いているときは分かったつもりでも、音声が止まると途端に内容を忘れてしまうのは、内容の記憶を保持（リテンション）できるほどの余裕がないからです。その余裕を培う方法は2通りあります。まずは「区切り聴」です。これは一度にたくさんの英文を聞いても覚えられないので、少しずつ納得しながら情報を足していく方法です。情報が少なければ理解も記憶も容易なので、頭の中に空白部分を作らずに、聞こえてきた情報を次々と加えていくことができます。それまでに聞いた英語がすべて、情報としてきちんと頭に入ったという経験が大事です。この経験を積み重ねていけば、次第に安心して音声を聞き、記憶しておけるようになります。

　もう一つは「音読」です。受け身のリスニングから一歩進んで、ネイティブスピーカーの話す調子をまねるつもりで自ら発音してみると、意味を取りやすくなり、内容も覚えられるようになります。

参照 ▶ **区切り聴** (019 ページ)、**音読** (021 ページ)

♪♪ ハードル4を越える！

　音声は文字と違って再確認ができないため、分からない部分があると焦ってしまうのは自然なことです。しかし、ある程度は仕方がないと割り切ることも必要です。大切なのは、そこから先をできるだけ理解しようというマインドに切り替えることです。とにかく音声についていく気持ちで、最後まで聞いてください。普段からそうしたマインドで音声に接していると、分からない部分が出てきても慌てなくなります。

　それからもう一つ、細かいことにとらわれず大きく内容をつかむ聞き方が有効です。話には必ず筋があります。ある内容について述べていたものが、次に別の内容に展開していくといった具合です。内容の大まかな枠をとらえていれば、少し分からない部分に出合っても、大筋から外れずに最後まで慌てずに聞くことができます。こうした聞き方は、Part 2 の問題を解く際にも非常に役立ちます。「概聴」でその聞き方を練習してください。

参照 ▶ **概聴** (023 ページ)

2 ハードル突破の訓練法

■ ハードル1の突破を目指して —— 黙聴

「黙聴」とは、文字通り黙って聞くことです。ただ漠然と聞くのではなく、音と文字を一致させるよう意識することが重要です。次のスクリプトを見ながら音声を聞いてみましょう。

🔊 001 **This hall has been a stressful one for me.**

音声はスクリプト通りだったでしょうか。少し変なところがありますね。気づかなかった方はもう一度聞いて、音とスクリプトが違うところを拾ってみましょう。2番目の単語は hall ではなく fall でしたね。では、次はどうでしょう。

🔊 002 **I've had mounts of work to get you.**

やはり変なところがありますね。3番目の単語 mounts は mountains、7番目と8番目の get you は get through が正しいです。

スクリプトを見ながら漫然と聞いていると、こうしたことに気づかないことがあります。なぜでしょう。それは、目からの情報が耳からの情報より優先されるからです。文字の方に自然と注意が行って、実は音を聞いていないのです。そのことを意識して、耳をそば立てて、書いてある文字の正しい発音を確実にキャッチする習慣を身につけましょう。その際につまずきやすい点を先ほどの間違いをもとに解説しておきます。

1. hall と fall。f は日本語にない子音なので、h と f を区別して聞き取ることが苦手な方が多いようです。home と foam（泡）、hail（あられ、ひょう）と fail などもそうです。ほかに r と l も区別が難しいです。例えば、rain と lane（道路の車線）、play と pray（祈る）などです。

2. mountains は「マウンテンズ」とは発音されていません。後ろの部分 ...tains は飲みこまれたように弱い音になり、「マウン…ズ」のように聞こえ、スペルが思い浮かばないかもしれません。このように非常に弱く発音されたり、飲みこまれたりする音があるため、思っていた発音と違って聞こえる単語にも注意しましょう。little が「リル」、better が「ベラ」のように聞こえるのもこの例です。

3. get through は2語ですが、get の t と through の th が似た発音であるため、t の音が脱落して、一つの音のようになり、「ゲット・スルー」ではなく「ゲッスルー」のように聞こえます。一つひとつは知っている単語でも、このように一緒に発音されると聞き取りにくくなることがあります。ちなみに get you は「ゲッチュー」のように聞こえますね。ほかに scientists say は「サイエンティスセイ」、on alert は「オナラ」（失礼！）のように聞こえることがあります。

それでは、今までの説明を頭に入れて、次の音声を聞いて自分が思っていたのと違うと思われる発音を拾っていきましょう。あくまで目より耳を優先させることを忘れずに！

◀ 003　This fall has been a stressful one for me. I've had mountains of work to get through, which isn't a bad thing for a freelance writer. But this autumn, there have been moments where I just want to pack up and leave for a vacation.

訳　今年の秋は私にはストレスの多い季節だった。片づけなければならない仕事が山ほどあり、それはフリーのライターにとって悪いことではない。しかし今年の秋は、ただもう荷物をまとめて休暇に出たい瞬間があった。

Vocabulary
□ **mountains of** たくさんの〜、山ほどの〜　□ **get through** 〜を終える、〜を済ます
□ **pack up** 荷物をまとめる

▶▶ ポイント
1. 文字ではなく音に注意しながらスクリプトを見よう。
2. 辞書に載っている発音通りとは限らない。複数の単語が一緒に読まれて音が脱落したり、変化したりすることがあるので、実際の発音をしっかり頭に入れよう。

※ Chapter 2 以降の問題でも、聞き取りにくい音声に出合ったら、それをスクリプトで確かめましょう。音と文字をきちんと結びつければ、その音は聞き取れるようになります。

2 苦手意識とその克服法

■ ハードル2の突破を目指して — ディクテーション

次の004から008までの音声を聞いて [　　　] を埋めてください。

004　Air [　　　] used to be costly.

005　Even domestically, getting around [　　　　　　] could cost a pretty penny.

006　The Shinkansen was [　　　　　　　] and so I joined other budget-conscious travelers in taking night buses across Japan.

007　While economic, this usually [　　　　　　　　] during an eight-hour ride arriving at a destination in the early morning.

008　It's tough to [　　　　　　　　] when you just want to pass out.

いかがでしたか。空所に入る単語は以下の通りです。

004　travel

005　via plane

006　just as expensive

007　meant trying to sleep

008　take in the local spots

それでは、解答について少し説明します。

004　travel が trouble と聞こえたら、air trouble で意味が通じるか考えてみましょう。

005　via の所を be a と書いた方は注意してください。getting around be a plane could cost ... では、文の主語 getting around の動詞が be と could cost の 2 つになって、文として成立しなくなります。

Chapter

1
2
3
4
5

準1級リスニングテストを攻略するために

017

◀ 006　just と expensive の間の as が少し難しいかもしれません。as expensive の後に省略があり、それを補えば The Shinkansen was just as expensive as a plane になります。

◀ 007　trying to sleep は比較的分かりやすいですが、その前の単語 meant が難しかったと思います。このような場合、意味の面では、trying to sleep 以下が this（夜行バスを利用すること）の説明らしいこと、発音の面からは m で始まることの 2 つを頭に入れて、それに合う単語を探すとよいでしょう。

またディクテーションをしてみると、meant が辞書にあるような発音とかなり違うことにも気づくはずです。そうした気づきは、今後同じような発音に出合ったときに聞き取りの助けになります。

◀ 008　take in the local spots を take end local spots と書きそうですが、これでは何のことか分かりません。take in は「〜を見に行く」という熟語で、これを知らないと take in the が take end に聞こえてしまいそうです。このように難しい語句は 1 回では聞き取れないのが普通ですので、心配する必要はありません。大切なのはその後です。正しい語句が分かったら、もう一度英文を見ないで音だけで正しく聞こえるか確認してください。そうすることで、音が頭に残るようになります。

訳　かつて空の旅は費用がかかった。／国内でさえ、飛行機での移動はかなりの金額になることがあった。／新幹線も同じくらい高かったので、私は予算を気にするほかの旅行者たちと同様、夜行バスに乗って日本を回った。／それは経済的であったが、たいていの場合、8 時間もバスに乗り目的地への到着が早朝になる中、乗車中に睡眠を取ろうとすることになった。／疲れて眠りたいときに地元の観光名所を回るのはきつい。

Vocabulary

□ **used to be** かつては〜だった　□ **costly** 値段の高い　□ **domestically** 国内で
□ **get around** 移動する　□ **via** 〜によって、〜を使って　□ **pretty penny** かなりの金額
□ **budget-conscious** 予算を気にする　□ **economic** 経済的な、値段の安い
□ **take in** 〜を見に行く　□ **pass out** 眠る、気を失う

> **2** 苦手意識とその克服法

> ▶▶ ポイント
>
> 1. 書き取った英文の意味が通じるかどうかをまず確認しよう。
> 2. 意味を成さなければ、単語・文構造・音声の面から、どこをどう直せば意味が通じるかを考えて何度か聞こう。
> 3. 正しい英文が分かったら、その部分の音声だけを聞いて意味を確認しよう。

※ Chapter 2 以降の練習問題を解く中で、聞き取りにくい音や意味がつかめないところが出てきたら、その部分をディクテーションするとよいでしょう。聞き取れないということは、そこが自分の弱点です。一つずつ克服していけば、音が単語の羅列ではなく、意味を持った音の塊として認識できるようになっていきます。

■ ハードル 3 の突破を目指して —— 区切り聴・音読

区切り聴

まずは以下の音声を聞いてください。

◀ 009

このくらいの長さなら、聞いた直後に英語の音としてそのまま頭に残るでしょう。そのとき意味もはっきりしていますか。頭の中で意味を確認してください。この音声は「黙聴」のスクリプトに続く部分で、that は最後の部分 pack up and leave for a vacation を指しています。初めは日本語に訳しても構いません。よくリスニングは訳している暇がないのだから、日本語を介さずに理解しないといけないと思っている方がいますが、**意味が分からないまま先へ行くより、きちんと理解した上で先へ進むことが大事**です。しっかり分かるようになってくると、自然と日本語に訳さなくても理解できるようになってきます。日本語でも英語でもどちらでもいいですから、意味が分かったと思ったら次の音声を聞きましょう。

◀ 010

So I did just that. は先ほどと同じなので、考えなくても分かりますね。その部分に In mid-November, の意味を加えて理解してください。では次です。

◀ 011

同じように In mid-November までは楽勝ですね。その後も理解できたでしょうか。このようにして少しずつ音声を足していけば、次第に長い文を理解して覚えておけるようになります。その際、「黙聴」や「ディクテーション」で気をつけた部分、つまり個々の単語の発音や複数語が一緒に発音されるところで聞き取りづらかった部分はないか、理にかなった文構造として聞こえたかに注意してください。これらがクリアできないと、結局何を言っているのか分からないまま、聞き続けることになってしまいます。

練習

　それでは、次の音声で続きをやりましょう。一度に聞く部分の区切り方は自分が理解できる長さで始めてください。慣れてきたら次第に長めに切って、その部分を一度に理解しつつ記憶しておけるか試してみましょう。（下のスクリプトで意味を確認しても構いませんが、練習は必ず音声だけで行ってください。）

◀ 012

　おそらくこの音声の最後の部分 but a change of scenery went a long way to making me feel a little more sane は、発音も聞こえて文の構造も確認できたのに意味がつかめなかったという方が多いと思います。go a long way to は「〜するのに大いに役立つ」という意味の決まった言い方で、直訳すれば「しかし風景が変わることは少し正気な気分になるのに大いに役立った」ですが、要するに、旅行して風景が変わったおかげで、仕事に追われストレスが多かった状態からもっとまとも（more sane）になった、つまり旅に出てリフレッシュできたという意味を表しています。このようにすぐには内容が把握できない場合は、スクリプトを見て辞書を引くなどして、意味を確かめた上で再度聞いてください。内容のつかめないものを何度聞いても意味がありません。

　こちらが、練習音声のスクリプトです。

So I did just that. In mid-November, I traveled to Seoul for a week. Beyond checking in with some friends I hadn't seen in years, I didn't have plans. I just sort of hung around. I still worked, but a change of scenery went a long way to making me feel a little more sane.

訳 そこで、まさにそうしたのだった。11月半ば、ソウルへ1週間旅行に行った。何年も会っていない友人に連絡し近況を伝える以外、予定はなかった。ただちょっとブラブラしただけだった。依然として仕事はしたが、風景が変わり、リフレッシュするにはとても良かった。

Vocabulary

- □ check in with（近況を話したり聞いたりするために）〜に連絡する
- □ sort of やや、少し □ hang around ブラブラする
- □ go a long way to *doing* 〜するのに大いに役立つ □ sane 正気の、まともな

▶▶ ポイント

1. 短く区切った意味が取れる音声を、少しずつ加えながら聞こう。
2. 音声を聞くときはスクリプトを見ないようにしよう。（意味の確認でスクリプトを見るのはよい。）
3. 必ず意味を確認しながら聞こう。

音読

「音読」はリスニングと関係ないように思われるかもしれませんが、実はリスニング能力の向上に役立ちます。日頃からネイティブスピーカーになるべく近いリズム感、イントネーションで英語を発していれば、聞こえてくる音声にも自然に乗ることができます。これはスポーツを見るだけでなく実際にやってみる、音楽を聞くだけでなく演奏してみると、そのスポーツや音楽がより深く理解できるのと似ています。深く理解できれば、聞き終わった音声が記憶に残りやすくなるのです。

もちろん日本人にとって、ネイティブスピーカーのような発音で音読するのはなかなか難しいことですが、基本的に注意する点はたった2つですので安心してください。それは音の「切れ目」と「強弱」です。この2項目さえ押さえておけば、それらしく伝わりやすい音読ができます。では、さっそく1項目ずつ確認しながらやってみましょう。

1. まずスクリプトを見ながら音声を流し、音の切れ目と思われるところにスラッシュを入れてみましょう。最初の2カ所だけ参考に入れておきます。

◀ 013 It was all possible / because of a low-cost carrier. / The last 10 years or so have seen these budget airlines become commonplace across Asia. It has made travel across the continent easy, and has changed the way people think about vacations.

次にスラッシュを入れた音の切れ目を意識して、スクリプトを見ながら音声と一緒に音読してみましょう。

2. 今度は強弱です。同じスクリプトで強いと思われる単語に○をつけましょう。最初の文では all と low-cost が強く聞こえたのではないでしょうか。残りの部分にも○をつけましょう。その後、音の強弱に注意して、スクリプトを見ながら音声と一緒に音読しましょう。

3. 今度は音の切れ目と強弱、両方を意識して音読してみましょう。どうですか。大分それらしくなったのではないでしょうか。

訳 それができたのはすべて格安航空会社のおかげである。ここ約 10 年で、こうした格安航空会社がアジア全域でごく普通に見られるようになった。そのため大陸の各地を回る旅が容易になり、休暇に対する人々の考え方が変化した。

Vocabulary

□low-cost carrier 格安航空会社 □budget airline 格安航空会社
□commonplace 普通の、ありふれた □continent 大陸

「切れ目」と「強弱」に注意する理由は、「切れ目」で意味のひと塊がどこまでかが示され、「強弱」については、伝えたい重要な単語は強く読まれ、それほど重要でない単語は弱く読まれるからです。この 2 項目が体感でつかめれば、文全体の意味が頭に入りやすくなります。さらに「黙聴」で扱った個々の発音の留意点に注意しながら読めば、ネイティブスピーカーの読み方にもっと近づきます。自身の成果を確認したい方は録音してみるのもよいでしょう。

4. さらに一歩進んで、スクリプトを見ないで音読するのも良い方法です。いわゆる「シャドーイング」で、音声が聞こえてきたら間髪入れずにそれを口に出して、最後まで音声についていきます。ここで大事なのは、意味をとらえながらシャドーイングをすることです。音をオウム返しのようにただ口に出していては、効果はありません。先ほど音読で使用したもので練習してみてください。一度にやるのは大変ですので、一文ずつ音声を入れておきます。

🔴2 苦手意識とその克服法

🔊 014

🔊 015

🔊 016

>> ポイント

1. 音読する際は音の「切れ目」と「強弱」に注意しよう。
2. シャドーイングは必ず意味を考えながら行おう。

※ 音を記憶に残すためには、発音と意味の両方をある程度余裕を持ってつかむ必要があります。簡単に聞き取れる音声は記憶に残るものです。Chapter 2 以降の問題でも「区切り聴」と「音読」をうまく利用して、その余裕の度合いを上げてください。

🔴 ハードル4の突破を目指して── 概聴

「概聴」とは、話の展開に注意して聞く方法です。話の筋をイメージしながら聞く方法と言ってもよいでしょう。まず約 140 語の英文を聞きましょう。内容は大きく 2 つに分かれます。話の内容が大きく変わる切れ目の冒頭部分を探してください。

🔊 017

いかがでしたか。話が変わる切れ目は That changed in 2012 です。前半はディクテーションで扱った部分でしたね。ですから、内容の切れ目は分かりやすかったと思います。英文は以下の通りです。

① Air travel used to be costly. Even domestically, getting around via plane could cost a pretty penny. The Shinkansen was just as expensive and so I joined other budget-conscious travelers in taking night buses across Japan. While economic, this usually meant trying to sleep during an eight-hour ride arriving at a destination in the early morning. It's tough to take in the local spots when you just want to pass out.

② That changed in 2012, when the first Peach Aviation flight took off. It proved a huge hit both with people wanting to travel around Japan or even a few destinations in Asia. It was the first of many low-cost carriers at around the same time, such as All Nippon Airways Co.'s Vanilla Air and Spring Airlines Japan. They became so popular that Narita Airport added a third terminal servicing only budget carriers.

023

前半①では格安航空のサービスが始まる以前のことが描かれています。飛行機の利用はお金がかかるため、話者は夜行バスを使い、長時間かけて移動して目的地に到着したと述べています。その後②の冒頭 That changed in 2012 で話の内容が大きく変わり、格安航空が登場して大人気となったことが述べられています。

それではもう一つ、続きの英文（約130語）を聞いてみましょう。今度も内容は大きく2つに分かれます。各内容を大きくつかみながら、話の切れ目を探してください。

🔊 018

正解は Still, for short trips です。ほかの部分を選んでしまったら、もう一度切れ目に注意して大まかな内容をとらえましょう。

③ What separates these carriers from the rest? Well, the price is the main draw, with tickets for one-way flights in Japan usually costing around ¥6,000. And even cheaper seats can be had if you buy at the right time. The trade-offs, however, are noticeable. You usually have to pay extra to store a suitcase, and food and drinks cost extra. Don't expect any entertainment options, either — make sure you have a book.

④ Still, for short trips, it isn't a big deal. And even for international destinations, it's not too bad. No-frills carriers flying to Taipei, Hong Kong and Cebu in the Philippines can be found at most major Japanese airports. Overseas travel used to be a special once-in-a-while occasion, but with budget airlines, people can head out for weekends without spending too much.

前半③は格安航空のメリット（とにかく安い）とデメリット（サービスは有料）が大まかな内容です。それに対し Still から始まる④は、格安航空のプラス面（国際線もあり、安いので気軽に海外に出かけられる）が強調されています。プラス面だけでなくマイナス面もある（③）が、それでもプラス面が多い（④）という流れです。

訳 ①かつて空の旅は費用がかかった。国内でさえ、飛行機での移動はかなりの金額になることがあった。新幹線も同じくらい高かったので、私は予算を気にするほかの旅行者たちと同様、夜行バスに乗って日本を回った。それは経済的であったが、たいていの場合、8時間もバスに乗り目的地への到着が早朝になる中、乗車中に睡眠を取ろうとすることになった。疲れて眠りたいときに地元の観光名所を回るのはきつい。

②それが変わったのが2012年、Peach Aviation が運航を開始したときだ。それは日本を旅したい人々だけでなく、アジアでいくつかの旅先を回りたい人々にも大ヒットとなった。Peach は同時期に

就航した全日空のバニラ・エアや春秋航空日本など、多くの格安航空会社の先駆けだった。これらの格安航空が大人気となり、成田空港は格安航空会社専用の第 3 ターミナルを増設した。

③ 格安航空はほかとどこが違うのだろうか。まあ、国内の片道航空券は通常約 6,000 円で、価格が主な魅力となる。そしてうまく買えば、さらに安い席を入手できることもある。しかしその代償ははっきりしている。通常スーツケースを預けるには余分な料金を払わねばならず、飲食物にも追加料金がかかる。娯楽サービスも期待してはいけない。必ず本を持って行こう。

④ それでも、小旅行の場合、それはたいしたことではない。旅先が海外の場合でさえ、それほど悪くない。台北、香港そしてフィリピンのセブ島に飛ぶ格安航空会社は、日本のほとんどの主要空港で見つけられる。かつて海外旅行は特別でたまにしかできないことだったが、格安航空のおかげで、人々はあまり費用をかけずに週末出かけることができる。

Vocabulary

□ **used to be** かつては~だった　□ **costly** 値段の高い　□ **domestically** 国内で
□ **get around** 移動する　□ **via** ~によって、~を使って　□ **pretty penny** かなりの金額
□ **budget-conscious** 予算を気にする　□ **economic** 経済的な、値段の安い
□ **take in** ~を見に行く　□ **pass out** 眠る、気を失う　□ **take off** 離陸する
□ **separate** ~を区別する　□ **draw** 引き付けるもの、魅力　□ **trade-off** 代償、交換
□ **noticeable** 顕著な、目立つ　□ **store** ~を保管する　□ **make sure** 必ず~する
□ **big deal** 一大事、大変なこと　□ **no-frills** 余分なサービスなしの、格安の
□ **once-in-a-while** たまの、時々の　□ **head out** 出かける、出発する

▶▶ ポイント

1. 話には必ず筋・展開があることを念頭に置こう。
2. 分からない部分にこだわらず、すぐに切り替えて音声を追おう。
3. 話の大筋から離れない気持ちで最後まで聞き通そう。

※この 2 つのパッセージの長さは、130 ～ 140 語程度で、ちょうど準 1 級の Part 2 のパッセージくらいの長さです。準 1 級の Part 2 も大多数は 2 つのパラグラフから構成され、各パラグラフから 1 問ずつ質問が出されます。質問は各パラグラフの中心トピックに関係することが多いので、内容を大きくとらえる「概聴」の聞き方が役に立ちます。本書の Part 2 問題で繰り返し練習することで、本試験の Part 2 が解きやすくなるでしょう。

さて、いくつか音声を聞いてきましたが、以下に音声全体とスクリプトを載せておきます。ハードル突破訓練法ではこれを分割・抜粋して使用しました。訓練法のそれぞれの項目でさらに練習したい場合に、適宜活用してください。

019　This fall has been a stressful one for me. I've had mountains of work to get through, which isn't a bad thing for a freelance writer. But this autumn, there have been moments where I just want to pack up and leave for a vacation.

So I did just that. In mid-November, I traveled to Seoul for a week. Beyond checking in with some friends I hadn't seen in years, I didn't have plans. I just sort of hung around. I still worked, but a change of scenery went a long way to making me feel a little more sane.

It was all possible because of a low-cost carrier. The last 10 years or so have seen these budget airlines become commonplace across Asia. It has made travel across the continent easy, and has changed the way people think about vacations.

Air travel used to be costly. Even domestically, getting around via plane could cost a pretty penny. The Shinkansen was just as expensive and so I joined other budget-conscious travelers in taking night buses across Japan. While economic, this usually meant trying to sleep during an eight-hour ride arriving at a destination in the early morning. It's tough to take in the local spots when you just want to pass out.

That changed in 2012, when the first Peach Aviation flight took off. It proved a huge hit both with people wanting to travel around Japan or even a few destinations in Asia. It was the first of many low-cost carriers at around the same time, such as All Nippon Airways Co.'s Vanilla Air and Spring Airlines Japan. They became so popular that Narita Airport added a third terminal servicing only budget carriers.

What separates these carriers from the rest? Well, the price is the main draw, with tickets for one-way flights in Japan usually costing around ¥6,000. And even cheaper seats can be had if you buy at the right time. The trade-offs, however, are noticeable. You usually have to pay extra to store a suitcase, and food and drinks

cost extra. Don't expect any entertainment options, either —
make sure you have a book.

Still, for short trips, it isn't a big deal. And even for international
destinations, it's not too bad. No-frills carriers flying to Taipei,
Hong Kong and Cebu in the Philippines can be found at most
major Japanese airports. Overseas travel used to be a special
once-in-a-while occasion, but with budget airlines, people can
head out for weekends without spending too much.

Patrick St. Michel
The Japan Times Alpha 2018 年 11 月 30 日号掲載

3 本試験に向けての対策

最後に、準1級リスニング対策として次の2点を挙げておきます。

本試験を解いてみる

まずは実際の試験問題を見ることです。英検の公式サイト (https://www. eiken. or.jp/eiken/) では過去1年の問題・解答・音声・スクリプトすべてが公開されています。それを実際に自分で解いてみて、問題のレベルを確認してください。自分の現在の英語力との距離を測るのに役立ちます。

本書を利用する

問題のレベルが分かったら、本書を利用して準備をしましょう。

❶ 類似問題を数多くこなす

リスニングでは特に慣れが重要です。本試験と同じような問題を数多く聞いて解き試験形式に慣れることで、問題の解き方も分かり、正答率が上がっていきます。本書には合計160問が収録されていますので、問題に慣れるにはこれだけで十分です。

❷ リスニング力を上げる

さらに一歩進んで、リスニング力自体を上げることも目指しましょう。人それぞれ聞き取れない音があるものです。それをそのままにしないで、この章で扱った「黙聴」「ディクテーション」「区切り聴」「音読」といった訓練法をいろいろ試し、「聞こえた！理解できた！」という体験を重ねていくと、リスニング力が上がっていきます。リスニング力自体が強化されれば、試験の正答率はさらに上がることでしょう。

Chapter 2

Part 1 攻略

—— Dialogues 形式問題を解く

Part 1 Dialogues 概要

1 問題形式

　男女の会話を聞き、それに続く質問に対して適切な答えを4つの選択肢から選びます。問題は全部で12問、会話と質問が流れるのは一度だけです。問題用紙に印刷されているのは選択肢のみ。会話の長さは、60〜110語程度で、平均は80語前後。2人の発話回数は合わせて4〜8回程度です。正解を選ぶ時間は各問題10秒。選択肢の長さは短めで、10語を超えることはほとんどありません。

　会話のスピードは、1分間に150語前後。アメリカやイギリス出身のネイティブスピーカーがナチュラルに読んでいます。比較的はっきりと発音していて聞き取る上で無理はありませんが、イギリス発音が苦手な方は168ページのコラムを参考にしてください。

　会話で扱われる話題は日常的なものが多く、趣味、仕事、学校、買い物など、多岐にわたります。男女の関係も、夫婦、親子、友人同士のほか、同僚同士、上司と部下、教授と学生、店員と客などさまざまです。

2 対策のポイント

❶ 頻出テーマを知る

　Part 1の会話のテーマや場面設定はバラエティーに富みますが、間違いなく頻繁に出題されるテーマがあります。これらを知っておくことで、会話の出だしから状況を理解しやすくなるという利点があります。040ページからの「テーマ別練習問題」では、頻出テーマとともに、各テーマにおける聞き取りのポイントも示してありますので活用してください。

❷「先読み」は必要か

　Part 1では、質問文が印刷されていませんので、音声が流れる前に読むことができるのは選択肢のみ。これを事前に読むことを「先読み」と呼びます。「先読み」には一長一短があります。余裕を持って読める人が事前に選択肢に目を通し、会話の話題や登場人物を予想することにはメリットがあります。ただし、あまり余裕がないときに無理して読もうとすると慌ててしまい、かえって混乱の元になりかねません。そもそも、4つの選択肢のうちの3つは誤った情報のため、これを読むことによって、不要な情報に触れてしまうというデメリットもあります。

お勧めしたいのは「先読み」よりも「先見」です。選択肢はちらっと見る程度にとどめておくのがよいでしょう。選択肢の主語が He/She でそろっている場合には、男性／女性について問われると分かります。選択肢が動詞で始まっている場合には、動詞を見るだけでも十分です。または、なんとなく選択肢を眺めてキーワードらしきものに印をつけておくのも有効です。「先見」の仕方についても、040 ページからの「テーマ別練習問題」をご覧ください。

❸ 会話の状況判断

Part 1 の会話でつまずいてしまう原因の一つは、会話の出だしで状況判断ができないことにあります。よって、冒頭の発言に含まれるキーワードを聞き取ることは非常に重要です。それができると、会話のトピックが分かり、話している 2 人の関係もおのずと理解できるものです。問題番号が読まれたら、心を落ち着けて、会話の出だしをしっかりと聞き取るようにしましょう。

❹ メモ取りは必要か

Part 1 では、メモを取る必要はありません。それよりも会話の流れを追うことに集中する方が大切です。そもそも、メモを取らなければ覚えていられないような内容が出題されることはありません。この後の「会話のパターン」を知ることにより、十分対応することができますので安心してください。

❺ ヒントは会話の後半

質問に答える上でヒントになる部分は、会話の後半に多くあります。したがって、特に後半は聞き逃さないように集中して聞く必要があります。ただし、「会話パターン」によっても聞き取りポイントは異なりますし、中には会話の冒頭にヒントがくることもあります。本書の演習問題・模擬試験を繰り返し復習し、柔軟に対応できるように練習しましょう。

❻ 口語表現にどう対処するか

Part 1 でつまずくもう一つの原因として、特に会話の後半で使われるイディオムや聞き慣れない口語表現があります。知らないものは、会話の流れやナレーターの話し方などから判断するとよいでしょう。大事なのは、聞き取れないからといって焦ることなく、落ち着いて判断することです。本書では、106 ページに「口語表現に親しもう」と

いうコラムとしてまとめていますので、ぜひ参考にしてください。

❼ 選択肢の言い換え

「会話は聞き取れたけれど、選択肢が選べない」というお悩みを聞くことがあります。原因は、選択肢での言い換えを即座に見つけられないことにあります。リスニングパートとはいえ、解答時間の10秒以内に正解を選ぶためには、語彙力や読解力も必要になります。選択肢の言い換えには大きく2種類あります。会話に出てきた単語を同義語で言い換える場合と、抽象語（上位語）で言い換える場合です。語彙を増やすとともに、多くの問題を解きながら、これらの言い換えのパターンに慣れておくことで、短時間に正解を選ぶことができるようになります。

❽ 会話パターンを知る

Part 1の難しい点として、質問文が印刷されていないことが挙げられます。受験者は、会話が終わってから初めて質問文を聞くことになるのですが、これには良い対処方法があります。実は、Part 1の会話パターンを知ることで、事前にある程度質問を予想することができるのです。次のセクションでは、Part 1でよく出題される4つの会話パターンを順番に見ていくことにしましょう。

3 │ 会話のパターン

まず、私たちの日常会話を考えてみましょう。どんなときに会話は始まるでしょうか？ 嬉しいことや感動したことを共有したいときに、誰かと話したくなるでしょう。逆に、困ったときに助けてほしかったり、不安なときに話を聞いてほしいこともあるでしょう。Part 1の会話も基本的には同じです。ただし、Part 1では、後者のケースが圧倒的に多いと考えてください。また、仕事上の会話や店・駅などで知らない人と話す際にも、何らかの問題があり、尋ねたり相談するような場面がよくあります。Part 1の会話を聞く際には、そうした日常会話がどのように流れていくかをイメージするとよいかもしれません。

ここでは、Part 1の主な会話パターン4つを例題とともにご紹介します。会話のパターンを知り、それぞれの場合にどのような質問がされるのかを覚えておくことで、Part 1が以前よりも解きやすいと感じられるはずです。

パターンA 問題 → 解決

次の会話を聞いて、全体の流れを理解しよう。　　　　　　　　　　🔊 020

W: Honey, could you help me with this printer?
M: Sure, what's the problem?
W: Well, there's a red flashing light, it's beeping at me, and it won't print anything.
M: Have you checked that there is paper?
W: The paper tray is full. Could you check that there is enough ink?
M: Yes, there is plenty of ink in there. **I just checked the manual and they mention pressing the green button.**
W: **OK, I'll try that now.**

> **ここが重要!**
> 女性が最初に、could you help me with this printer? と男性に助けを求めている。プリンターが使えずに困っている様子だ。このように、Part 1では男女のどちらかが問題を抱え、相手に相談するという会話が少なくない。相談された相手は多くの場合、解決策を提案し、「問題 → 解決」の流れになる。ここでも、困っている女性を助けようと男性が親切に対応し、最後にマニュアルにある通り「緑のボタンを押す」という解決法を伝えている。女性が OK, I'll try that now. と同意しているので、女性は言われた通りの行動を取ると考えられる。

Question: What will the woman do?

1. Return the printer to the store.
2. Check to see if there is enough ink.
3. Follow the suggestion in the manual.
4. Wait until the man fixes the problem.

質問パターン

男性から解決法を提案された女性について、What will the woman do? と女性のこれからの行動が問われている。このような「問題 → 解決」パターンの場合には、以下の質問がされるケースが多い。

— What will the man/woman (probably) do?
— What does the man/woman decide to do?

つまり、**問題を解決する方法が問われている**ことになる。**選択肢はすべて動詞から始まるため、動詞を中心に読みながら問題の解決方法を速やかに選ぶ**ようにするとよいだろう。

訳　W： ねえ、このプリンターのことで助けてくれない？
　　M： いいよ、どうしたんだい？
　　W： ええと、赤いライトが点滅して、ピーッと音が出て、何も印刷できないの。
　　M： 紙があるかどうか確かめた？
　　W： 紙のトレーはいっぱいよ。インクが十分かどうか調べてもらえる？
　　M： うん、インクはたくさん入っているよ。説明書を見たら、緑のボタンを押せと書いてあるよ。
　　W： 分かった、今やってみるわ。

質問： 女性は何をするか。
　1. プリンターを店に返品する。
　2. インクが十分あるか調べる。
　3. 説明書の指示に従う。 `正解`
　4. 男性が問題を解決するまで待つ。

Vocabulary

☐ **flash** 点滅する　☐ **beep** ピーッという発信音を出す　☐ **plenty of** たくさんの～
☐ **manual** 取扱説明書、マニュアル　☐ **mention** ～に言及する
☐ **ink cartridge** インクカートリッジ（インクを収めた容器）　☐ **suggestion** 示唆、忠告
☐ **fix**（問題など）を解決する

パターンB　男女の意見が異なる

次の会話を聞いて、全体の流れを理解しよう。　　　　　　🔊 021

W: **I can't stand this anymore.** I should try to find some other job.

M: It's not so bad. You haven't been here long. You'll get used to it.

W: **I don't want to get used to it.** I want something more challenging.

M: But it does have its good points. The salary is reasonable. And you don't have to do overtime.

W: **I don't want to spend the rest of my life sitting behind a desk.**

M: Well, there are worse jobs in the world. Be careful what you wish for.

> 女性が仕事について不満をもらすと、男性は同情するのでなく、女性とは違う意見を展開する。何かの事実や出来事に関して、または第三者に関して、**男女の意見が異なるパターン**である。このパターンでは「男性の意見」と「女性の意見」を整理しながら、**その違いを明確に聞き取ること**が重要である。ここでは、女性は今の仕事を辞めて転職したいと考えているが、男性は給料もいいし残業もないのだから続けるべきとしている。

Question: What do we learn from the conversation?

    1. The woman has to do a lot of overtime.
    2. The job is very stimulating.
    3. The man wishes to change his career.
    4. The woman doesn't enjoy her work.

■ 質問パターン

「**男女の意見が異なる**」パターンでは、**特に質問を注意して聞く必要がある**。このパターンでは、以下のような質問が予想される。

— What do we learn from the/this conversation?
— What do we learn about the man/woman?
— What is one thing we learn about the man/woman?
— What does the man/woman think (say) about ...?
— What is the man's/woman's opinion?

特に気をつけなければならないのは、「男性／女性について何が分かるか？」や「男性は／女性は…についてどう思っているか？」「男性／女性の意見は？」のような質問である。**男性について尋ねているのか、女性について尋ねているのかをしっかり聞き取らないと、誤った選択肢を選んでしまう危険がある**からだ。実際に、そのようなひっかけの選択肢が出題されることもある。

また、この問題のような What do we learn from the conversation? の場合には、男女の意見の相違を理解した上で、会話の内容と合うものを選択肢から選ぶことになる。選択肢はすべてセンテンスであり、主語もバラバラであることが多いので、読むのが少し大変かもしれない。

訳 W: これにはもう耐えられない。ほかの仕事を探した方がいいわ。

M: そんなに悪くないよ。君はここでまだ長くないからね。そのうち慣れるよ。

W: 慣れたくないわね。もっとやりがいのあることをしたいの。

M: でも、明らかに長所もあるよ。給料はそれなりにいいし、残業もないんだよ。

W: 残りの人生を机に座って過ごしたくないわ。

M: うーん、世間にはもっとひどい仕事があるけどなあ。願いごとはよく考えた方がいいよ。

質問： この会話から何が分かるか。

1. 女性はたくさんの残業をしなければならない。

2. その仕事はとても刺激的だ。

3. 男性は仕事を変えたいと思っている。

4. **女性は仕事を楽しんでいない。** 正解

Vocabulary

□ **can't stand** ～を我慢できない、～に耐えられない　□ **get used to** ～に慣れる

□ **challenging** 難しいがやりがいのある、意欲をそそる　□ **reasonable** 妥当な、まあまあの

□ **do overtime** 残業する

□ **be careful what you wish for** (後で後悔するかもしれないので) 願いごとは慎重に考える

□ **stimulating** 刺激的な、興味を引き起こす　□ **career** 職業、キャリア

パターンC 不安・怒り

次の会話を聞いて、全体の流れを理解しよう。　🔊 022

W: Roy has had a fever for two days now. I think we need to take him back to the doctor.

M: But the doctor said it was nothing serious.

W: Yes, but **when I looked on the Internet, it said that he should be getting better by now**.

M: Everyone is different, and he does look better.

W: **The doctor didn't even take a blood sample!**

M: He's only a baby. I think we should wait and see.

ここが

重要！ 冒頭の女性の発言から、息子の体調を心配している様子が分かる。不安や怒りの感情をほかの人に話したいというところから会話が始まる。これが「解決」に向かうのであれば、「問題 → 解決」パターンになるが、ここでは解決には至らず、不安や怒りの感情が収まらないまま会話が終わってしまう。このパターンでは、**「女性／男性がどのような感情を持っているのか？」「その原因は何か？」**をしっかりと聞き取るようにしよう。

036

Part 1 Dialogues 概要

Question: Why is the woman anxious?

1. Her husband is not helping her.
2. Her baby has been coughing for two days.
3. She doesn't think the doctor was correct.
4. She has seen a similar problem before.

■ 質問パターン

「不安・怒り」が話題の場合には、その原因が問われることが多い。以下がよくある質問なので、これらを予測しながら会話を聞くようにすると、正解も見つけやすくなるはずだ。

— Why is the man/woman anxious?
— Why is the man/woman upset?
— Why is the man/woman unhappy?
— What is (was) the problem?

訳 W： ロイは2日も熱があるの。もう一度お医者さんに連れて行く必要があると思うわ。
M： でも、深刻なことは何もないと医者は言っていたよ。
W： ええ、でもインターネットで調べたら、今頃は良くなっているはずだと書いてあったわ。
M： 皆それぞれ違うし、ロイは確かに良くなっているように見えるよ。
W： お医者さんは採血さえしなかったのよ！
M： 彼はほんの赤ん坊だよ。様子を見るべきだと思うね。

質問： なぜ女性は心配しているか。

1. 夫が彼女を助けていないから。
2. 赤ん坊が2日間咳をしているから。
3. **彼女は医者が正しくなかったと思うから。** 正解
4. 彼女は以前同様の問題を見かけたことがあるから。

Vocabulary

□**fever** 熱 □**serious** 深刻な、重篤な □**by now** 今頃には □**take a blood sample** 採血する
□**wait and see** 様子を見る □**cough** 咳をする □**correct** 正しい

パターンD 暗示・婉曲

次の会話を聞いて、全体の流れを理解しよう。

🔊 023

W: I told you we should have turned left instead of right back there! Do you have any idea where we are walking to?

M: Don't worry, this path will take us where we need to go.

W: I don't know why you even have a map. We always get lost!

M: You should enjoy the journey. It's an adventure.

W: I'm not having fun.

M: Actually, perhaps we should have turned left back there.

W: **Next time, when you get yourself lost, at least it won't affect me.**

ここが重要!

　男女が道に迷ってしまっている。地図を持っている男性の指示が間違っていたからだと女性は怒り心頭。ここまでなら「不安・怒り」のパターンで、Why is the woman upset? などの質問がくると予想されるが、今回は少し難易度が上がる。最後の女性の発言に注目しよう。Next time, when you get yourself lost, at least it won't affect me.（次にあなたが迷うときは、少なくとも私には関係ない）。文字通りの意味ではやや理解しづらい。私たちも日常生活の中で、何かを相手に伝えるときに、直接的な表現を避けることがないだろうか。表現を和らげたり、遠回しな発言は、その真意をとらえることがコミュニケーションでは重要になってくる。このように、会話の最後に間接的な「含みのある」表現がある場合には要注意である。それまでの会話の流れから、暗示された内容を理解しなければならない。

Question: What does the woman imply?

1. The path will lead the walkers back home.
2. She enjoys long walks in the woods.
3. She won't be joining the man on future walks.
4. The scenery in this area is lovely.

■ 質問パターン

　会話の最後で、含みのある表現がされたときには、What does the man/woman imply? という質問がされることが多い。imply は「～を暗示する、～をほのめかす」の意味なので、男性／女性が発言に込めた本当の意味を理解して、選択肢を選ばないとならない。また、イディオムが婉曲的に使われ、その部分が暗示している内容が問われることもある。

ここでの女性の最後の発言「次にあなたが迷うときは、少なくとも私には関係ない」は、「もうあなたとは一緒に歩かない」ことを暗示している。直接的な表現を避けた女性の真意を判断する難易度の高い問題である。

訳 W：だから、あそこは右じゃなくて左に曲がるべきだったでしょ！ どこに向かって歩いているか分かってる？
M：心配しないで。この道を行けば目的地に着くよ。
W：何のためにわざわざ地図を持っているの。私たちいつも迷っているわよ！
M：旅は楽しまないと。冒険じゃないか。
W：私は楽しくないわよ。
M：実際、あそこで左に曲がるべきだったかもしれないね。
W：次にあなたが迷うときは、少なくとも私には関係ないわね。

質問：女性は暗に何と言っているか。
1. この道で2人は家に帰れるだろう。
2. 彼女は森の中の長いウォーキングを楽しんでいる。
3. **彼女は今後男性と一緒にウォーキングをすることはないだろう。** `正解`
4. この場所の景色は素晴らしい。

> **Vocabulary**
>
> □ **instead of** 〜の代わりに、〜ではなく　□ **path** 小道　□ **get lost** 道に迷う　□ **journey** 旅
> □ **adventure** 冒険　□ **affect** 〜に影響を与える　□ **woods** 森　□ **scenery** 景色、風景
> □ **lovely** 素晴らしい、美しい

　Part 1の会話パターンが理解できたところで、次のページからは、Part 1の頻出テーマを順番に見ていくことにしましょう。

Part 1　テーマ別練習問題

a 趣味・レジャー　　　　　　　　　　　　①②③④　◀ 024

1. She would like to receive an expensive gift.
2. She should have been consulted first.
3. She plans to purchase airline tickets by herself.
4. She is not interested in a romantic dinner at home.

> 女性の発言に注目する

b 仕事・職場　　動詞を中心に先見をする　　　　①②③④　◀ 025

1. Arrange a sales conference with the senior manager.
2. Attend a marketing seminar as soon as possible.
3. Review the third-quarter earnings carefully.
4. Discuss her thoughts with everyone at the meeting.

c 家族・子供　　固有名詞をチェックする　　　　①②③④　◀ 026

1. Be sure to take all of Billy's things.
2. Take more responsibility around the house.
3. Teach Billy how to win his game.
4. Bring several items for the team to enjoy.

> 固有名詞をチェックする

d 店・買い物　　　　　　　　　　　　　① ② ③ ④　 027

1. Offer a 10 percent discount.
2. Collect a payment for an electronic item.
3. Locate a receipt that was misplaced.
4. Review a list of available products.

> 動詞を中心に先見をする

e 学校・大学　　　　　　　　　　　　　① ② ③ ④　 028

1. He needs permission to conduct his experiments.
2. He is surprised to have his proposal rejected.
3. He wants the woman to visit a science fair.
4. He plans to present his research at an event.

> 男性の発言に注目する

f 病院・病気・けが　　　　　　　　　　① ② ③ ④　 029

1. The man's arm no longer hurts.
2. The man has yet to see a doctor.
3. The woman suggests another exam.
4. The woman is a good doctor.

> テーマを予想する

放送文と訳・解答・解説

a 趣味・レジャー　　　　　　　　　　　　　　　　　　024

M: Honey, here's your gift. Happy anniversary!
W: You bought us tickets to Italy? I don't think we can afford this.
M: Yes, we can. I got a nice bonus at work.
W: But we need to do some repairs on our house. What about visiting a nice restaurant nearby or having a romantic dinner at home? That's cheaper.
M: Nah — you deserve time off, and so do I.
W: I really appreciate it, honey. But I wish you had discussed this with me before you bought the tickets.

M：ねえ、君、贈り物だよ。記念日おめでとう！
W：一緒にイタリアへ行くチケットを買ったの？ そんな余裕あるとは思わないけど。
M：あるよ。仕事でボーナスが結構出たんだ。
W：でも家を修理する必要があるわ。近くの素敵なレストランに行ったり、家でロマンチックな食事をしない？ その方が安上がりだわ。
M：いいや――君は休んで当然だし、僕もそうだよ。
W：本当にありがとう、あなた。でも、チケットを買う前に私に相談してくれたらよかったのに。

この点に注意して聞こう！

1. 話者の関係は？　　　→ 家族、友人、同僚など
2. 会話のテーマは？　　→ 休暇の過ごし方、趣味
3. 会話はどう展開するのか？　→ 意見の一致 or 相違など

Question: What does the woman say about her anniversary?

1. She would like to receive an expensive gift.
2. **She should have been consulted first.**
3. She plans to purchase airline tickets by herself.
4. She is not interested in a romantic dinner at home.

訳 **質問:** 女性は記念日について何と言っているか。

1. 彼女は高価な贈り物をもらいたい。
2. **彼女はまず相談されるべきだった。** 正解
3. 彼女は自分で航空券を買う予定だ。
4. 彼女は家でのロマンチックな食事に興味がない。

解説　趣味やレジャーは、Part 1 のテーマとして毎回のように扱われている。このようなテーマでは、話者は家族や友人同士である場合が多いが、職場の同僚同士の場合もあるので注意が必要だ。休暇に関連して、仕事の調整や引き継ぎなども関わってくるかもしれない。会話の内容はカジュアルな楽しい話題であることが多いが、中には夫婦や親子間で趣味をめぐって不満があったり、レジャーの計画において意見が異なったりという会話も見られる。そのような会話では、まず冒頭部分で問題点を把握し、その後の会話の流れから、解決に向かうのか、意見が対立したままなのかを聞き取るようにしよう。また、中には予約などに関する旅行業者との会話もある。行き先の地名や宿泊先のホテル（固有名詞）などは聞き取りにくいかもしれない。あくまで、地名や名前であることが分かればよいのだと考えて対処しよう。

　この会話では、出だしで Honey と呼びかけ、Happy anniversary! と言っていることから夫婦の会話だと分かる。豪華にイタリア旅行をしようと計画し、すでにチケットを買ってしまった夫に対して、倹約家の妻は納得のいかない様子。記念日の過ごし方で意見が対立しているパターンである。女性の最後の発言 I wish you had discussed this with me ... がヒントとなり、正解は 2。発言は wish を使った仮定法過去完了の形で、過去の時点での現実とは反対の内容を表すため、「相談してくれればよかったのに」→「実際には相談がなかった」と理解できる。選択肢 2 の「should have ＋過去分詞」の形は「〜すべきだった（実際にはしなかった）」の意味なので、女性の I wish ... の内容に合っている。consult は discuss の言い換え。

Vocabulary

□ afford 〜を持つ [買う] 余裕がある　□ repair 修理、修繕
□ what about （相手に提案したり意見を求めて）〜はどうですか
□ nah いいや、いいえ（no の口語的表現）　□ deserve 〜に値する　□ appreciate 〜に感謝する
□ discuss 〜について話し合う　□ expensive 高価な、値段の高い
□ consult 〜に相談する、〜に助言を求める　□ purchase 〜を購入する
□ by *oneself* 自分で、一人で

放送文と訳・解答・解説

b 仕事・職場　　　　　　　　　　　　　　◀ 025

M: How's the staff meeting going, Veronica?

W: Not great. Our third-quarter earnings are way down and we need to come up with some innovative ideas to stimulate sales.

M: Wow! You must have some good suggestions though. Didn't you take a marketing seminar last year?

W: Yes. But do you think I should share what I know? There are two more senior staff members inside the room.

M: I think you should go ahead and tell everyone what you've learned. The manager may appreciate your ideas!

W: You may be right. I guess I should speak up. Thanks for boosting my confidence!

M: Certainly. Let me know how it goes.

訳

M: スタッフミーティングはどうだい、ベロニカ？

W: あまり良くないわ。第3四半期の収益がずいぶん落ちているので、売り上げを刺激する革新的なアイデアを考え出す必要があるの。

M: わあ！ でも君なら何か良い案が出るに違いないよ。去年、マーケティングのセミナーを受けなかったっけ？

W: ええ。だけど、私が知っていることを言うべきかしら？ 会議室には私より上の立場のスタッフが2人いるのよ。

M: 遠慮しないで、君が学んだことを皆に言うべきだと思うよ。部長は君のアイデアを評価してくれるかもしれないよ。

W: あなたの言う通りかもしれない。率直に意見を述べた方がよさそうね。自信をつけてくれてありがとう。

M: どういたしまして。あとで様子を教えてね。

この点に注意して聞こう！

1. 話者の関係は？	→ 同僚同士 or 上司と部下
2. 会話のテーマは？	→ 不安、悩み、問題点などがあるか
3. 会話はどう展開するのか？	→ 同意、提案、解決など

Question: What does the man suggest that the woman do?

1. Arrange a sales conference with the senior manager.
2. Attend a marketing seminar as soon as possible.
3. Review the third-quarter earnings carefully.
4. **Discuss her thoughts with everyone at the meeting.**

訳 　**質問：**男性は女性に何をするよう提案しているか。

1. 上級幹部との販売会議を手配する。
2. できるだけ早くマーケティングセミナーに参加する。
3. 第3四半期の収益を注意深く見直す。
4. ミーティングで彼女の考えについて皆と議論する。 正解

解説　Part 1 では、家族や友人間での日常的な会話が最も多く出題されるが、職場での会話も一定の割合で登場する。この場合、話者は同僚同士、または上司と部下の関係であることがほとんど。取り上げられる話題としては、取引先、プロジェクト、出張についてのほか、収益や職場環境、人事関連など、多岐にわたる。また、仕事上の問題提起に対して意見を出し合ったり、提案したりという場面が多く見られるのもこのテーマの特徴と言える。

　　ここでの会話は、冒頭の How's the staff meeting going, Veronica? から分かるように、キーワードは staff meeting。ミーティングに関わっていない男性が、女性にその進捗状況を尋ねている。業績が芳しくないため、何か刺激策が必要との考えを述べる女性に対して、「マーケティングセミナーで学んだ内容をシェアすべき」とアドバイスする男性。自信が持てず遠慮がちな女性を励ましながら、後押しする男性の様子が聞き取れるとよいだろう。

　　正解は 4。選択肢の Discuss her thoughts with everyone. は、男性の発言 go ahead and tell everyone what you've learned のほか、その前の女性の発言 share what I know からも正解だと判断できる。ほかの選択肢に含まれる senior manager、third-quarter earnings、marketing seminar は会話には出てくるものの、内容とは合っていない。聞こえてきた単語のみで選択肢を選ばないように注意が必要である。

Vocabulary

□quarter 四半期　□earnings 収益、利益　□way はるかに、ずっと
□come up with ～を思いつく、～を考え出す　□innovative 革新的な、刷新的な
□stimulate ～を刺激する　□suggestion 提案、示唆　□share ～を共有する、～を話す
□senior staff シニアスタッフ、上級社員　□go ahead and *do* 躊躇することなく[遠慮なく]～する
□appreciate ～を高く評価する　□speak up はっきりと意見を述べる　□boost ～を押し上げる
□confidence 自信　□certainly もちろん、その通り　□review ～を見直す、～を再検討する

c 家族・子供

 026

M: Hi Emma, I have a work dinner on Wednesday night. Could you take Billy to his basketball game?
W: Sure thing. What time does it start?
M: This week his game is at 7:30 p.m. Please remember to take his uniform.
W: Of course! I won't forget.
M: Also, he will need a spare T-shirt for after the game.
W: No problem. I'll pack it in his gym bag.
M: And please also take his water bottle. He didn't have it last time.
W: I don't think you trust me!

訳

M: ねえ、エマ、水曜日の夜に仕事の夕食会があるんだ。ビリーをバスケットボールの試合に連れて行ってくれるかい？
W: いいわよ。何時に始まるの？
M: 今週ビリーの試合は午後 7 時半だよ。ユニフォームを持って行くのを忘れないでね。
W: もちろんよ！ 忘れないわ。
M: 試合後の着替え用 T シャツも必要だよ。
W: 大丈夫。あの子のジムバッグに入れるわ。
M: それから水筒も持って行ってね。この間持っていなかったから。
W: あなたは私を信用していないのね！

この点に注意して聞こう！

1. 話者の関係は？　　　　→ 夫婦 or 親子
2. 会話のテーマは？　　　→ 第三者に関してか？（子供、親、隣人など）
3. 会話はどう展開するのか？→ 連絡、論争、情報の共有、悩み・問題の解決など

Question: What does the man want Emma to do?

1. **Be sure to take all of Billy's things.**
2. Take more responsibility around the house.
3. Teach Billy how to win his game.
4. Bring several items for the team to enjoy.

訳 **質問：**男性はエマに何をしてもらいたいか。

1. ビリーの持ち物すべてを必ず持って行く。 正解

2. 家庭のことにもっと責任を持つ。

3. ビリーに試合に勝つ方法を教える。

4. チームが楽しめるものをいくつか持って行く。

解説 Part 1で家族や子供は頻出のテーマだ。現実にも起こり得る日常的な会話なので、冒頭部分で話者の関係を把握することが重要である。状況としては、夫婦（カップル）や親子間で情報を共有したり、問題を提起した上で解決策を探すような場面が考えられる。職場や他人同士の会話とは異なり、身内ならではの率直な発言が見られるのも、このテーマの特徴と言える。もちろん暗い話題ばかりではなく、喜ばしい内容の場合もあり、そのあたりはナレーターの話し方のトーンが聞き取りの大きなヒントになるだろう。

この会話では、男性がEmmaに対してCould you ...? と、Billyをバスケットボールの試合に送ってほしいと頼んでいる。この時点で、男女が夫婦であり、Billyが2人の息子であることを瞬時に理解したい。女性はこれに対して、Sure thing. と快諾。これは、Sure. / Certainly. などと同じ意味の表現だ。その後、男性はEmmaにさまざまな持ち物の指示を与える。女性は、都度Of course! / No problem. などと答えるが、あまりに指示が細かいため、最後にはI don't think you trust me! と機嫌を損ねてしまったもよう。頼みごとをする男性が、やや遠慮がちにPlease ...とお願いするあたりも、夫婦の関係を表しているようで面白い。

質問は、男性がEmmaに何をしてもらいたいかだ。正解の選択肢1では、持って行くようにと頼んだユニフォームとTシャツと水筒の3つを合わせてall of Billy's thingsと言い換えている。会話の流れが理解できれば、たとえ細かな点を聞き逃したとしても正解できる問題だ。2のtake responsibility「責任を持つ」は、会話内で二度出てくるtake「～を持って行く」に引きずられて選んでしまいそうなので、注意が必要である。

Vocabulary

□ sure thing もちろん、いいですよ □ remember to *do* 忘れずに～する
□ spare 予備の、代わりの □ No problem. 大丈夫、お安いご用です □ responsibility 責任
□ item 品、もの

放送文と訳・解答・解説

d 店・買い物　🔊 027

M: Ma'am, your total is $356.13.

W: OK. Please charge my credit card and don't forget the 10% discount.

M: I'm sorry ma'am. The discount doesn't apply if you pay with a credit card. It's only for cash-bought items. Would you like to change your mode of payment?

W: No, I don't have enough cash. Please go ahead. I need this camera today for work and I'm already late.

M: I apologize for the inconvenience. Just give me a moment to process the purchase please.

訳

M：お客様、合計で356ドル13セントになります。

W：分かったわ。クレジットカードに請求してください。10%の割引も忘れないでね。

M：すみません、お客様。クレジットカード払いですと、割引の適用外となります。現金払いの商品に対してのみなのです。お支払い方法を変更されますか？

W：いいえ、現金を十分持っていないの。そのままでお願いします。今日仕事でこのカメラが必要で、もうすでに遅れてしまっているし。

M：ご不便をおかけして申し訳ありません。購入手続きを進めますので、少しお待ちください。

この点に注意して聞こう！

1. 話者の関係は？　　　　　　　→ 店員と客など
2. 会話の目的は？　　　　　　　→ 問い合わせ、苦情などの問題解決ほか
3. 会話はどう展開するのか？　→ 問題が解決できたかどうか

Question: What will the man probably do next?

1. Offer a 10 percent discount.
2. **Collect a payment for an electronic item.**
3. Locate a receipt that was misplaced.
4. Review a list of available products.

訳 **質問：**男性はおそらく次に何をするか。

1. 10% の割引を提示する。
2. **電子機器の支払い手続きを行う。** 正解
3. 置き忘れたレシートの場所を突きとめる。
4. 購入可能な製品リストを見直す。

解説　Part 1 の会話の多くは、家族や友人同士、あるいは職場や学校などでの知っている者同士の会話だが、初めて会う者同士の会話が出題されることもある。店やレストランでの客と店員の会話がその代表例だ。店員が、How can I help you? などのあいさつをして会話が始まると、非常に分かりやすい。当然、客を名前で呼ぶことはなく、sir / ma'am などと呼びかけることが多いのも特徴と言える。内容としては、客が店員に商品について質問をしたり、商品や支払いで問題があって相談するという場面が考えられる。そのような場合には、客の悩みや問題を理解し、店員がいかに事態を収拾するかを聞き取るようにするとよい。

　これはレジでの会話で、店員である男性がお客の女性に購入金額を伝えるところから始まる。10% の割引があるものと思っていた女性は、クレジットカードでの支払いでは割引が受けられないと告げられる。店員に支払い方法 (mode of payment) を変更するかと問われるが、「現金がない」と答えた上で、Please go ahead. と言っていることから、割引はなくとも当初の希望通りクレジットカードでの支払いを頼んでいることが分かる。よって正解は 2。an electronic item とは女性が購入したカメラのこと。collect a payment は、男性の最後の発言の process the purchase の言い換えである。選択肢 1 の Offer a 10 percent discount. は現金で払った場合のみ。会話の中で 10% discount と言っていたからというだけで選ばないように気をつけよう。

Vocabulary

□ charge ～に請求する　□ discount 割引、値引き　□ apply 当てはまる、適用される
□ mode of payment 支払い方法　□ go ahead そのまま先へ進む
□ apologize for ～について謝る　□ inconvenience 不便、不都合　□ process ～を処理する
□ purchase 購入　□ electronic item 電子機器、電子製品　□ locate （位置・場所）を突き止める
□ receipt レシート、領収書　□ misplace ～を置き忘れる　□ review ～を見直す
□ available 入手可能な

放送文と訳・解答・解説

e 学校・大学　　　　　　　　　　　　　　　　　　　　　　　◀ 028

W: You look content today, James. What's going on with you?

M: Professor Alton approved my proposal to participate in a science project next month. I'm going to demonstrate how chemical pollution disrupts the life and growth of trees, and how it can affect the oxygen content in our atmosphere and our lives.

W: That sounds like a really interesting project. I'm a huge science fan, but I didn't know you liked scientific subjects that much too.

M: Yeah, it's a passion of mine. Hey, why don't you come with me and I'll show you what I intend to do?

訳

W: 今日は満足そうね、ジェームズ。どうしたの？

M: 来月サイエンス・プロジェクトに参加するという僕の提案を、アルトン教授が認めてくれたんだ。化学物質による汚染が木々の生命や成長を妨げる様子や、大気中の酸素量や人間の生活に与える影響について発表するつもりだよ。

W: それは本当に面白そうなプロジェクトね。私は科学が大好きだけれど、あなたもそんなに科学が好きだったとは知らなかったわ。

M: そうだよ、科学は僕の情熱なんだ。ちょっと僕と一緒に来ない？ 何をするつもりか見せてあげるよ。

この点に注意して聞こう！

1. 話者の関係は？　　　　　　→ 教授と学生、学生同士、親子など
2. 会話のテーマは？　　　　　→ 授業、課外活動、試験に関する悩みや情報共有
3. 会話はどう展開するのか？　→ 連絡、論争、悩み・問題の解決など

050

Question: What do we learn about the man?
1. He needs permission to conduct his experiments.
2. He is surprised to have his proposal rejected.
3. He wants the woman to visit a science fair.
4. **He plans to present his research at an event.**

訳 **質問**：男性について何が分かるか。
1. 彼は実験を行う許可を得る必要がある。
2. 彼は提案が拒否されて驚いている。
3. 彼は女性にサイエンス・フェアに来てほしい。
4. **彼はあるイベントで自分の研究を発表する予定である。** 正解

解説 出題頻度としては多くないが、「学校」も Part 1 では欠かせない話題である。ただし、過去の出題を見ると、「学校」と言っても「大学」に関する会話が圧倒的に多い。授業や試験、課外活動に関する話題はもちろんのこと、学生生活に伴うさまざまな会話が考えられる。また、話者の関係も「教授と学生」「学生同士」のほか、学生がアドバイザーに相談したり、親子で大学について話すような場面も考えられるため、会話のできるだけ早い段階で状況を把握することが重要だ。教授に対して話す際には "Prof. 〇〇" と呼びかけることが多いので、これによって関係が理解できる。また、会話の展開としては、授業の取り方や試験に関する情報共有のほか、学生生活全般における問題や悩みを打ち明け、相談するようなものが考えられる。このあたりはナレーターの話しぶりも理解の助けになるだろう。

ここでの会話の冒頭では、You look content ... と始まっていることから、嬉しい話題であることが分かる。さらに、女性が James と名前で呼びかけ、What's going on ...? というカジュアルな話し方から、おそらく友人同士だろうと想像できる。男性の発言によると、教授に提案が認められ、サイエンス・プロジェクトへの参加が決まったことを喜んでいるようだ。この部分がヒントとなり、正解は 4。会話では participate in ... としているところが、選択肢では present his research と言い換えられている。質問が What do we learn about ...? であるため、会話のどの部分が正解に使われるのかが特定できず、選びにくいかもしれない。選択肢 1 は、すでに許可を得ているので不適切。選択肢 3 は、会話の最後で男性が Why don't you come with me ... と言っていることから選んでしまいそうだが、サイエンス・フェアに来てほしいと言っているわけではない。正確に聞き取れていないと選んでしまいそうなトリッキーな選択肢である。

Vocabulary

- content 満足している - be going on （事が）起きている
- approve ～を認める、～を承認する - participate in ～に参加する
- demonstrate ～を示す、～を説明する - chemical 化学物質の - pollution 汚染、公害
- disrupt ～を妨害する、～を混乱させる - affect ～に影響を与える - oxygen 酸素
- content 含有量 - atmosphere 大気 - huge （規模・程度などが）非常に大きい
- subject 科目、主題 - passion 情熱、夢中になるもの - permission 許可、承認
- conduct ～を行う - experiment 実験 - reject ～を拒否する
- present ～を発表する、～をプレゼンする

放送文と訳・解答・解説

f 病院・病気・けが　◀ 029

W: Hi, Jerry. Did you see a doctor? Your arm is still very bruised.

M: Hi, Marie. I did, but he said it's just a bad bruise. But it's very painful.

W: Well, you injured it three weeks ago. I think you should get a second opinion.

M: You're right. Sometimes doctors are too busy and can miss things.

W: That's true. I know a good doctor who works in a hospital. Do you want me to arrange an appointment?

M: That would be great. Thanks for your concern. I appreciate it.

訳

W：こんにちは、ジェリー。お医者様に行った？ あなたの腕にはまだひどいあざがあるわよ。

M：やあ、マリー。行ったけど、単なるひどいあざだと医者は言ったよ。でもすごく痛いんだ。

W：ねえ、3週間前にけがしたのよね。セカンドオピニオンをもらうべきだと思うわ。

M：そうだね。医者は時々忙しすぎて、見逃すことがあるからね。

W：そうよ。病院で働いている良いお医者様を知っているわ。予約を取ってあげましょうか？

M：そうしてもらえると助かるな。心配してくれてありがとう。感謝するよ。

この点に注意して聞こう！

1. 話者の関係は？	→ 夫婦、親子、友人、医者と患者など
2. 会話のテーマは？	→ 病気・けがの状態、治療、回復など
3. 会話はどう展開するのか？	→ 心配事が「安心・解決」に向かうのか

052

Part I テーマ別練習問題

Question: What do we learn from this conversation?

1. The man's arm no longer hurts.
2. The man has yet to see a doctor.
3. **The woman suggests another exam.**
4. The woman is a good doctor.

訳 **質問:** この会話から何が分かるか。

1. 男性の腕はもう痛まない。
2. 男性はまだ医者に診てもらっていない。
3. **女性はさらに診察を受けることを勧めている。** 正解
4. 女性は腕の良い医者である。

解説　Part 1では、職場での会話のほかにも、日常生活で起こり得るさまざまな会話が扱われる。病気やけがについての会話も過去に出題されており、押さえておきたいテーマの一つだ。このような会話では当然、病院での診断・治療・入院・退院などが話題になると考えられる。冒頭で状況を理解した上で、その後の会話の流れを追うことが重要である。話題から考えて、夫婦・親子間や親しい友人同士でのプライベートな会話が多く、一方が病気やけがの状態を話し、他方がその後どうするべきか（病院に行く、しばらく休むなど）を提案する展開が考えられる。また、夫婦が子供の病気やけがについて話すというパターンもある。心配する様子や、回復して安心する様子を聞き取るようにしよう。

　この会話では、腕のけがが治らない男性を女性が心配している。女性の最初の発言での bruised（打撲の跡がある、あざのついた）がキーワード。名詞 bruise（あざ、打撲傷）とともに、けがの関連語ではよく使われる。医者は大したことはないと言うものの、痛みが治らないと話す男性に対して、女性が I think you should get a second opinion. と「セカンドオピニオンを求めるべき」だと助言する。セカンドオピニオンを another exam と言い換えた 3 が正解。男性もこれに同意し、女性が予約を取ることに感謝している。病気・けがが「問題」となり、会話の中で「解決」に向かうというパターンを意識して聞くとよいだろう。選択肢 2 の have/has yet to do は「まだ do していない（これから do する）」の意味。男性はすでに受診しているので不適切な選択肢だが、yet を読み飛ばしてしまわないよう注意が必要だ。

Vocabulary

□ bruised 打撲の跡がある、あざのついた　□ painful 痛い　□ injure ～を傷つける、～を痛める　□ miss ～を見逃す　□ arrange ～を手配する　□ appointment 予約　□ concern 心配、気遣い　□ appreciate ～に感謝する　□ hurt 痛む

053

Part 1　演習問題 1

No. 1　①②③④　◀ 030
1. The academic advisor says he will leave the school.
2. The history test was cancelled at the last moment.
3. He needs to study much harder for his class.
4. His mother scolded him for being lazy.

No. 2　①②③④　◀ 031
1. Take the woman on vacation.
2. Watch a young child for a while.
3. Clean the house for the woman.
4. Hire a babysitter right away.

No. 3　①②③④　◀ 032
1. Disconnect a machine for a while.
2. Contact the office technician for help.
3. Discuss the issue with Mr. Kemp.
4. Print a quarterly sales report.

No. 4　①②③④　◀ 033
1. Work is more important than staying at home.
2. He is grateful for his wife's financial support.
3. His treatment will take much shorter than anticipated.
4. The ecology conference should be delayed.

No. 5　①②③④　◀ 034
1. The woman will call a taxi for the man.
2. Traffic will be light that day.
3. The man will give her a ride.
4. The man prefers the train.

No. 6　①②③④　◀ 035
1. Reduce the amount of data he uses.
2. Put his complaint in writing.
3. Increase his monthly data allowance.
4. Cancel his contract with the company.

No. 7
1. He might purchase a product.
2. An order needs to be changed.
3. A shipment charge is too expensive.
4. He wants to use his credit card.

No. 8
1. She thinks taking diet pills is a good idea.
2. She wants the man to eat more healthy foods.
3. She suggests the man should see the doctor.
4. She needs money to visit a nutritionist.

No. 9
1. Purchase new camping equipment.
2. Contact the school for suggestions.
3. Book a camping ground with log cabins.
4. Arrange for a camping trip with his daughter.

No. 10
1. Talk to the supervisor about a delivery.
2. Deliver a presentation in 20 minutes.
3. Review a construction contract.
4. Work with the woman to complete a document.

No. 11
1. He has to work with Professor Denton all week.
2. He needs some time off from his school work.
3. He would prefer to watch a different movie.
4. His community service project was rejected.

No. 12
1. The exams do not reflect skills.
2. The lab is short of good technicians.
3. The company is correct in applying standards.
4. The competition for the job is high.

放送文と訳・解答・解説

No. 1

030

W: Why are you so gloomy, Michael?

M: My academic advisor said I might need to leave the sports team and focus on my studies because I failed my last history test.

W: You should listen and try to improve your study habits. Stop playing so many computer games and study more at night. I've told you this repeatedly, but you refuse to listen. So, what are you going to do?

M: I'm not sure. I have to think about it.

訳

W：どうしてそんなにふさぎ込んでいるの、マイケル？

M：この間の歴史のテストが赤点だったから、スポーツチームを離れて勉強に集中する必要があるって、アカデミック・アドバイザーに言われたんだ。

W：言うことを聞いて、勉強の習慣を改めるべきよ。そんなにコンピューターゲームばかりしないで、夜もっと勉強しなさい。これは何度も言ってきたけど、聞こうとしないんだもの。で、どうするつもりなの？

M：分からない。考えなくちゃならないよ。

Part 1 演習問題 1

Question: Why is Michael unhappy?

1. The academic advisor says he will leave the school.
2. The history test was cancelled at the last moment.
3. **He needs to study much harder for his class.**
4. His mother scolded him for being lazy.

訳　**質問：**なぜマイケルは落ち込んでいるのか。

1. アカデミック・アドバイザーが学校を去ると言っているから。
2. 歴史のテストが土壇場で中止になったから。
3. **授業に備えてもっと熱心に勉強する必要があるから。** 正解
4. 母親がなまけていると彼を叱ったから。

解説　　女性が冒頭で Why are you so gloomy? と Michael に聞いていることで、彼の気が晴れない様子がうかがえる。その原因を探るようなつもりで聞いていこう。実際にここが、質問で問われる会話の中心となる話題である。Michael の成績が悪いため、スポーツをやめて勉強に集中するようにとアカデミック・アドバイザーに言われたという内容から、正解は 3。質問文の unhappy は、冒頭の gloomy の言い換えである。

　選択肢 1 は、アカデミック・アドバイザーから leave the sports team するように言われたため、leave が耳に残っているとうっかり選んでしまいそうだ。さらに選択肢 4 もややトリッキーである。会話の後半で、母親は確かに Stop playing ... / I've told you this repeatedly とは言っているものの、but you refuse to listen と続いている。母親が再三言ってきたことに対して、Michael は耳を貸していないから、母親に叱られて落ち込んでいるわけではない。

> [Vocabulary]
>
> □gloomy 憂鬱な、ふさぎこんだ　□fail ～で落第点を取る、～に失敗する
> □focus on ～に集中する　□improve ～を改善する　□repeatedly 繰り返し、何度も
> □refuse ～を拒否する　□scold ～を叱る　□lazy 怠惰な、なまけた

放送文と訳・解答・解説

No. 2
　031

M: Pauline, are you OK? You have dark circles under your eyes.

W: I know! My sister's in Canada and I'm babysitting her two-year-old son. House cleaning and childcare is not easy.

M: I guess so because you look exhausted. I think you need some assistance.

W: You're right, but I can't afford to hire a housemaid.

M: I wasn't suggesting that you do. Let me help you. I can keep your nephew occupied while you clean up. That's something!

W: Are you sure you don't mind?

M: Not at all. I'd be happy to.

訳

M：ポーリーン、大丈夫かい？　目の下にくまができているよ。

W：分かっているわ！　姉がカナダにいて、彼女の２歳の息子の子守りをしているのよ。家の掃除と子供の世話は楽じゃないわ。

M：疲れ切っているように見えるから、そうなんだろうね。少し助けが必要だと思うよ。

W：その通りよ、でも家政婦さんを雇う余裕はないわ。

M：そういうことを言ったんじゃない。僕が手伝うよ。君が掃除している間に僕が甥っ子の気を引くよ。それでずいぶん助かるよね。

W：本当にいいの？

M：もちろん。喜んでやるよ。

058

Question: What does the man say he will do?

1. Take the woman on vacation.
2. **Watch a young child for a while.**
3. Clean the house for the woman.
4. Hire a babysitter right away.

訳 **質問：**男性は何をすると言っているか。

1. 女性を休暇に連れて行く。
2. **しばらくの間、幼い子供を見守る。** 正解
3. 女性のために家を掃除する。
4. すぐにベビーシッターを雇う。

解説 疲れ切った様子の女性を心配した男性が話を聞いている。甥っ子の面倒を見ながら、家の掃除をするのが大変だと言う女性。困っている女性に対して、男性は会話の後半で協力を申し出る。Part 1では、会話の出だしで問題があった場合、その後のやり取りで解決に向かうだろうと予測しながら聞くとよい。

　この会話の後半でも、男性が Let me help you. と言い、具体的に I can keep your nephew occupied while you clean up. と子供の面倒を見ると申し出ている。したがって、正解は選択肢2。watch は「～を見守る」の意味で、会話での keep ～ occupied（「～を忙しくさせる」→「～の面倒を見る」）の言い換えとなっている。途中で男性が、I think you need some assistance. と言ったとき、女性は家政婦を雇うことを提案しているかと勘違いした。実際には、男性の言った some assistance とは、家政婦ではなく自身が手伝うことだったが、ここが正確に聞き取れないと選択肢4を選んでしまいそうだ。keep ～ occupied の聞き取りとともに、注意が必要な点である。

Vocabulary

☐ dark circle（目の下の）くま　☐ babysit ～のベビーシッターをする、～の子守りをする
☐ childcare 子供の世話、育児　☐ guess ～を推測する
☐ exhausted 疲れ切った、へとへとになった　☐ afford to *do* ～する余裕がある
☐ housemaid 家政婦、お手伝いさん　☐ nephew 甥
☐ keep A occupied A を忙しくさせる、A を夢中にさせる　☐ clean up 掃除する、片付ける
☐ something 大したこと、重要なこと　☐ vacation 休暇、バカンス　☐ for a while しばらくの間
☐ right away すぐに

放送文と訳・解答・解説

No. 3

032

W: Peter, did you print the quarterly sales report for Mr. Kemp?

M: Not yet. I'll be buried in paperwork for at least an hour more. If you don't mind doing it for me, that would be great! It should be 10 sets of 20 pages each.

W: That's just it. I tried to print a letter, but I think the wireless function is off.

M: OK. In that case, why don't you unplug the device and wait for a few minutes? If you don't want to wait, call the office technician and explain the issue.

W: Umm, let me try your first suggestion ... then I'll see what happens.

訳

W：ピーター、ケンプさんに出す四半期売上報告書を印刷した？

M：まだだよ。少なくとももう1時間は事務処理にかかりきりだ。代わりにやってくれると、とても助かるけど。報告書は20ページずつ、10部だ。

W：そう、まさにそれが問題なのよ。手紙を印刷しようとしたんだけれど、ワイヤレス機能が使えないの。

M：ああ。そういう場合は、プリンターのプラグを抜いて、数分待ってみたらどう？ もし待ちたくなければ、事務所の技術スタッフに電話して問題を説明するといいよ。

W：うーん、最初のアドバイスをやってみるわ……それでどうなるか見てみましょう。

Question: What will the woman do next?

1. **Disconnect a machine for a while.**
2. Contact the office technician for help.
3. Discuss the issue with Mr. Kemp.
4. Print a quarterly sales report.

訳 **質問**：女性は次に何をするか。

1. しばらくの間、機械の電源を切る。 正解
2. 事務所の技術スタッフに連絡をして助けてもらう。
3. ケンプ氏と問題を協議する。
4. 四半期の売上報告書を印刷する。

解説　最初の女性の発言に含まれる the quarterly sales report から、オフィスでの会話だと判断できる。男性は忙しいため、まだ依頼された売上報告書を印刷していないが、女性は手紙を印刷しようとしたところ、ワイヤレス機能が使えずに困っている。Part 1 の会話において、男女の一方が困っているとき、相手が助言をしたり、実際に行動を起こし、解決に向かうのはよくあるパターンである。

　ここでは、男性が解決法として 2 つのオプションを提案している。1 つ目は、unplug the device and wait for a few minutes（プラグを抜いて数分待つ）。Why don't you ...?「…するのはどうですか?」は会話でよく使われる提案の表現である。2 つ目の提案は、call the office technician and explain the issue（事務所の技術スタッフに電話して問題を説明する）。これらを聞いた女性が、let me try your first suggestion と 1 つ目の提案をやってみると答えている。したがって女性が次にすることは、選択肢 1。unplug the device は、選択肢で disconnect a machine に言い換えられている。ここでの device / machine はプリンターを指している。選択肢 2 は、2 つ目の提案である。このように二者から選ぶ場合には、今回のように the first / the second のほか、the former（前者）/ the latter（後者）という表現になる可能性もあるので覚えておこう。

Vocabulary

□ quarterly 四半期の　□ sales report 売上報告書　□ be buried in ～に没頭している
□ paperwork 文書業務、事務処理　□ mind ～を気にする
□ That's just it. まさにそれが問題 [ポイント] だ　□ wireless ワイヤレスの、無線の
□ function 機能　□ unplug ～のプラグを抜く　□ device 装置、機械
□ technician（専門）技術者　□ issue 問題　□ disconnect ～の電源を切る
□ for a while しばらくの間

No. 4

- W: Matt, are you planning to attend the ecology conference next week? It's in Switzerland, right?
- M: Yes it is, but I won't make it this year. I have to undergo medical treatment for a shoulder fracture.
- W: Oh no! And how long will that take?
- M: At least six weeks. In the meantime, I'm trying to take things easy and rest often. But I need to get back to work soon. The medical fees have been significant.
- W: Sorry about that! And do you have any savings to help with the expenses?
- M: Not really, but at least my wife is still employed. Without her income, I have no idea where we'd be.

訳

W：マット、来週の環境保護会議に出席するつもり？ スイスであるんでしょ？
M：そうだよ、でも今年は行けないんだ。肩の骨折を治療しなければならないからね。
W：あらまあ！ で、どのくらいかかりそうなの？
M：少なくとも6週間。その間、気楽にしてよく休むようにするよ。でも、すぐ仕事に戻らないとならないんだ。医療費がかかってね。
W：それはお気の毒に！ 費用の足しになる貯金はあるの？
W：あまりないけど、少なくとも妻がまだ働いているからね。彼女の収入がなければ、どうなっているか分からないなあ。

Question: What does the man imply?

1. Work is more important than staying at home.
2. **He is grateful for his wife's financial support.**
3. His treatment will take much shorter than anticipated.
4. The ecology conference should be delayed.

訳 **質問：**男性は暗に何と言っているか。

1. 自宅にいるより仕事の方が大事である。
2. **妻が金銭面で支えてくれることに感謝している。** 正解
3. 彼の治療は予想よりはるかに短くなるだろう。
4. 環境保護会議は延期すべきだ。

解説　長めの会話で情報量も多く、質問に imply が含まれるため、難易度が高い問題である。Part 1 では、会話の出だしで中心となるテーマがキーワードとして出てくることが多いが、この会話では、冒頭の話題は会議への出席について。男性が出席できない理由として肩の骨折の治療を挙げ、その後は治療期間や治療費へと話題が移っていく。

　男性が「会議に出席できない」のを、I won't make it と表現していることに注目しよう。make it はさまざまな場面で使われる会話表現だが「うまくいく、成功する」のイメージから、「出席する、都合がつく、時間に間に合う」などの意味で使われる。また、後半で男性は、The medical fees have been significant. と発言。significant には「重要な、重大な」の意味もあるが、このように「（数や量が）多い、かなりの」の意味で使われることもあるので注意したい。

　治療費の支払いを心配する女性に対して、男性は妻の収入に言及する。imply 問題の場合は、最後の発言の意味するところを問われる場合が多い。「彼女の収入がなければ、どうなっているか分からない」と発言していることから、男性は暗に妻に感謝していると考えられる。したがって、正解は 2。grateful は「感謝して」の意味の形容詞で、thankful に言い換えられる。また、financial support は、具体的には妻の income を指している。

Vocabulary

□ attend 〜に出席する　□ ecology 生態系、生態学、環境保護　□ make it 何とか出席する
□ undergo 〜を受ける　□ medical treatment 治療　□ fracture 骨折
□ in the meantime その間　□ rest 休む、休息する　□ get back to 〜に戻る
□ medical fee 医療費　□ significant 著しい、かなりの　□ saving 貯金、貯蓄
□ expense 費用、支出　□ employ 〜を雇う　□ income 収入、所得
□ grateful for 〜に感謝して、〜をありがたく思って　□ financial 金銭上の
□ anticipate 〜を予想する

放送文と訳・解答・解説

No. 5
◀ 034

M: Hi, Trish. Did you decide how you are getting to the airport?

W: I think I will take a taxi.

M: That will be expensive. Maybe the train would be better.

W: I just want to be collected from my front door. I'm happy to pay.

M: But there may be some traffic. The train will be on time.

W: That's OK. I will just leave a little bit earlier in case there is traffic.

M: If that's what you prefer. The station is very close though.

訳

M: やあ、トリッシュ。空港に行く方法を決めた？

W: タクシーに乗って行こうと思うわ。

M: それは高いよ。列車の方がいいんじゃないかな。

W: 私は玄関先まで迎えに来てほしいのよ。その代金は喜んで支払うわ。

M: だけど渋滞があるかもしれないよ。電車は時間通りだ。

W: それは大丈夫よ。渋滞に備えて少し早めに出発するから。

M: 君がそれでいいなら。でも、駅はとても近いけどね。

Question: What do we learn from the conversation?

1. The woman will call a taxi for the man.
2. Traffic will be light that day.
3. The man will give her a ride.
4. **The man prefers the train.**

訳 **質問**：会話から何が分かるか。

1. 女性は男性のためにタクシーを呼ぶ。
2. その日は交通量が少ないだろう。
3. 男性は女性を車で送るだろう。
4. **男性は電車の方を好む。** 正解

解説 　話題になっているのは、女性が空港に行く際の交通手段である。女性はタクシーを使うと言うが、男性はタクシーは高いから電車の方が良いと勧めている。男女の意見が異なる会話パターンである。その後も、玄関まで迎えに来てほしいからタクシーが良いと考える女性に対して、タクシーだと渋滞に巻き込まれるから、電車が良いと言い張る男性。結局、両者の考えは最後まで平行線である。女性の発言 I just want to be collected ... で使われている collect は「（人）を迎えに行く」の意味。似ている表現として pick up があり、車で人を迎えに行くときに I'll pick you up at your house tomorrow.（明日、君の家に迎えに行くよ）のように使われる。あわせて覚えておこう。

　男女の意見が異なる会話では、特に質問文をしっかり聞き取る必要がある。男女どちらかの意見を問われることがあるからだ。今回は会話から分かる内容が問われているので、正解は 4。男性は If that's what you prefer. と女性の考えを尊重しながらも、最後まで The station is very close though.（駅はとても近いのに）と電車の方が良いことをアピール。この場合の though は接続詞ではなく、副詞の用法である。このように文末に置いて使われることが多い。

Vocabulary

□ expensive 高い、費用のかかる　□ collect ～を迎えに行く　□ traffic 交通量
□ on time 時間通りに　□ in case ～の場合に備えて　□ prefer ～を好む　□ light（量が）少ない
□ give A a ride A を車で送る

放送文と訳・解答・解説

No. 6

◀ 035

M: Hello. My name is Ryan Blandon. I'm calling about a recent charge on my Internet bill. The invoice number is 49543.

W: Good morning, Mr. Blandon. OK, I have the details here. How can I help?

M: My usual plan costs $55 per month. However, last month it was $150.

W: Yes, I see that. There was an excess data charge of $95.

M: That's quite high, isn't it?

W: For only $20 extra per month you get twice the data, and if you sign up today, I will discount your last bill by $50.

訳

M: もしもし、ライアン・ブランドンと申します。インターネット利用料の最近の請求額についてお電話しているのですが。請求書番号は 49543 です。

W: おはようございます、ブランドン様。承知しました、詳細が出てきました。いかがなさいましたか？

M: 私のいつものプランは月 55 ドルなんです。しかし、先月は 150 ドルでした。

W: はい、そのようになっています。データ超過料金が 95 ドルでした。

M: 少々高すぎないですか？

W: あと月わずか 20 ドルのお支払いでデータ量を 2 倍にできますし、本日お申込みいただきますと、先月分のご請求から 50 ドルお引きいたします。

Question: What does the woman suggest the man do?

1. Reduce the amount of data he uses.
2. Put his complaint in writing.
3. **Increase his monthly data allowance.**
4. Cancel his contract with the company.

訳 **質問:** 女性は男性に何をするよう提案しているか。

1. 使用データ量を減らす。
2. 苦情を書面にする。
3. 毎月のデータ使用契約量を増やす。 **正解**
4. その企業との契約を打ち切る。

解説 冒頭の男性の発言 I'm calling about ... から、電話での会話であることを理解しよう。電話では、This is ... と名乗ることも多い。また、名乗った後に、I'm calling about ... / I'm calling because ... など、問い合わせ内容や電話をかけた目的を伝えるのも典型的な会話パターンである。ここでは、インターネット利用料の請求について男性が問い合わせている。通常は月額 55 ドルなのに対して、先月は 150 ドルの請求があった。電話を受けた担当の女性は、データの超過料金 95 ドルが上乗せされているとした上で、新たな料金プランを勧めている。

質問では、女性の提案内容が問われている。女性の最後の発言 For only $20 extra per month you get twice the data から、正解は 3。「月々のデータ使用契約量を増やす」とは、20 ドルの追加料金を払って、データ量を 2 倍にすることである。質問文の suggest 後には、接続詞 that が省略されている。that 節内の動詞に原形 do が使われており、should do と同じ意味になる。提案をする際には、How about ...? や Why don't you ...? などの会話表現が使われ、正解のヒントになることも多いので、あわせて覚えておくとよいだろう。

Vocabulary

□ charge 料金、使用料　□ bill 請求書　□ invoice 請求書　□ excess 超過した
□ sign up 申し込む、契約する　□ discount 〜を割り引く、〜を値引きする　□ amount 量
□ complaint 苦情　□ allowance 許可量、割当量　□ contract 契約

No. 7

W: The total is $345, sir.

M: I thought you were having a sale. Isn't this item supposed to be $199, including shipping?

W: No, this is a heavy-duty garden wheelbarrow. Only the regular wheelbarrows are on sale.

M: Well, I don't have enough cash with me, and I can't use my credit card.

W: I understand. We have other options available. They are not a brand name product, but the quality is good.

M: In that case, show me what you have.

W: Right this way, sir.

訳

W：全部で345ドルになります、お客様。
M：セールをやっていると思っていたけど。この商品は送料込みで199ドルのはずでは？
W：いえ、これは高耐久性の庭用手押し車です。普通の手押し車だけがセール中です。
M：そう、現金を十分に持っていないし、クレジットカードも使えないんだ。
W：承知しました。ほかの選択肢もございます。ブランド品ではありませんが、品質は優れています。
M：それなら、あるものを見せてください。
W：それではこちらへどうぞ、お客様。

Question: What does the man imply?

1. He might purchase a product.
2. An order needs to be changed.
3. A shipment charge is too expensive.
4. He wants to use his credit card.

訳 **質問:** 男性は暗に何と言っているか。

1. 彼は製品を買うかもしれない。 正解
2. 注文を変更する必要がある。
3. 送料が高すぎる。
4. 彼はクレジットカードを使いたい。

解説　女性が男性に合計金額を伝えていることから、店員と客との間の会話であることが分かる。セールで安くなっていると思っていた男性は、値段が違うのではないかと女性に尋ねる。be supposed to *do*（〜のはずである）の表現を使っていることで、男性の戸惑う様子がうかがえる。提示された値段では買えない男性に対して、女性が We have other options available. とほかの商品を勧めようとする。ここで使っている we は「店」を指している。オフィスでの会話の場合には、we が自身の所属する「部署」や「会社」などを指すこともあるので、状況によって判断しよう。

店員からブランド品ではないがクオリティは高い商品だと聞いて、男性は乗り気の様子。show me what you have の部分から「見せてほしい」→「買うかもしれない」と考えられるので、正解は 1。imply を含む質問文では、会話の流れや状況から判断して答えることになる。選択肢の might（〜かもしれない）は、may よりもやや可能性が低い場合に使われる助動詞である。

| Vocabulary |

□ item 品目　□ be supposed to *do* 〜することになっている、〜のはずである
□ shipping 配送料金　□ heavy-duty 頑丈な、耐久性の高い　□ wheelbarrow 手押し車
□ on sale 特価で、セールで　□ option 選択肢　□ available 入手できる　□ quality 品質
□ purchase 〜を購入する　□ charge 料金　□ expensive 値段が高い

放送文と訳・解答・解説

No. 8
037

M: Honey, I'm so tired.

W: I can see that. Didn't I tell you to stop taking those diet pills? They're really bad for you.

M: The doctor said I need to lose 20 pounds because my cholesterol level is high.

W: I know, but nutritionists say that all we need is vitamin-rich foods in moderation.

M: Actually, I think the pills will work faster.

W: I'm not too sure about that.

M: Come on, Honey. I only have to take the pills for one more month.

W: Well, I still think a balanced diet is best.

訳

M：あー、疲れたよ。

W：見て分かるわ。例のダイエットピルをやめるように言わなかった？ あれは本当に良くないわよ。

M：コレステロール値が高いから、20 ポンド減量する必要があると医者に言われたんだ。

W：そうだけど、栄養士によれば、ビタミンが豊富な食品を適度に取るだけでいいそうよ。

M：実際、ピルの方が即効性があると思うけど。

W：それはどうかしら。

M：ねえ、いいだろう。あと 1 カ月ピルを飲むだけでいいんだから。

W：うーん、それでもバランスの取れた食事が一番だと思うわ。

Question: What do we learn about the woman?

1. She thinks taking diet pills is a good idea.
2. **She wants the man to eat more healthy foods.**
3. She suggests the man should see the doctor.
4. She needs money to visit a nutritionist.

訳 **質問：**女性について分かることは何か。

1. 彼女はダイエットピルを飲むのは良い考えだと思っている。
2. 彼女は男性にもっと健康的な食品を食べてもらいたい。 正解
3. 彼女は男性に医者の診察を受けるよう提案している。
4. 彼女は栄養士を訪ねる費用を必要としている。

解説 会話が始まる前に、少し選択肢に目を通すことができれば、選択肢のすべてが She で始まること
に気づく。女性について問われるのだろうと予想し、女性の発言に注目しながら会話を聞くのもよ
いだろう。

　疲れている様子の男性を見て、女性はダイエットピルを服用しているのが原因だと考えている。早く
体重を減らすためにはダイエットピルが有効であると考える男性に対して、女性は nutritionists say
that all we need is vitamin-rich foods in moderation と反論。食事療法を勧めていることから、
男女の意見が異なる会話であることをしっかり理解しよう。男性は最後まで女性の提案を受け入れよ
うとはせず、女性もなすすべがない様子。それでも、I still think a balanced diet is best と、断固
として意見を変えない。設問は予想通り、女性について分かることが問われているため、正解は 2。a
balanced diet が more healthy foods に言い換えられている。選択肢 1 は女性ではなく、男性の考
えである。

Vocabulary

□ diet pill ダイエットピル、減量用の薬　□ cholesterol level コレステロール値
□ nutritionist 栄養士　□ vitamin-rich ビタミンの豊富な　□ in moderation 適度に
□ work （薬などが）効く　□ balanced バランスの取れた

No. 9

M: So, did you have fun on your trip away with your school?

W: Actually, I did. I'm so glad that we went camping. It was wonderful to be in nature.

M: Did you sleep in tents?

W: No. We slept in cabins. I would really like to try sleeping in a tent though.

M: Well, I have all the gear in the garage. I tell you what, why don't we organize a camping trip next weekend and we will sleep in tents.

W: Really? That sounds great! Thanks, Dad.

訳

M：で、学校の旅行は楽しかった？
W：うん、本当に楽しかった。キャンプに行けてとても嬉しいよ。自然の中にいるのは素敵だった。
M：テントで寝たの？
W：ううん、ログキャビンで寝たの。だけど、ぜひテントで眠ってみたいなあ。
M：そうか、ガレージに道具一式があるよ。いい考えがある、来週末にキャンプに行く準備をして、テントで眠ろう。
W：本当？ それはすごいな！ ありがとう、パパ。

Question: What will the father probably do?

1. Purchase new camping equipment.
2. Contact the school for suggestions.
3. Book a camping ground with log cabins.
4. **Arrange for a camping trip with his daughter.**

訳 **質問：** 父親はおそらく何をするか。

1. 新しいキャンプ用品を購入する。
2. 学校に連絡して提案を求める。
3. ログキャビン付きのキャンプ場を予約する。
4. 娘とのキャンプ旅行の準備をする。 正解

解説 　父親が娘に学校で行ったキャンプについて聞いている。娘は楽しかったと答えるが、テントではなくログキャビンで寝たことは残念だった様子。I would really like to try sleeping in a tent though. と言っていることから、テントに泊まってみたいと考えていることが分かる。try sleeping のように、try の後に動名詞を使うと「試しに〜する」の意味になる。また、文末の though（でも、だけど）は、ここでは接続詞ではなく、副詞の用法。副詞の though は、このように文末に置かれることが多い。

　質問は、父親の今後の行動に関してなので、会話の最後の部分にヒントがある。父親の Why don't we organize a camping trip ... に対して、娘が That sounds great! と賛成しているので、正解は4。選択肢の arrange は organize の言い換えだ。Why don't we do は「〜しよう!」と誘う表現。Why から始まっているが、理由を聞いているわけではないので、リスニングの際にも注意が必要である。Let's do! に言い換えてもほぼ同じニュアンスで、会話でよく使われる表現である。

Vocabulary

□ have fun 楽しむ　□ go camping キャンプに行く　□ cabin 山小屋、ログキャビン
□ gear 用具一式　□ I tell you what いい考えがある、こうしたらどうだろう
□ organize 〜を準備する、〜を手配する　□ purchase 〜を購入する　□ equipment 備品、用具
□ contact 〜に連絡する、〜に接触する　□ book 〜を予約する
□ log cabin 丸太小屋、ログキャビン

No. 10

M: Hi, Wanda. Are you finished with the financial report yet?

W: No. These charts are very difficult, and I still have a couple of hours of work left to do.

M: The supervisor is really upset. He said we may lose the construction contract if this report is not ready in 20 minutes.

W: That's not going to happen. But if I can get some assistance, I might be able to deliver everything in one hour.

M: OK, I got you. Let me finish up my presentation, and I'll be right with you.

訳

M：やあ、ワンダ。財務報告書はもう完成した？
W：いいえ、これらのチャートはとても難しくて、まだ数時間やらなくてはならないことがあるの。
M：ボスは本当にやきもきしているよ。あと20分でこのレポートが準備できないと、建設契約を失ってしまうかもしれないと言っていた。
W：そんなの無理よ。でも、助けがあれば、1時間ですべてができるわ。
M：そう、分かった！ 僕のプレゼンを片づけたら、手伝うよ。

Question: What does the man offer to do?

1. Talk to the supervisor about a delivery.
2. Deliver a presentation in 20 minutes.
3. Review a construction contract.
4. **Work with the woman to complete a document.**

訳 **質問：**男性は何をすると申し出ているか。

1. 配達について上司に話すこと。
2. 20 分後にプレゼンをすること。
3. 建設契約を見直すこと。
4. **女性に協力して書類を完成させること。** 正解

解説　男性の最初の発言から、会話の中心テーマは financial report だと分かる。おそらく職場での同僚同士の会話であろう。時間が限られる中で、早く報告書を完成させなければならないと慌てる女性。最後の if I can get some assistance, ... により、「手伝ってほしい」ということを間接的に男性に伝えている。これに対して、プレゼンが完成したら、I'll be right with you（＝ I will help you.）と男性が応じる。文字通りの意味は「少し待ってね」だが、この状況から「手伝うよ」の意味だと分かる。Part 1 での典型的な「問題 → 解決」パターンである。職場や家庭における問題をどちらかが伝えると、それを聞いた相手が親切に解決するという会話の流れを聞き取るようにしよう。

　質問は、男性が何を申し出ているか。つまり、男性がどのように問題を解決するのかが問われている。正解は 4。最後の発言の I'll be right with you が、選択肢では work with the woman に言い換えられている。a document は、financial report の抽象的な言い換えである。選択肢 1 の supervisor、3 の construction contract は、会話には出てくるが、聞こえてきた単語だからというだけで選んでしまわないように注意しよう。2 はトリッキーな選択肢。男性は「プレゼンを片づけてから手伝う」と言っているのであって、「20 分後にプレゼンをする」のではない。

Vocabulary

□ **financial report** 財務報告書　□ **supervisor** 監督者、上司　□ **upset** 動揺して、腹を立てて
□ **construction** 建設　□ **contract** 契約　□ **assistance** 援助、助け
□ **deliver** ～を届ける、（期待されていること）をやり遂げる　□ **I got you** 分かった
□ **presentation** 発表、プレゼン　□ **review** ～を見直す
□ **complete** ～を完成させる、～を仕上げる　□ **document** 書類

No. 11

 040

W: Hey, Albert! I haven't seen you around lately.

M: That's because Professor Denton asked me to design a community service project, so I've been busy.

W: I can see that! Why don't we go to the movies? I heard that *Two Spies in Paris* is playing at the theaters. It's a great comedy and I know you like funny shows!

M: I do, and I really need a break. This Saturday would be best, and we can use our student ID to get a discount.

W: Sounds great! I'll pick you up in my car, so don't worry about transportation.

訳

W：あら、アルバート！ 最近見かけなかったわね。
M：デントン教授にコミュニティー・サービスの企画を立てるよう言われて忙しかったからだよ。
W：見れば分かるわ。映画に行かない？『パリの2人組スパイ』が劇場公開されているって聞いたの。すごく面白いコメディーだし、あなたがおかしな映画が好きだって知っているから。
M：好きだよ、それにほんと休憩が必要だよ。今週の土曜日がベストだな。学生証を使えば割引してもらえるよ。
W：いいわね！ 車で迎えに行くから、交通手段のことは心配しなくていいわよ。

Question: What does Albert say?

1. He has to work with Professor Denton all week.
2. **He needs some time off from his school work.**
3. He would prefer to watch a different movie.
4. His community service project was rejected.

訳 **質問：**アルバートは何と言っているか。

1. 彼は1週間ずっとデントン教授と共同作業をしなければならない。
2. **彼は学業から離れてしばらく休む必要がある。** 正解
3. 彼は違う映画を見たい。
4. 彼のコミュニティー・サービスの企画は却下された。

解説 　久しぶりに出会った友人同士の会話である。教授から頼まれたプロジェクトで忙しいと言う男性に対して、女性が気分転換にと映画に誘う。後半に男性が I really need a break と言っていることから、正解は2。break（休憩）が選択肢では some time off に言い換えられている。また、his school work とは、教授から依頼されたコミュニティー・サービスの企画のこと。その後、映画は学生証を見せれば学割で見られることや、映画館までの交通手段などに話が及ぶが、これらは解答には無関係な情報である。

　また、聞かれているのは「男性が言っていること」であることに注意しよう。選択肢1の He has to work with Professor Denton all week.「1週間ずっと教授と共同作業をしなければならない」は会話の中にはどこにも出てこないので不正解。男性は Professor Denton asked me to design ... と言っているだけである。選択肢4の His community service project was rejected.「プロジェクトは却下された」は本文の内容と一致しない。

Vocabulary

□ see around ～をよく見かける　□ lately 最近、この頃　□ design ～を設計する、～を計画する
□ why don't we *do*? ～しませんか、～しましょう　□ funny おかしい、面白い
□ break 休憩、小休止　□ student ID 学生証　□ discount 割引　□ pick up ～を車で迎えに行く
□ worry about ～について心配する　□ transportation 交通手段
□ would prefer to *do* むしろ～したい

No. 12

M: I just heard that Graham failed his exam.

W: Oh no! That means he can no longer work in the lab. He was such a good technician.

M: Well, it's important that the technicians have the correct knowledge.

W: I think he had all the practical knowledge that he required. I think these exams are not necessary.

M: There should be some standards though.

W: Well, he was as good as anyone else there. If you can do the job, standards shouldn't matter.

訳

M：グラハムが試験に落ちたって聞いたところだよ。

W：あら、まあ！ ということは、彼はもう研究所で働けないのね。あんなにいい技術者だったのに。

M：でも、技術者は正しい知識を持っていることが重要だよ。

W：彼は必要な実用知識はすべて持っていたと思うわ。こんな試験は必要ないと思うの。

M：だけど、何らかの基準はあるべきだよ。

W：それでも彼は研究所の誰にも劣っていなかったわ。仕事ができれば、基準なんて問題じゃないはずよ。

Question: What does the woman think about the situation?

1. The exams do not reflect skills.
2. The lab is short of good technicians.
3. The company is correct in applying standards.
4. The competition for the job is high.

訳 **質問**：女性はこの状況をどう思っているか。

1. 試験は技能を反映していない。 正解
2. 研究所には良い技術者が足りない。
3. 会社が基準を適用するのは正しい。
4. その仕事に就く競争は厳しい。

解説　会話の話題は、男女の勤務する研究所の同僚である Graham について。このように、当事者以外の第三者に関する会話が出題されることも少なくない。冒頭で分かるのは、Graham が試験に合格できず、職場で働けなくなるということ。このことに対して、男女の見解の相違を聞き取るのがポイントである。

　女性はすぐさま Oh no! と反応し、Graham は優秀なのに試験に合格できなかったことで働けなくなるのは残念だ、という気持ちを表す。一方、男性は「技術者には正しい知識が必要だ」と反論。中ほどの女性の発言が解答のヒントになっている。女性は I think these exams are not necessary. と、試験の妥当性に疑問を持つ。

　質問は女性の考えを聞いているため、正解は 1。「試験は技術を反映していない」とは、Graham が技術はあるのに試験には不合格であったことを言い換えている。質問をきちんと聞き取っていないと、選んでしまいそうな選択肢は 3。これは、基準として試験は必要だという男性の考えに合致する。女性の最後の発言 he was as good as anyone else ... とは、「Graham は試験には不合格だったが、技術者としては研究所のほかの誰にも劣らない」という気持ちである。

| Vocabulary |

□**fail** ～に失敗する、（試験）に落ちる　□**exam** 試験　□**lab** 研究所、研究室
□**technician** 技術者　□**correct** 正しい、正確な　□**knowledge** 知識
□**practical** 実用的な、役に立つ　□**standard** 基準　□**matter** 重要である、問題である
□**reflect** ～を反映する　□**be short of** ～が足りない　□**apply** ～を適用する
□**competition** 競争

Part 1　演習問題 2

No. 1　①②③④　🔊 042
1. Write a letter of recommendation for the student.
2. Teach an advanced robotics course.
3. Offer the student a position in her own company.
4. Provide the name of a contact in her network.

No. 2　①②③④　🔊 043
1. She has an appointment with other friends.
2. She is hosting her own lunch.
3. She must play in a contest.
4. She wants to watch a golf tournament.

No. 3　①②③④　🔊 044
1. He will purchase another television.
2. He doesn't understand the article.
3. His son is affected by screen time.
4. His son tends to get angry easily.

No. 4　①②③④　🔊 045
1. Test a new health program.
2. Do some research into exercise programs.
3. Join a local gym to get healthy.
4. Try to exercise for more than seven minutes.

No. 5　①②③④　🔊 046
1. A tech conference has been canceled.
2. His office PC needs to be replaced.
3. The manager is not pleased with his work.
4. He cannot afford to buy a new computer.

No. 6　①②③④　🔊 047
1. Take an ocean cruise.
2. Stay at home and rest.
3. Revisit a vacation spot.
4. Learn an adventure sport.

No. 7

1. Hold on to his shares and do nothing.
2. Sell at a loss and buy in another industry.
3. Invest more in the same company.
4. Spread his investments around.

No. 8

1. She decides to cancel her dinner plans.
2. She will take some time to recover.
3. She has to talk to the police officers.
4. She did not notice when the lights changed.

No. 9

1. He will do more research on the Internet.
2. He may return the DVD for a full refund.
3. His whole body will improve within weeks.
4. His workout choice is the best for everyone.

No. 10

1. He does not provide enough handouts.
2. He demands too much of his students.
3. He can be reached easily.
4. He encourages students to be creative.

No. 11

1. Teach their son to play video games.
2. Play the game to completion.
3. Purchase a more appropriate game.
4. Consider selling the video game unit.

No. 12

1. Nothing significant has been developed.
2. There could be impacts on their users.
3. The cost to build products is very low.
4. This technology has no practical use.

放送文と訳・解説・解答

No. 1 ◀ 042

M: Thanks for seeing me, Professor Rowntree.

W: Of course, Elijah. How can I help?

M: I would like to do a summer internship.

W: That's a good idea. Have you got a company in mind?

M: Well, I would appreciate some recommendations if you have any.

W: Sure, you seem to be interested in robotics. Is that right?

M: That's my passion.

W: In that case, I will send you the name of a friend of mine who works in that field and can point you in the right direction.

訳

M: ラウントリー教授、お時間をいただき、ありがとうございます。

W: 当然よ、イライジャ。どうしたの？

M: 夏にインターンをやりたいと思っているんです。

W: それはいい考えね。考えている会社はあるの？

M: それが、もしどこかご存じでしたら、いくつか推薦していただけるとありがたいのですが。

W: いいわよ、あなたはロボット工学に興味があるようね。そうでしょ？

M: それに夢中です。

W: そういうことなら、その分野で働いていて、そちらの方面について教えられる友人の名前をあなたに送ってあげるわ。

Question: What will the professor do?

1. Write a letter of recommendation for the student.
2. Teach an advanced robotics course.
3. Offer the student a position in her own company.
4. **Provide the name of a contact in her network.**

訳 **質問**：教授は何をするのか。

1. 学生のために推薦状を書く。
2. 先進ロボット工学のコースを教える。
3. 自身の会社の職を学生に提示する。
4. 自分の人脈から知り合いの名前を提供する。 正解

解説 　男子学生が女性の教授にある相談をしている。このような会話の場合には、まずは相談の内容を把握し、その後どのように解決に至るのかを聞き取るようにするとよいだろう。質問は、相談の解決方法が問われる場合が多いと考えられる。

　学生は夏休みにインターンをしたいと希望するが、特に企業を決めているわけではない。I would appreciate some recommendations の部分が、教授に面会を希望した理由だ。教授は、学生がロボット工学に興味があることを確認した上で、I will send you the name of a friend of mine who works in that field と言っている。その分野（ロボット工学）に従事する友人を紹介するという意味である。

　質問で問われている女性の今後の行動は、選択肢 4。ここでの contact は名詞で、「連絡を取って助けなどを得られる人、知り合い」の意味。in her network（教授のネットワーク内の）とは、「教授の人脈内の、知り合い（a friend of mine）の」と考えるとよい。学生は「会社を推薦してほしい」ということで、recommendations という単語は使っているが、推薦状（a letter of recommendation）を求めているわけではないので、1 は不適切。

Vocabulary

☐ **internship** インターンシップ、就業体験　☐ **in mind** 頭にある、考えにある
☐ **appreciate** 〜に感謝する、〜をありがたいと思う　☐ **recommendation** 推薦
☐ **be interested in** 〜に興味がある　☐ **robotics** ロボット工学　☐ **passion** 夢中になるもの
☐ **point** 〜に（方向を）指し示す　☐ **direction** 方向　☐ **advanced** 高度な、先進の
☐ **provide** 〜を提供する、〜を与える　☐ **contact** （助けなどが得られる）連絡先、知り合い

放送文と訳・解答・解説

No. 2

043

M: Hi, Debbie, would you like to come over for lunch tomorrow?

W: It sounds good, but I'm playing golf tomorrow.

M: I didn't know you played golf.

W: Yes, I've played for many years, and tomorrow I have a tournament.

M: Wow, you must be very good.

W: I've won a few times, but the level of competition is quite high.

M: I'd be interested in watching you play sometime.

W: That would be great! Come over tomorrow if you like.

訳

M：やあ、デビー、明日お昼を食べに来ない？

W：良さそうね、でも明日はゴルフをするのよ。

M：君がゴルフをするなんて知らなかったよ。

W：そう、何年もやっていて、明日はトーナメントがあるの。

M：すごい、とても上手なんだろうね。

W：何度か優勝したことがあるけれど、試合のレベルはとても高いの。

M：いつか君がプレーしているところを見てみたいよ。

W：それはいいわ！ もし良ければ明日来てよ。

Part 1 演習問題 2

Question: Why can't Debbie come to lunch?

1. She has an appointment with other friends.
2. She is hosting her own lunch.
3. **She must play in a contest.**
4. She wants to watch a golf tournament.

訳 **質問**：なぜデビーは昼食に来られないか。

1. 彼女はほかの友人と約束があるから。
2. 彼女は自分の昼食会を開くから。
3. 彼女は競技でプレーしなければならないから。 正解
4. 彼女はゴルフのトーナメントを見たいから。

解説 男性が Hi, Debbie と呼びかけていることから、この男女は互いをよく知る友人同士だと分かる。男性が明日一緒にランチをしないかと誘っている。come over は「こちらに来る」の意味で、ここでは男性のところにやって来ることを表している。女性は明日ゴルフのトーナメントに出場するので、無理だと答える。男性は女性がゴルフをすることを知らなかったが、彼女のプレーを見てみたいと興味津々 (I'd be interested in watching you play sometime.)。これに対して、女性が最後に発言した Come over tomorrow if you like. の come over は「トーナメントの会場に来る」ことである。

　質問はデビーがランチに来られない理由なので、正解は 3。ゴルフの試合のことを、会話では tournament、competition としているが、選択肢では contest と言い換えている。選択肢 1 は She has an appointment まではよいが、約束はゴルフの試合であり、with other friends ではない。I have another appointment.（先約がある）は、誘いを断る際にも使われる表現である。2 の host her own lunch だと、彼女自身が昼食会を開くことになってしまうので不適切だ。

Vocabulary

□ come over やって来る　□ competition 試合、競技会　□ be interested in ～に興味がある
□ appointment 約束、予約　□ host ～を主催する、～を開く

085

No. 3

W: I was reading about the effects of too much screen time on children.
M: What do you mean by screen time?
W: Things like television, computers, tablets, or cell phones.
M: OK, so what did the article say?
W: Well, the more time a child spends looking at a screen, the more likely they are to have poor concentration and mood swings.
M: That's interesting. I've noticed that my son is in a bad mood when I turn off his tablet.
W: Perhaps you should limit the amount of time he spends on it.

訳

W：スクリーンタイムがあまりにも多い子供に、どんな影響があるかについて読んでいたんだけど。
M：スクリーンタイムって何？
W：テレビ、コンピューター、タブレット、携帯電話などを見る時間のことよ。
M：分かった、で、その記事は何と言っていたの？
W：ええとね、子供がスクリーンを見て過ごす時間が多ければ多いほど、集中力が欠けて気分も変わりやすくなるって。
M：それは面白いね。僕が息子のタブレットの電源を切ると、機嫌が悪くなることがあったな。
W：タブレットを見る時間を制限すべきかもしれないわね。

Part 1 演習問題 2

Question: What does the man imply?

1. He will purchase another television.
2. He doesn't understand the article.
3. **His son is affected by screen time.**
4. His son tends to get angry easily.

訳 **質問：**男性は暗に何と言っているか。

1. 彼はテレビをもう1台買うだろう。
2. 彼は記事を理解していない。
3. 彼の息子はスクリーンタイムの影響を受けている。 正解
4. 彼の息子は怒りやすい傾向がある。

解説 　会話のトピックは女性の最初の発言にある screen time。初めて聞く表現だと聞き取りにくいこ
　　ともあり、即座に意味が分からないかもしれないが、慌てずに会話に耳を傾けることが大切であ
る。この会話でも、男性が What do you mean by screen time? と質問しているため、その後の会
話から十分理解できるはずだ。女性が読んだ記事によると、電子機器などの画面を見る時間が多い子
供は、集中力に欠け、気分にむらがあるという。女性の発言で使われている「the ＋比較級～, the ＋
比較級…」は「～すればするほど、より…である」の意味。重要表現なので、リスニングで出てきても理
解できるようにしておこう。

　質問は、男性が暗に何を言っているかという imply 問題。男性の最後の発言から、正解は選択肢3。
男性は I've noticed ... 以下で、タブレットの電源を切ると息子の機嫌が悪くなると述べている。女性
からの情報を聞いて「そういえば……」と、息子の状態が当てはまると感じたのである。迷うとしたら
4 だが、これでは男性の息子がもともと怒りやすい性格であることになってしまう。そうではなく、タブ
レットのスイッチを切ると怒るだけなので不適切。

Vocabulary

□**effect** 影響　□**tablet** タブレット端末、タブレット PC　□**cell phone** 携帯電話
□**article** 記事　□**be likely to** *do* ～しそうである　□**concentration** 集中、集中力
□**mood swing** 気分の変動　□**turn off**（スイッチなど）を切る　□**amount** 量
□**purchase** ～を購入する　□**affect** ～に影響を及ぼす

087

No. 4

W: Did you see that program about the seven-minute workout?
M: I heard something about it.
W: Well, basically, it's a new exercise program that helps you lose weight.
M: That doesn't seem like enough time to get healthy.
W: The secret is to match the food you eat, and the time you eat it, with the exercise.
M: Hmm, OK, that's interesting. And is this effective?
W: The results are very impressive, and I think that we should try it out.
M: Sure, let's try it for a month and see if anything happens.

訳

W：例の 7 分間運動プログラムを見た？
M：聞いたことはあるよ。
W：そうね、基本的にはダイエットのための新しい運動プログラムなのよ。
M：そんな短時間で健康になるとは思えないけど。
W：秘訣は食べる物や食べる時間を運動とマッチさせることなの。
M：うーん、そう、それは面白いね。で、効果はあるの？
W：結果はとても素晴らしいから、私たちも試してみるべきだと思うわ。
M：分かった、1 カ月やってみて、どうなるか見てみよう。

Question: What do the couple decide to do?

1. Test a new health program.
2. Do some research into exercise programs.
3. Join a local gym to get healthy.
4. Try to exercise for more than seven minutes.

訳 **質問：** 2人は何をすることに決めたのか。

1. 新しい健康プログラムを試す。 正解
2. 運動プログラムを少し調べる。
3. 健康になるため地元のジムに入る。
4. 7分以上運動しようと努める。

解説　　会話の冒頭で、女性が the seven-minute workout を話題にしている。ここでの workout は exercise の言い換えで、この「7分間運動」について、女性は it's a new exercise program that helps you lose weight と説明している。運動と食事を調節することにより減量できるのだと言うと、最初は懐疑的だった男性も OK, that's interesting と興味を持った様子だ。

　　Part 1の会話で、このように男女のどちらかが何らかの提案をした場合、相手がそれに賛成する場合と反対する場合とがある。ここでは、女性の提案に男性が応じていることを聞き取るのが重要なポイントだ。最後に女性が I think that we should try it out と言ったのに対して、男性も Sure, let's try it for a month と応答。どちらの it も the seven-minute workout を指している。

　　質問は2人が決めた内容なので、正解は1。選択肢の test は、会話では try, try out と表現されている。選択肢4では try が使われているが、7分以上運動するわけではないので不適切。会話に登場した単語を含む選択肢に惑わされないように注意しよう。

Vocabulary

□ **workout** 運動、トレーニング　　□ **basically** 基本的に　　□ **lose weight** 減量する
□ **match A with B** A を B とマッチさせる、調和させる　　□ **effective** 効果的な、効き目がある
□ **impressive** 強い印象を与える、素晴らしい　　□ **try out** ～を試してみる、～を試験的にやってみる

089

No. 5

W: Jason, we need to leave now to get to the tech conference on time.
M: I know, but the manager said to set up my new computer first and link it to the office network. If not, when I get back, I'll have to work overtime.
W: Oh. And where's your old computer?
M: The system crashed. Thankfully, I had already saved all my files on an external drive.
W: Very wise. OK, I'm off. When you get to the conference, we can sit together if you'd like.

訳

W：ジェイソン、テクノロジー会議に間に合うよう、もう出発しないと。
M：分かっているよ、でもまず僕の新しいコンピューターをセットアップして、オフィスのネットワークに接続するよう部長に言われたんだ。そうしなければ、戻ってから残業しないといけないんだよ。
W：まあ。古いコンピューターはどこにあるの？
M：システムがクラッシュしたんだ。幸いなことに、すべてのファイルはすでに外付けドライブに保存してあったよ。
W：とても賢いわ。じゃ、私は行くわね。あなたが会議に到着したら、良ければ一緒に座りましょう。

Question: What is Jason's problem?

1. A tech conference has been canceled.
2. **His office PC needs to be replaced.**
3. The manager is not pleased with his work.
4. He cannot afford to buy a new computer.

訳 **質問：**ジェイソンの問題は何か。

1. テクノロジー会議は中止になった。
2. **彼の会社の PC は取り替える必要がある。** 正解
3. 部長は彼の仕事を気に入らない。
4. 彼は新しいコンピューターを買う余裕がない。

解説　We need to leave now ... と女性が発言していることから、この男女はおそらく会社の同僚で、共にテクノロジー会議に出席予定であることが分かる。ところが、男性は I know, but ... と何か問題がありそうな様子。会議に行く前に PC のセットアップを済ませ、オフィスのネットワークに接続させなければならないため、すぐには出発できない。If not は、If I don't set up my new computer ... と繰り返す代わりに、省略したもの。つまり、今やっておかないと会議から戻ったら残業になってしまう、の意味だ。質問は Jason の抱える問題なので、この部分から正解は 2。使用していた PC が壊れてしまったため、新しいものに交換する必要がある。会話での set up my new computer を、選択肢では His office PC needs to be replaced.（会社の PC は取り替える必要がある）と言い換えている。質問の解答は会話の後半にあることが多いが、このように会話の前半や最初に出てくることもあると覚えておこう。

　女性の最後の発言の I'm off. は「その場を離れる」の意味。ここでは、男性を待たずに女性が先にテクノロジー会議へ向かうことを意味している。I'm off to work.（仕事に出かける）などのように、口語でよく使う表現である。

Vocabulary

□ **on time** 時間通りに　□ **set up** ～をセットアップする、～を設置する
□ **work overtime** 残業する　□ **crash**（コンピューターやシステムが）動かなくなる、クラッシュする
□ **external drive** 外付けドライブ　□ **replace** ～を取り替える
□ **be pleased with** ～に満足している　□ **afford to** *do* ～する余裕がある

放送文と訳・解答・解説

No. 6

047

M: I was thinking about where we should go on vacation this year.

W: What did you have in mind?

M: I would love an adventure holiday. You mentioned that you wanted to learn to scuba dive.

W: I have wanted to for many years! I was also thinking we could go back to that farmhouse we once visited.

M: Well, I found a lovely island in Thailand that has great coral reefs, and they also run a scuba school.

W: This sounds better. I think this is the best idea you've ever had!

M: Thanks! I'm looking forward to trying it as well.

訳

M：今年の休暇はどこに行こうかと考えていたんだ。

W：どこがいいと思ったの？

M：アドベンチャー休暇がいいな。君はスキューバダイビングを習いたいと言ってたよね。

W：もう何年もずっとやりたいと思っていたわ！ それと以前行ったあのファームハウスにまた行きたいとも考えていたの。

M：そう、タイに素晴らしいサンゴ礁がある素敵な島を見つけたんだけど、スキューバの学校もやっているんだよ。

W：そっちの方が良さそうね。あなたが思いついた中で一番いいアイデアだと思うわ！

M：ありがとう！ 僕もスキューバをやるのが楽しみだよ。

Question: What will the couple do for their vacation?

1. Take an ocean cruise.
2. Stay at home and rest.
3. Revisit a vacation spot.
4. **Learn an adventure sport.**

訳 **質問：**カップルは休暇に何をするか。

　1. クルーズ旅行をする。

　2. 家にいて休む。

　3. ある休暇地を再訪する。

　4. アドベンチャースポーツを習う。 **正解**

解説　男性の最初の発言での go on vacation がキーワード。カップルが今年の休暇の過ごし方について話していることを理解しよう。Part 1 では、ほとんどの場合、このように出だしでその会話のトピックが分かるため、最初から集中して聞くことが重要である。

　男性は adventure holiday を提案し、女性がスキューバダイビングを習いたがっていたことに言及する。その後の女性の発言の I have wanted to for many years! は、直前の男性の発言から、I have wanted to (learn to scuba dive) for many years! の意味である。このように、内容が繰り返されるときには、不定詞の to のみを残すことがよくある。

　女性は、以前訪れた farmhouse での休暇を提案するが、男性がスキューバもできるタイの島を見つけたと言うと、This sounds better (than the farmhouse). と賛成する。男性も楽しみだと言っていることから、正解は 4。男性の最後の発言 I'm looking forward to trying it as well. の it はスキューバダイビングを指し、選択肢では an adventure sport と言い換えられている。

Vocabulary

□ **vacation** 休暇、休み　□ **have A in mind** A が頭にある、A を考えている　□ **adventure** 冒険
□ **mention** ～に言及する　□ **scuba dive** スキューバダイビングをする
□ **farmhouse** 農場内の家、ファームハウス　□ **coral reef** サンゴ礁　□ **run** ～を運営する
□ **look forward to** ～を楽しみにする　□ **as well** ～も
□ **cruise** クルージング、クルーズ客船での旅　□ **revisit** ～を再訪する

放送文と訳・解答・解説

No. 7

048

W: Hi Greg, did you end up investing in that company?

M: Yes, I bought some shares, but the price has already gone down!

W: Don't panic. This can happen. Do you have any other investments?

M: No, just this.

W: It is important to diversify. That means having different investments.

M: OK, like shares in many companies?

W: Yes, and also in different industries. This way you're less open to any particular risk.

M: I see, and my money should be safer.

W: That's the idea.

訳

W：ねえ、グレッグ、結局あの会社に投資したの？

M：うん、株をいくらか買ったよ。でも株価はもう下がっちゃったけど！

W：慌てないで。起こり得ることよ。ほかに投資はしている？

M：いや、これだけだよ。

W：分散させることが大事よ。つまり、いろいろなところに投資するということ。

M：分かった、たくさんの企業の株のように？

W：そう、そして異なる業種にもね。こうすれば、特定のリスクにあまりさらされなくなるわ。

M：なるほど、そして僕のお金はもっと安全になるはずだね。

W：そういうことよ。

094

Question: What does the woman suggest that the man do?

1. Hold on to his shares and do nothing.
2. Sell at a loss and buy in another industry.
3. Invest more in the same company.
4. **Spread his investments around.**

訳 **質問:** 女性は男性に何をするよう提案しているか。

1. 株を持ち続けて何もしない。
2. 損をしても売って、別の業種を買う。
3. 同じ会社にもっと投資する。
4. 投資を分散させる。 正解

解説 会話の出だしから investing、shares など、投資に関する単語が使われている。女性が男性の投資先について質問していることを理解しよう。invest in (～に投資する)、buy / sell shares (株を買う／売る) は、投資に関する話題では必須表現である。男性はある会社の株を買ったが、すでにその株価は下落してしまったようだ。ここでの price とは「株価 (stock price / share price)」のことである。会話から察すると、男性は株投資の経験が浅く、女性は詳しい様子。そこで、女性は It is important to diversify. とアドバイスしているが、キーワードは diversify「(投資) を分散させる」。一つの会社の株ばかりを買うのではなく、異なる業種の複数の会社に投資を分散させた方が、リスクが少ないと説いている。

質問は女性が男性に対して提案している内容なので、正解は 4。選択肢の spread は、会話での diversify の言い換え。一つの会社に投資を集中することを避けるようにアドバイスしているため、選択肢 1 と 3 は不適切だ。現在持つ株を売却するように促しているわけではないので、2 も女性の提案とは異なる。

Vocabulary

□ **end up** 結局～する □ **invest** 投資する □ **share** 株、株式 □ **investment** 投資 (対象)
□ **diversify** (投資) を分散する、多様にする □ **industry** 産業、業種
□ **sell at a loss** 損をしても売る、損切りする □ **spread** ～を広げる、～を分散させる

放送文と訳・解答・解説

No. 8 ◀ 049

M: Maria, I just heard about your car accident. Are you all right?

W: Just a fractured leg. Thankfully, everything else is fine.

M: Good, but what happened?

W: Another car hit me. When the police showed the driver the surveillance video from the stoplight, he told the officers that it was my fault for stopping abruptly when the light turned red.

M: That's terrible! That's what you were supposed to do. We'll have to reschedule our dinner plans.

W: No, don't. Come over and we'll order out. My movements will be restricted for a while, but we can still get together.

訳

M：マリア、交通事故に遭ったってちょうど聞いたところだよ。大丈夫かい？

W：脚を骨折しただけ。ありがたいことに、そのほかは全部大丈夫なの。

M：良かった、でも何があったんだい？

W：ほかの車にぶつけられたの。警察が信号機の監視映像をドライバーに見せたら、彼は警官に、信号が赤になったとき突然止まった私のせいだと言ったのよ。

M：それはひどい！ 止まるのは当然なのに。夕食の計画は変更しなければならないね。

W：いいえ、いいのよ。来てちょうだい、そして出前を取りましょう。しばらく動きは制限されるでしょうけど、それでも一緒に過ごすことはできるわ。

Question: What is one thing we learn about the woman?

1. She decides to cancel her dinner plans.
2. **She will take some time to recover.**
3. She has to talk to the police officers.
4. She did not notice when the lights changed.

訳 **質問**：女性について分かる一つのことは何か。

1. 彼女は夕食の計画をキャンセルすることに決めた。
2. **彼女は回復するのにしばらくかかるだろう。** 正解
3. 彼女は警官に話さなければならない。
4. 彼女はいつ信号が変わったのか気づかなかった。

解説 事故に遭った女性とそれを聞いて心配する友人男性との会話である。脚を骨折しただけで心配はないと言う女性に、男性が事故の様子を尋ねている。別の車がぶつかってきたことや、警察官の対応、相手のドライバーの言い分なども出てくるが、これらは設問には関わっていない。男性が最後に、We'll have to reschedule our dinner plans. と言っていることから、この 2 人は夕食を共にする予定だったことが分かる。reschedule「（日程など）を変更する」は、ここでは postpone / put off「～を延期する」の意味で使われている。骨折したのでは、当然夕食会はできないと男性は考えたが、女性は延期するのではなく出前を取って（order out）一緒に食べようと提案した。その後、女性が My movements will be restricted for a while（しばらくは動きが制限される）と言っていることから、正解は 2。この発言内容を選択肢では「回復するにはしばらく時間がかかる」と言い換えている。

Vocabulary

□ accident 事故　□ fractured 骨折した　□ surveillance video 監視映像、監視ビデオ
□ stoplight 交通信号機　□ fault 過失、誤り　□ abruptly 突然
□ be supposed to *do* ～することになっている、～しなければならない
□ reschedule（日程など）を変更する　□ come over やって来る　□ order out 出前を取る
□ restrict ～を制限する　□ recover 回復する

No. 9

 050

M: Tanya, I'd like to order *the 90-day Full Body Makeover* DVD online. It looks amazing.

W: Yeah, Brian. I know. It's been advertising on TV for weeks, but I think that moderation is the key to success, not a program.

M: C'mon Tanya. All of the people interviewed said it was great.

W: Those people are paid actors. You should read the reviews online by actual customers, and then decide whether or not this product is worth it.

M: You're right. That's a sensible thing to do.

M：タニヤ、『90日全身大改造』のDVDをネットで注文したいんだ。すごそうだよ。
W：そうね、ブライアン。知っているわ。何週間もテレビで宣伝しているけれど、プログラムじゃなくて節制が成功の秘訣だと思うわ。
M：おいおい、タニヤ。インタビューされた人々は皆、素晴らしいと言ってたよ。
W：あの人たちはサクラよ。実際に購入した人のネットレビューを読んでから、買うかどうか決めるべきよ。
M：君の言う通りだ。それが賢いやり方だね。

Question: What does the man imply?

1. He will do more research on the Internet.
2. He may return the DVD for a full refund.
3. His whole body will improve within weeks.
4. His workout choice is the best for everyone.

訳 **質問**：男性は暗に何と言っているか？

1. 彼はインターネットでもっと調べるだろう。 正解
2. 彼は DVD を返品して、全額返金してもらうかもしれない。
3. 彼の全身は数週間で改善されるだろう。
4. 彼が選ぶ運動プログラムは誰にとっても最良である。

解説　男性が女性に DVD を注文したいと相談するところから会話が始まる。「90 日で肉体改造ができる」というのが DVD の宣伝文句だが、女性はこれには懐疑的。男性がこの商品を実践した人たちのインタビューをうのみにしているのに対し、女性はサクラ（paid actors）であると主張。DVD に関して、男女の意見が異なることを意識しながら聞くとよいだろう。その後、女性はサクラではない実際の購入者によるネット上の評価を読んで判断すべきだと言う。worth it は「それだけの価値がある」の意味だが、ここでは「購入する価値がある」ということだ。

　質問は、男性が imply している内容である。最後に男性が You're right. と女性の意見に賛成し、That's a sensible thing to do. と言っている。That は「購入者の評判をインターネットで読んでから購入を検討すること」なので、この部分がヒントとなり正解は 1。最初は意見が異なった 2 人だが、最後には男性が女性に同意したことを聞き取れるかがポイントだ。imply の問題は、このように imply する当事者の発言だけでなく、その前の相手の発言もあわせて理解する必要があることが多い。比較的難易度の高い問題と言えるだろう。

Vocabulary

□ **makeover** 改造、変身　□ **amazing** 見事な、驚くべき　□ **advertise** 宣伝する、広告する
□ **moderation** 節度、節制　□ **review** レビュー、批評　□ **actual** 実際の、現実の
□ **customer** 顧客、買い手　□ **sensible** 分別のある、賢い　□ **refund** 返金、払戻金
□ **improve** 良くなる、改善される　□ **workout** 運動、トレーニング

放送文と訳・解答・解説

No. 10
051

M: What do you think of Professor Rowan, Tina?

W: I like his lecture style. Also, he is very compassionate.

M: I think it's because you are good at science.

W: What do you mean by that?

M: Class is difficult enough for me. Besides, he gives us a lot of homework. I am having a hard time finishing it.

W: Well, but if you have questions, you don't need to hesitate to ask him. In fact, his response to emails from the students is very quick.

訳

M：ローワン教授のことをどう思う、ティナ？

W：彼の講義の仕方は好きよ。それにとても思いやりがあるし。

M：それは君が科学が得意だからだと思うよ。

W：それ、どういう意味？

M：僕には十分に授業が難しいよ。それに、宿題をたくさん出すよね。宿題を終えるのが大変なんだ。

W：そう、でも質問があれば、遠慮なく教授に尋ねるといいわ。実際、学生からのメールへの返事はとても速いわよ。

Question: What is the woman's opinion about Professor Rowan?

1. He does not provide enough handouts.
2. He demands too much of his students.
3. He can be reached easily.
4. He encourages students to be creative.

訳 **質問：**ローワン教授に対する女性の意見は何か。

1. 彼は資料を十分配らない。
2. 学生に多くを求めすぎる。
3. 彼は容易に連絡が取れる。 正解
4. 彼は学生に創造的になるよう励ましている。

解説　冒頭で男性が同じ大学に通う女性に Rowan 教授をどう思っているのか尋ねている。Part 1 では、このように男女が共通に知る第三者が話題になることもある。そのような場合には、男女と第三者との関係や、男女の第三者に対する意見などを理解することがポイントになる。ここでは、男女とも大学で Rowan 教授の授業を取っていると考えられる。女性は教授の人柄や授業を気に入っているが、男性は宿題も多く、授業についていくのが大変だと述べる。

　質問は教授に対する女性の意見。最後の his response to emails from the students is very quick がヒントとなり、これを言い換えた選択肢 3 が正解。E メールをするといつでもすぐに返信があることから「連絡を取るのが簡単だ」と判断できる。選択肢 2 の He demands too much of his students. は、女性ではなく男性の意見。男性の「宿題が多くて終えるのが大変だ」は「学生への要求が多すぎる」と言い換えられるが、質問文をよく聞き取り、男女の意見を混同しないようにすることが重要である。

Vocabulary

□ **compassionate** 思いやりのある　□ **be good at** 〜が得意である　□ **besides** その上、なお
□ **have a hard time** *doing* 〜するのが大変である、〜するのに苦労する
□ **hesitate** ためらう、躊躇する　□ **response** 返答、応答　□ **handout** 資料、配布物
□ **demand A of B** B に A を要求する　□ **reach** 〜と連絡を取る、〜と接触する
□ **encourage A to** *do* A に〜するよう励ます [勧める]　□ **creative** 創造的な、独創的な

放送文と訳・解答・解説

No. 11

052

M: I just bought James a new video game for us to play. *Blood and War 3*. Looks fun!

W: You cannot be serious! He's only five years old.

M: But he likes watching me play similar games.

W: He will have nightmares or become violent!

M: Fine. Then I had better take it back and get something for his age group!

W: Yes, finally a good idea.

M: Well, perhaps I'll keep it and get him a different game.

訳

M：ジェームズに、一緒にプレーできる新しいビデオゲームを買ってあげたんだ。『血と戦争3』さ。面白そうだよ。

W：冗談でしょ！ 彼はまだほんの5歳よ。

M：でも、僕が似たようなゲームをしているのを見て喜んでるよ。

W：あの子は怖い夢を見たり暴力的になってしまうわ！

M：そうか。じゃあ返品して、あの子の年齢層に合ったものを買った方がいいな。

W：そうね、やっといい考えが浮かんだわね。

M：うーん、でもこれはそのまま取っておいて、ジェームズには別のゲームを買おうかな。

102

Part 1 演習問題 2

Question: What does the woman want the man to do?

1. Teach their son to play video games.
2. Play the game to completion.
3. Purchase a more appropriate game.
4. Consider selling the video game unit.

訳 **質問：** 女性は男性に何をしてほしいか。

1. 息子にビデオゲームのやり方を教える。
2. ゲームを終わりまでやる。
3. もっとふさわしいゲームを購入する。 正解
4. ビデオゲーム機の売却を考える。

解説　冒頭で、男性が「一緒に遊べるビデオゲームを James に買った」と話している。続いて女性が You cannot be serious! と言っているが、cannot は「〜のはずがない」という強い否定の意味。「本気のわけないでしょう」から、「冗談でしょう」というニュアンスが理解できるとよいだろう。

He's only five years old. と言ったところで、James がこの男女の息子であることが判明する。息子と一緒にゲームを楽しみたい男性に対して、女性は内容がふさわしくないと反対している。女性の意向を仕方なく受け入れた男性は、「彼の年齢に合ったものを買う」と言ったので女性も安心した様子。his age group とは、5歳前後の年齢を指している。

質問は、女性が男性にしてほしいことを尋ねているので、正解は 3。選択肢の more appropriate は、会話では for his age group と表されている。選択肢 4 の Consider selling the video game unit. (ゲーム機を売ることを考える) は不適切。女性は、男性にゲームを返品してほしいとは考えているが、ビデオゲーム機の売却は求めていない。

Vocabulary

□ **serious** まじめな、真剣な　□ **nightmare** 悪夢、恐ろしい夢
□ **had better** 〜した方がよい、〜すべきである　□ **take back** 〜を返品する
□ **completion** 完成、完了　□ **purchase** 〜を購入する　□ **appropriate** 適切な、妥当な
□ **consider** 〜を考慮する、〜を検討する

103

No. 12

W: How was your visit to the research facility? Did you see anything interesting?

M: Some of the software under development is incredible.

W: Did you like anything in particular?

M: They have some apps that gather user information while they use the software.

W: We could use it to analyze how our customers use our products.

M: That's a good idea. But we need to ensure that we don't invade the privacy of our users.

W: OK, we should have a meeting with our legal team before we proceed.

M: I'll give them a call.

訳

W：研究施設への訪問はどうだった？ 何か面白いものを見た？
M：開発中のソフトのいくつかはとてもすごいよ。
W：特に好きなものはあった？
M：ユーザーがソフトを使っている間にその人の情報を集めるアプリがあったんだ。
W：私たちの製品を顧客がどう使っているか分析するのに、それは使えるかもしれないわね。
M：いい考えだ。でも、ユーザーのプライバシーを侵害しないことを確かめる必要があるよ。
W：そうね、先へ進む前に法務チームと会議を開くべきね。
M：彼らに電話するよ。

Question: What does the man think about the new research?

1. Nothing significant has been developed.
2. **There could be impacts on their users.**
3. The cost to build products is very low.
4. This technology has no practical use.

訳 **質問**：男性は新しい研究についてどう思っているか。

1. 何も重要なものは開発されていない。
2. ユーザーへの影響があるかもしれない。 正解
3. 製品を作るコストはとても安い。
4. この技術は実用性がない。

解説　Part 1 の会話では、時代を反映して IT 関連の話題も出題される。したがって、「ソフト」「アプリ」などは日本語になっているが、英語での表現にも慣れておく必要がある。男性の最初の発言に出てくる software は「ソフト」のこと。不可算名詞なので複数形にはならず、常に単数扱いである。また、「アプリ」は application を短縮した呼び名で、英語では app と言われることも多い。短縮されると聞き取りにくくなるので注意しよう。

男性はソフトのユーザー情報を集めるアプリに興味を持ち、女性も That's a good idea. とその有効性を認めている。解答のヒントになるのは、その後の男性の発言の But 以降。「ユーザーのプライバシーを侵害しないことを確かめる必要がある」と言っていることから、正解は 2。選択肢に含まれる could は「可能性・推量」を表す。「ユーザーのプライバシーを侵害してしまうかもしれない」ことを impacts on their users と言い換えている。選択肢 4 の This technology has no practical use.（この技術は実用性がない）は、会話とは真逆の内容なので不正解。

Vocabulary

□ research facility 研究施設　□ under development 開発中で
□ incredible すごい、とても素晴らしい　□ in particular 特に
□ app (= application) アプリ（携帯端末などにダウンロードして使うソフトウェア）
□ gather ～を集める　□ analyze ～を分析する　□ ensure ～を確実にする
□ invade ～を侵害する　□ legal 法律上の　□ proceed 前進する、続行する
□ significant 重要な、意義深い　□ impact 影響　□ practical 実用的な、現実的な

105

口語表現に親しもう

　Part 1 では、男女による日常的な会話が出題されます。語彙レベルも準 1 級としては決して難しくなく、構文も取りにくいものではありません。けれども、聞いていて意外と戸惑ってしまうのが、会話で使われるカジュアルな口語表現です。これらは学校の教科書などではあまり出会うことがないかもしれませんが、映画やドラマでは自然に使われているものです。

　ここでは、本書の問題に含まれる主な口語表現をリストにしました。知っておくと今後のリスニングに役立つものばかりです。ただし、これらをただ暗記しようとするのではなく、会話の流れでどのように使われているのかを、音声を聞きながら理解し、声に出して言ってみるとより効果的です。自分でもまねするつもりで、実際の音声を確認してみましょう。

✓	口語表現	日本語訳	ページ
☐	Sure thing.	「もちろん」「いいですよ」	046
☐	That's something!	「それはすごい」「それは大したことだ」	058
☐	That's just it.	「まさにそれです」「そこがポイントだ」	060
☐	I tell you what.	「いい考えがある」「こうしたらどうだろう」	072
☐	I got you.	「分かった」「了解」	074
☐	I'll be right with you.	「少し待ってください」「すぐに戻ります」	074
☐	I'm off.	「行ってきます」「出かけるよ」	090
☐	That's the idea.	「そういうことです」「その調子だよ」	094
☐	No way.	「まさか」「無理だよ」「冗談でしょ」	232
☐	You might want to *do*	「～した方がいいでしょう」	244
☐	I've got to *do*	「～しなければならない」	250
☐	Why not?	「いいですよ」「もちろん」	292
☐	You know what?	「あのね」「ちょっと話があるんだけど」	294
☐	You must be kidding.	「まさか」「冗談でしょう」	294
☐	May as well *do*	「～した方がよい」「～してもいいだろう」	300

Chapter 3

Part 2 攻略
—— Passages 形式問題を解く

Part 2 Passages 概要

1 問題形式

　ナレーターが読み上げる少し長めのパッセージを聞き、各パッセージに続く2問の質問に対して適切な答えを4つの選択肢から選びます。パッセージは6つ、質問は12問で、問題用紙には選択肢のみが印刷されています。パッセージと質問が流れるのは一度だけ。正解を選ぶ時間は各問題10秒です。

　パッセージの長さは、130～160語程度。ほとんどが2つのパラグラフから構成され、各パラグラフから1問ずつ出題されます。質問文はWhatから始まるものが圧倒的に多く、選択肢はセンテンスが多いため、語数も他のパートよりもやや長めの傾向があります。

　パッセージが読まれる速度は、1分間に130語前後で、アメリカやイギリス出身のネイティブスピーカーが比較的明瞭に発音しています。他のパートより速度が速いということはありませんが、生物、環境、科学、IT、ビジネス、歴史、教育など、日常的でない、少し専門的なテーマが扱われる点がこのパートの難しさです。

2 対策のポイント

❶ 頻出テーマを知る

　Part 2のパッセージではアカデミックなテーマが幅広く扱われます。ただし、これまでの出題を見ると、頻繁に出題されるテーマがあることが分かります。これらを事前に知り、背景知識を持つことで、パッセージが理解しやすくなるというメリットはあるでしょう。本書では、118ページからの「テーマ別練習問題」で頻出テーマを紹介し、今後の出題予想などにも触れていますので、参考にしてください。

❷ 「先読み」は必要か

　Part 2の選択肢は、他のパートよりもやや長めで読みにくい傾向があります。パートの始めに流れるdirectionsの時間などを利用して、できる範囲で「先読み」をするのは良いですが、無理は禁物です。Part 1と同様に「先見」程度にとどめておき、パッセージの理解に集中することを心がけてください。選択肢を「読む」のではなく、キーワードをチェックし、印をつけながらテーマを予想しておく程度でよいでしょう。

❸ タイトル・冒頭に注意

　先読みに集中して、タイトルや冒頭の聞き取りがおろそかになってはいけません。こ

こは、心を落ち着けて聞くべきところです。タイトルを聞き取ると、パッセージ全体の
テーマが把握できますが、タイトルが固有名詞であったり、聞き慣れない単語である
ことも少なくありません。このようなときには、慌てずにパッセージの第1文を聞きま
しょう。多くの場合、冒頭部分で主題が明らかにされます。タイトルで分からなかった
単語が、パッセージの最初の文で説明されることもよくあります。

❹ メモ取りは必要か

　Part 1同様、Part 2でも基本的にメモを取る必要はありません。ほとんどの質問
は、各パラグラフのメインの内容に関わるものですので、聞き取れていれば記憶に残
るものばかりです。細部のメモに気を取られていては、重要な部分を聞き逃してしまう
恐れがあります。ただし、例外はパッセージが時系列で進む場合です。このような場
合には、できればポイントとして、年号や年代をメモしておくとよいでしょう。年号に関
する質問がされる可能性があるからです。

❺ 専門用語・固有名詞の聞き方

　Part 2のパッセージはアカデミックな内容が多いため、初めて聞くような専門用語
や固有名詞が頻繁に出てきますが、これにも聞き方のコツがあります。専門用語であ
れば必ずその後で説明されるはずですし、固有名詞であれば、それがどのような人
物、地名、あるいは機関・団体なのかが聞いていれば分かるようになっています。焦
ることなく、「このまま聞けば分かるはずだ」と信じて、聞き続けてください。

❻ 接続表現に注意

　パッセージの中で使われる接続詞や副詞・副詞句に注目すると、パラグラフ構成や
パッセージの展開が分かりやすくなります。特に重要なのは、but、though、however
などの逆接表現です。これらがカギとなり、前で述べたことが否定されるのだと理解
できます。また、for example, for instance などの後には、前で述べたことの例が挙
げられるはずです。本書の演習問題・模擬試験を復習する際にも、こうした接続表現
を意識して聞き取るようにしてください。

❼ 選択肢の言い換え

　「パッセージの内容はなんとなく理解できたけれど、選択肢から正解が選べない」
という場合、聞き取りの正確さに欠けていることが原因の一つです。さらに、選択肢

の言い換えに気づかないことも理由だと考えられます。Part 1 と同様に、言い換えには、同義語で言い換える場合と、抽象語（上位語）で言い換える場合がありますが、Part 2 では特に後者に気づきにくい傾向があります。練習問題を解く中で、選択肢の言い換えをしっかり理解するようにしていくとよいでしょう。

❽ パラグラフ構成と質問箇所

　Part 2 のパッセージのほとんどは 2 つのパラグラフから構成され、ごくまれに 3 つのパラグラフから構成される場合があります。通常、質問は 2 つのパラグラフから 1 問ずつの出題となり、各パラグラフの主題となる内容に関することが問われます。2 つ（あるいは 3 つ）のパラグラフの関係に気づくことは、各パラグラフの主題を理解する上で大きな助けになるはずです。次のセクションでは、Part 2 で出題されるパッセージの 3 つパターン（パラグラフ構成）を順番に見ていくことにしましょう。

3 ┃ パッセージのパターン

　パラグラフとは、1 つのテーマ（主題）についてまとまった内容を述べた文のかたまりのこと。質問は通常、各パラグラフのメインとなるテーマが問われるため、2 つのパラグラフのつながり方のパターンを知っていると、流れが把握しやすくなります。

　ここでは、パラグラフ構成の 3 つのパターンを、それぞれの例題とともに考えていきましょう。

パターンA 展開

次のパッセージを聞いて、全体の流れを理解しよう。　　　　🔊 054

Risky Driving

① The number of car accidents caused by drivers who text or call on their mobile phones has increased in recent years all over the world. Research shows that drivers are 4 times more likely to crash while using a mobile phone, and **texting while driving results in twice as many fatal accidents as drunk driving**. As a result, using handheld devices is widely recognized as unsafe. However, people are often reluctant to give up this habit.

② To solve this problem, two police forces in the United Kingdom have introduced a new device. **When it spots a phone being used, it flashes a warning sign on a display by the road.** The sign shows a mobile phone with a red line across it. Officials hope that the system will encourage people to put down their phones and concentrate on driving.

これは、第1パラグラフから話が発展して、第2パラグラフへとつながる「展開パターン」である。

① 運転中の携帯電話の使用は危険である → しかし、ドライバーはやめない

② 解決法：携帯電話を使用するドライバーを検知すると、道路脇のディスプレイで警告する装置を導入

　第1パラグラフでは、携帯電話を使用しながらの運転事故が増えているという問題点が述べられ、第2パラグラフでは、それに対する解決策が提示される。「展開パターン」とは、第1パラグラフでテーマが紹介され、第2パラグラフではその関連情報が追加されるというパターンである。
　Part 2では最も多いパターンで、これにはさまざまなバリエーションがある。ここでのパッセージのような「問題 → 解決法」のパターンのほか、「問題 → 原因」、「問題 → 結果」、「概要 → 具体例」、「概要 → 詳細・特徴」などが考えられる。聞く際には、第1パラグラフの主題を聞き取り、続く第2パラグラフとの関連性（展開の仕方）をしっかりと理解することが重要である。

No. 1 What does research show?

1. The use of handheld devices is now widely banned.
2. Texting behind the wheel is more dangerous than drunk driving.
3. More and more drivers are giving up using cellphones.
4. The number of fatal traffic injuries has fallen significantly.

No. 2 How does the new device work?

1. It takes pictures of drivers using their phones.
2. It communicates with other emergency services.
3. It locates vehicles going over the speed limit.
4. It signals an alert from the roadside.

■ 解説

　質問1のヒントは、第1パラグラフ第2文の texting while driving results in twice as many fatal accidents as drunk driving という部分。texting while driving を texting behind the wheel に言い換えた選択肢2が正解。

　質問2は、第2パラグラフの主題である運転中の携帯電話の使用をやめさせる方法について。正解は4。携帯電話を使用しているドライバーに対して道路脇から警告を発する。

訳　　　　　　　　　　　　　危険な運転

運転中に携帯電話でテキストメッセージを送ったり、電話をしたりすることで起きる交通事故の数が、近年世界中で増加している。調査によると、ドライバーが携帯電話の使用中に衝突事故を起こす確率は4倍、運転中のメッセージ送信は飲酒運転の2倍の死亡事故につながる。その結果、運転中の携帯機器の使用は安全でないということは広く認識されている。しかし、人々はしばしばこの習慣をやめようとしない。

この問題を解決するため、イギリスの2つの警察組織が新しい装置を導入した。携帯の使用を検知すると、この装置は道路脇にあるディスプレー上に警告標識を点滅させる。標識は、赤の斜線が入った携帯電話だ。このシステムで人々が携帯を置き、運転に集中するようになることを当局は望んでいる。

質問1　調査は何を示しているか。
1. 携帯機器の使用が今では広く禁じられている。
2. 運転中のメッセージ送信は飲酒運転より危険である。 `正解`
3. より多くのドライバーが携帯の使用をやめている。
4. 致命的な交通事故のけがは著しく減少した。

質問2　新しい装置はどのように機能するか。
1. 携帯を使用しているドライバーの写真を撮る。
2. ほかの緊急サービスと連絡を取る。
3. 速度制限を超えている車を突き止める。
4. 道路脇から警告を出す。 `正解`

Vocabulary

- □ **text** テキストメッセージを送る　□ **mobile phone** 携帯電話　□ **crash** 衝突する
- □ **fatal** 命に関わる、致命的な　□ **handheld** 手で持った　□ **device** 装置、機器
- □ **reluctant to** *do* ～したがらない、なかなか～しない　□ **give up** ～をやめる
- □ **police force** 警察、警察組織　□ **spot** ～を見つける　□ **warning sign** 警告標識
- □ **official** 当局者　□ **encourage A to** *do* ～するようAを促す　□ **put down** ～を下に置く
- □ **concentrate on** ～に集中する　□ **behind the wheel** 運転中に　□ **cellphone** 携帯電話
- □ **significantly** 著しく、際立って　□ **emergency service** 緊急サービス
- □ **locate** ～を突き止める、～を見つける　□ **vehicle** 車、乗り物　□ **alert** 警告

パターンB 対比

次のパッセージを聞いて、全体の流れを理解しよう。 055

The History of the Chainsaw

① The first motorized chainsaws were developed in the 1920s but initially suffered from unreliability and weight. After improvements in design, however, chainsaws became widely used. Their adoption resulted in making the forestry industry more attractive to young people. The job of a tree feller with an ax and saw held a somewhat lowly position in society. **Using chainsaws meant less strenuous work, together with respected standing in society as a trained machine operator.**

② However, the introduction of the chainsaw also allowed previously untouched areas of forested land to be harvested. Their greater efficiency made it economically possible. **The giant redwoods of California were some of the first victims of the age of mechanization. Trees which had stood for over 800 years could now be leveled in minutes.** It would take many years before people would wake up to the damage that could be caused by the unchecked use of chainsaws.

 ここが重要！
第1パラグラフでは、プラス面が述べられ、第2パラグラフではマイナス面が挙げられる「対比パターン」である。

> ① チェーンソーの改良によるメリット：
>   1) 林業が魅力的な職業に　2) 林業従事者の社会的地位の向上　3) 労働者の負担軽減

> ② チェーンソー導入のデメリット：森林伐採が加速（例：カリフォルニアのセコイア）

第1パラグラフでチェーンソー改良によるメリットを挙げた後、対比するように第2パラグラフではそのデメリットを述べている。第2パラグラフが However から始まっていることで、「対比パターン」であることが明確に表される。「対比パターン」では、このように第2パラグラフの最初で、however, nevertheless, yet などの逆接表現が使われることが多い。または、第2パラグラフに critics（批判者）、opponents（反対者）などが登場することで、第1パラグラフとは相反する意見が紹介されるのだと推測できるパターンもある。

No. 3 What was one effect of the introduction of the chainsaw?

1. Improved status of forest workers.
2. Better safety standards.
3. A fall in the price of lumber.
4. More employment in rural areas.

No. 4 What happened in California due to chainsaw use?

1. More trees were planted as investments.
2. New production facilities were built.
3. Ancient forested land was damaged.
4. Laws were made to check who owned a chainsaw.

解説

　質問3は、チェーンソー導入の影響について。第1パラグラフで3つ挙げられていたが、そのうちの一つが森林労働者の地位向上であったことから、正解は1。

　第2パラグラフでは、チェーンソー導入によって、容易に森林が伐採されるようになったことが述べられる。その例として、カリフォルニアのセコイアに言及していることから、質問4の正解は3。

訳　　　　　　　　　　　　　　**チェーンソーの歴史**

　初めての電動式チェーンソーは1920年代に開発されたが、当初は信頼性が低く重量もあった。だが、デザインが改良されてから、チェーンソーは広く使われるようになった。チェーンソーの使用で林業が若者にとってより魅力的になった。斧やのこぎりを使う木こりの仕事は、社会的な地位がいくぶん低かった。チェーンソーを使うということは、仕事が以前より楽になり、同時に、熟練機械オペレーターとして敬意ある社会的地位が得られることを意味していた。

　しかしチェーンソーの導入で、以前は、手つかずだった森林地帯を伐採できるようにもなった。チェーンソーの効率の良さで、それが経済的に可能になったのだ。カリフォルニアの巨大なセコイア（アメリカスギ）は機械化時代の最初の被害例の一つだ。樹齢800年を超える木々を今では数分で倒すことができるのだった。その後、チェーンソーの無制限な使用で引き起こされ得る損害に人々が目覚めるまでには、多くの年月がかかることになる。

質問3　チェーンソーの導入による一つの影響は何か。

　1. 森林労働者の地位の向上。 **正解**
　2. 安全基準の向上。
　3. 材木価格の低下。
　4. 地方の雇用増加。

質問4 チェーンソーの使用により、カリフォルニアで何が起こったか。

1. 投資として多くの木が植えられた。
2. 新しい生産施設が作られた。
3. **古代森林地帯が破壊された。** 正解
4. チェーンソーの所有者を調べる法律ができた。

Vocabulary

☐ chainsaw チェーンソー、電動のこぎり　☐ motorized 電動の　☐ initially 当初は、最初は
☐ suffer from ～をこうむる、～に見舞われる　☐ unreliability 当てにならないこと、信頼性の欠如
☐ improvement 改良、改善　☐ adoption 採用、採択、使用　☐ forestry industry 林業
☐ attractive 魅力的な、人を引きつける　☐ tree feller 木こり　☐ ax 斧　☐ saw のこぎり
☐ strenuous 骨の折れる、大変な　☐ respected 尊敬される　☐ introduction 導入
☐ allow A to *do* A が～することを可能にする　☐ previously 以前は
☐ untouched 未開発の、手つかずの　☐ harvest ～を採取する、～を収穫する
☐ efficiency 効率、能率　☐ economically 経済上、経済的に　☐ redwood セコイア、アメリカスギ
☐ mechanization 機械化　☐ level ～を倒す、～を平らにする　☐ wake up to ～に気づく
☐ unchecked 抑制されない、歯止めがない　☐ lumber 材木、製材　☐ rural 地方の、田舎の
☐ due to ～が原因で、～のために　☐ investment 投資　☐ production facility 生産設備
☐ ancient 大昔からの、古代の

パターンC　時系列

次のパッセージを聞いて、全体の流れを理解しよう。

Monopoly

① The board game Monopoly was invented in 1903 by an American named Elizabeth Magie. It was originally called The Landlord's Game, as **Magie wanted to teach the public how renting can make families poorer and landlords richer**. It was renamed Monopoly when it was later bought by a company. Its basic concept also changed, as collecting as many companies and as much money as possible became the goal of the new game.

② Monopoly became very popular in America during the 1920s and '30s, when a lot of people were extremely poor. Edward Parker, a grandnephew of the founder of Monopoly, thinks it is because **the game provided a psychological relief for people. While playing the game, families could pretend that they could also become rich enough to buy expensive things**.

ここが

重要！ 歴史物や伝記物では、年代順に出来事や移り変わりが描写される。出題数としては多くないが、このような「時系列パターン」があることも覚えておこう。

---

① 1903 年、Magie が Landlord's Game を考案（家の賃貸が貧富の差を生むことをゲームにより教えるのが目的）→ ある企業が「モノポリー」と改名（ゲーム上で企業を買収し、豊かになることが目的）

↓

② 1920 〜 30 年代、モノポリーの人気が高まる：貧しい人々がゲーム上は裕福になれることがその理由

　第 1 パラグラフでは、1903 年のモノポリーの発明からそのゲームがたどった変遷について紹介。第 2 パラグラフでは、その後、1920 〜 30 年代に人々が貧しい中、モノポリーがなぜ人気になったのかが説明されている。「時系列パターン」の場合には、年代や世紀などを表す表現に気をつけながら聞くと流れを追いやすいので、必要であればメモを取ってもよいだろう。ただし、個々の出来事はバラバラではなく、必ず何らかのつながりや因果関係があるはず。つながりのある一つのストーリーとして聞くと、より記憶にも残りやすい。

No. 5 What was Elizabeth Magie's goal?

1. To teach landlords how to make more money.
2. To demonstrate the possible results of renting.
3. To entertain people who had little money.
4. To show how to rent apartments wisely.

No. 6 According to Edward Parker, what was one reason for Monopoly's success?

1. It allowed the poor to imagine being rich.
2. It taught people strategies to earn money.
3. It was less expensive than other board games.
4. It was widely advertised in the media.

■ 解説

　質問 5 の Magie がゲームを考案した目的は、第 1 パラグラフの Magie wanted to teach the public how renting can make families poorer and landlords richer から、正解は 2。質問 6 は、第 2 パラグラフの主題となっている 1920 〜 30 年代にモノポリーが人気になった理由についてなので、正解は 1。人々が貧しい時代にゲームによって金持ちになる疑似体験ができたからだ。

Part 2 Passages 概要

【訳】
モノポリー

ボードゲームの「モノポリー」は 1903 年にエリザベス・マギーというアメリカ人が考案した。もともとそれは「家主ゲーム」と呼ばれた。マギーは、家の賃貸がいかに入居家庭を貧しくし、家主を富ませるかを人々に教えたかったのだ。後にある企業が買収したとき、それはモノポリーと改名された。基本概念も変わり、なるべく多くの企業を買収し、なるべく多くの金銭を集めることが新しいゲームのゴールとなった。

モノポリーは、アメリカで多くの人々が極めて貧しかった 1920 〜 30 年代に、非常に人気となった。モノポリーの創始者の兄弟の孫息子、エドワード・パーカーは、人気の理由はゲームが人々に心理的な気分転換を与えたからだと思っている。ゲームをしている間、家族は自分たちも高価な物を買えるほど金持ちになれるという疑似体験ができたのだ。

質問 5 エリザベス・マギーの目標は何だったのか。

　1. 家主にもっと金もうけする方法を教えること。

　2. 家を賃貸することで起こり得る結果について教えること。 正解

　3. お金がほとんどない人々を楽しませること。

　4. アパートを賢く借りる方法を示すこと。

質問 6 エドワード・パーカーによると、モノポリーが成功した一つの理由は何だったか。

　1. 貧しい人たちが想像の世界で金持ちになれるようにした。 正解

　2. 人々にお金を稼ぐ戦略を教えた。

　3. ほかのボードゲームより安かった。

　4. マスコミで広く宣伝された。

> [Vocabulary]
>
> □ board game ボードゲーム（盤を用いて行うゲーム）　□ invent 〜を発明する、〜を考案する
> □ originally もともとは、そもそも　□ landlord 大家、家主　□ rent 賃貸する、賃借する
> □ rename 〜を改名する　□ extremely 非常に、極めて
> □ grandnephew 甥［姪］の息子、兄弟の孫息子　□ founder 創設者、設立者
> □ psychological 心理的な　□ relief 息抜き、気分転換　□ pretend 〜のふりをする
> □ demonstrate 〜を具体的に示す、〜を説明する　□ entertain 〜を楽しませる　□ wisely 賢く
> □ strategy 戦略、戦術　□ advertise 〜を宣伝する

　Part 2 のパラグラフ構成のパターンが分かったところで、次のページからは Part 2 の頻出テーマを順番に見ていくことにしましょう。

Part 2　テーマ別練習問題

a | 生物・進化

◀ 057

No. 1

①②③④

1. People do not really know where they feed.
2. There is only one <u>species</u> found there.
3. They have a hard time surviving the cold.
4. They live in exceptionally cold conditions.

> 海の生物に関するパッセージを予想する

No. 2

①②③④

1. <u>The sea</u> around the islands offers plenty of prey.
2. The islands are shaded by large trees.
3. <u>The warm ocean</u> is ideal for finding small fish.
4. The color of the birds keeps their skin cool.

b | 環境・生態系

◀ 058

No. 3

①②③④

1. There is not enough nitrogen in its waters.
2. The number of <u>sea animals</u> has <u>decreased</u>.
3. Water levels in the bay are gradually rising.
4. <u>Air pollution</u> has increased in the area.

> キーワードから環境汚染のテーマを予想

No. 4

①②③④

1. It has delayed a cleanup plan for a <u>waste disposal area</u>.
2. It has installed energy-reducing equipment in homes.
3. It has updated the sewage systems of large cities.
4. It has set up <u>cleaning devices</u> in houses near rivers.

Part 2 テーマ別練習問題

c 科学・テクノロジー　🔊 059

No. 5　①②③④

1. The lives of people on Earth.
2. The artwork shown in museums.
3. The secrets of advanced spaceflight.
4. The combined knowledge of civilization.

> キーワードから宇宙に関するパッセージを予想

No. 6　①②③④

1. It built a large library on the moon.
2. It sent a storage device into space.
3. It distributed thousands of images at scientific meetings.
4. It created dozens of artificial languages.

d IT・コンピューター　🔊 060

No. 7　①②③④

1. It requires users to learn simple programming languages.
2. It has become easier to use without special knowledge.
3. It is making slower progress than before.
4. It has made math and science more popular in schools.

> キーワードから科学技術に関するテーマを予想

No. 8　①②③④

1. The American IT system could be damaged.
2. People are not getting the education that they need.
3. Other economies are growing faster than the U.S.
4. A lack of technological progress is causing a crisis.

119

e ビジネス・経済　　　　　　　　　　　　🔊 061

No. 9　①②③④

1. It leads to less competition in a field.
2. It gives access to skilled outsiders.
3. It makes worker contracts simpler.
4. It reduces customer complaints.

> キーワードからビジネス
> に関するテーマを予想

No. 10　①②③④

1. By increasing the pay of new workers.
2. By resulting in lower prices.
3. By providing faster delivery options.
4. By offering new investment ideas.

f 歴史　　　　　　　　　　　　　　　　🔊 062

No. 11　①②③④

1. It first began in some parts of Africa.
2. It led to increased demand for the drink.
3. It took a thousand years to spread.
4. It stopped coffee legends from circulating.

> キーワードは coffee

No. 12　①②③④

1. It replaced one type of drink with another.
2. It damaged the reputation of American coffee brands.
3. It resulted in the introduction of coffee to Europe.
4. It prevented the destruction of British ships.

g 社会・生活　　　　　　　　　　　　　🔊 063

No. 13　①②③④

1. They can be parked in suitable places for users.
2. They can be useless in rush hours.
3. They can be sold at high prices.
4. They can be purchased through smartphones.

No. 14

1. <u>Dockless bikes</u> will lose popularity.
2. People cannot ride <u>dockless bikes</u> safely.
3. <u>Dockless bikes</u> can be a danger to people walking by.
4. Designated parking places are too scattered.

h 教育

No. 15

1. They provide time to review <u>homework</u>.
2. They allow <u>teachers</u> to focus on talented children.
3. They make <u>students</u> interested in top-level jobs.
4. They help young people enter the best <u>colleges</u>.

No. 16

1. They result in free play instead of real learning.
2. They can harm the normal development of children.
3. They make children's sleep problems worse.
4. They put too much stress on educators.

i 芸術・スポーツ

No. 17

1. They had little ability to <u>volley</u>.
2. They preferred playing long <u>rallies</u>.
3. They often remained near the <u>net</u>.
4. They used a different type of <u>ball</u>.

No. 18

1. Many try to hit as many <u>aces</u> as possible.
2. The number of <u>champions</u> has greatly increased.
3. <u>Matches</u> are less enjoyable than before.
4. <u>Balls</u> are returned from anywhere on the <u>court</u>.

a 生物・進化

Penguins Around the World

When people think of penguins, an image of black and white birds living in the extremely harsh conditions of the South Pole often comes to mind. Penguins, indeed, have adapted to that cold environment, and are able to survive in temperatures well below -20 degrees Celsius. The chinstrap and emperor penguins are typical examples of this, living, feeding, and raising their young on the ice.

Some species of penguins, however, live in very warm weather. A good example are those that live on the tropical islands of Galápagos, located 1,000 kilometers off the coast of Ecuador. These short, brownish birds can survive in that hot climate because the islands are surrounded by cold water rich in sardines and other small fish. This makes them different from other tropical islands, where warmer waters only support a much smaller amount of sea life.

訳

世界中のペンギン

ペンギンといえば、南極の非常に厳しい状況下で暮らす白と黒の鳥というイメージがしばしば思い浮かぶ。ペンギンは実際そうした寒い環境に適応し、摂氏マイナス 20 度をはるかに下回る気温でも生き延びることができる。ヒゲペンギンやコウテイペンギンがこの代表例で、氷の上で暮らし、エサを食べ、ヒナを育てている。

しかし、ペンギンの種の中には、非常に暖かい気候で暮らすものもいる。好例は、エクアドルの沖合 1,000 キロメートルに位置する熱帯のガラパゴス諸島に生息するペンギンだ。島々がイワシなどの小魚が豊富な冷たい海水に囲まれているので、この背が低く、茶色がかった鳥は、そうした暑い気候でも生き延びることができる。これが、海水が暖かいために、海洋生物がはるかに少ないほかの熱帯の島とガラパゴス諸島との違いだ。

Part 2 テーマ別練習問題

No. 1　What is one thing we learn about penguins at the South Pole?

1. People do not really know where they feed.
2. There is only one species found there.
3. They have a hard time surviving the cold.
4. **They live in exceptionally cold conditions.**

No. 2　Why have some penguins been able to survive on Galápagos?

1. **The sea around the islands offers plenty of prey.**
2. The islands are shaded by large trees.
3. The warm ocean is ideal for finding small fish.
4. The color of the birds keeps their skin cool.

訳　**質問1**　南極のペンギンについて分かる一つのことは何か。

1. 人々はペンギンがどこでエサを食べるのかよく知らない。
2. そこでは1種のペンギンしか見つかっていない。
3. ペンギンは寒さを生き延びるのに苦労している。
4. **ペンギンは極寒の状況下で暮らしている。** 正解

質問2　なぜガラパゴスで生き延びられるペンギンがいるのか。

1. **島々の周囲の海がたくさんのエサを提供しているから。** 正解
2. 島々が大木で太陽光から守られているから。
3. 暖かい海が小魚を見つけるのに最適であるから。
4. 鳥の色が皮膚を涼しく保つから。

解説　生物が環境の変化に適応しながら、いかなる進化を遂げたのか、といった話題は Part 2 のパッセージでよく取り上げられる。この分野のパッセージを苦手とする受験者は多く、背景知識などもあわせて、ぜひ押さえておきたいところだ。中でも古生物学 (paleontology) の分野に注目したい。化石の研究により、新たな古生物の発見や進化の過程が明らかになったり、遺伝子解析 (genetic analysis)、放射性炭素年代測定法 (radiocarbon dating) などにより、これまでの仮説が覆されたり、より正確に年代が特定できたり、といった内容の出題が予想される。聞き慣れない古生物の名が出てくることがあるが、慌てずに「生物名」として聞き流すようにしよう。

　このパッセージでは、第1パラグラフで南極に住む典型的なペンギンが紹介されている。摂氏マイナス20度以下でも暮らせるとあることから、質問1の正解は4。これに対し、第2パラグラフでは、寒い地域ではなくガラパゴス諸島の暖かい環境で暮らすペンギンが紹介されている。周囲の海水が冷たいため、エサとなる魚が多く生息することが熱帯の島でも生存可能な理由なので、質問2は1が正解。

Vocabulary

□extremely 極度に、非常に　□harsh 厳しい　□the South Pole 南極
□come to mind 思い浮かぶ　□adapt to ～に適応する　□environment 環境
□survive 生き延びる　□Celsius 摂氏の　□chinstrap penguin ヒゲペンギン
□emperor penguin コウテイペンギン　□off the coast of ～の沖合に
□brownish 茶色がかった　□rich in ～が豊富な　□sardine イワシ　□prey エサ、餌食
□shade ～を陰にする、～を (太陽光などから) 守る

123

b 環境・生態系

Pollution in Buzzards Bay

Environmentalists are worried about the condition of an area in Massachusetts called Buzzards Bay. Besides illegal waste disposal and overfishing, a big threat that Buzzards Bay is facing is nitrogen pollution. Nitrogen enters the waterways through insufficiently cleaned wastewater. Too much nitrogen strips the bay's water of oxygen, which has led to a serious loss of marine wildlife diversity.

To combat the problem, the U.S. Environmental Protection Agency has launched a cleanup plan. The plan introduces very strict limits on how much nitrogen can enter the waterways. Most of the nitrogen comes from the sewage systems of residential homes and institutions, so officials began the cleanup by installing nitrogen-reducing technology in buildings. So far, work has been done surrounding 6 waterways of Buzzards Bay, but citizens hope that the remaining 11 will also receive similar treatment in the near future.

訳

バザーズ湾の汚染

環境問題専門家は、マサチューセッツ州のバザーズ湾と呼ばれる地域の状況について心配している。ゴミの不法投棄や魚の乱獲に加え、バザーズ湾が直面している大きな脅威は窒素汚染だ。窒素は洗浄が不十分な下水を通して水路に入り込む。多すぎる窒素は湾の水から酸素を奪い、海洋野生生物の多様性を著しく損なっている。

この問題に取り組むため、米国環境保護庁は浄化計画を開始した。この計画の導入により、水路に入ることのできる窒素の量は非常に厳しく制限される。窒素のほとんどは家庭や施設の下水システムから入って来るので、建物に窒素を削減する技術を備え付けることによって、当局は浄化を開始した。今までのところ、バザーズ湾の水路6カ所については作業が行われたが、残る11カ所についても、近い将来、同様の処理が行われることを市民は望んでいる。

Part 2 テーマ別練習問題

No. 3　Why are environmentalists concerned about Buzzards Bay?

1. There is not enough nitrogen in its waters.
2. **The number of sea animals has decreased.**
3. Water levels in the bay are gradually rising.
4. Air pollution has increased in the area.

No. 4　What is one thing the Environmental Protection Agency has done?

1. It has delayed a cleanup plan for a waste disposal area.
2. It has installed energy-reducing equipment in homes.
3. It has updated the sewage systems of large cities.
4. **It has set up cleaning devices in houses near rivers.**

訳　**質問3**　なぜ環境問題専門家はバザーズ湾のことを心配しているのか。

1. 湾の水に窒素が十分ないから。
2. **海洋動物の数が減少したから。** 正解
3. 湾の水位が徐々に上がっているから。
4. 大気汚染がその地域でひどくなったから。

質問4　環境保護庁が行った一つのことは何か。

1. ゴミ処理区域の清掃計画を遅らせた。
2. 省エネ装置を家庭に取り付けた。
3. 大都市の下水システムを更新した。
4. **川のそばの家屋に浄化装置を設置した。** 正解

解説　世界的に問題となっている「環境・生態系」に関する話題は、Part 2 でもよく取り上げられる。地球温暖化 (global warming) による気候変動 (climate change) や生物の多様性 (biodiversity) への影響のほか、森林伐採 (deforestation)、密猟 (poaching)、乱獲 (overfishing/ overhunting)、プラスチックゴミ (plastic waste)、絶滅危惧種 (endangered species)、大気汚染 (air pollution) などは今後も出題が予想される。

　ここで扱っている Buzzards Bay では、窒素による汚染のため、海中の酸素量が低下し、海洋生物の多様性が失われている。質問 3 の正解は 2。第 2 パラグラフでは、その解決方法について述べられている。officials began the cleanup by ... がヒントとなり、窒素量を減らすための浄化装置を建物に設置することから、質問 4 の正解は 4。

Vocabulary

□ **pollution** 汚染、公害　□ **environmentalist** 環境問題専門家、環境保護論者　□ **illegal** 違法の、不法の　□ **waste disposal** ゴミ処理、廃棄物処理　□ **overfishing** 魚の乱獲　□ **nitrogen** 窒素　□ **waterway** 水路　□ **insufficiently** 不十分に、不適切に　□ **wastewater** 廃水、下水　□ **lead to** ～に導く、～を引き起こす　□ **strip A of B** A から B を奪う　□ **oxygen** 酸素　□ **marine wildlife** 海洋野生生物　□ **diversity** 多様性　□ **Environmental Protection Agency** 環境保護庁　□ **launch** ～を始める、～に乗り出す　□ **introduce** ～を導入する　□ **sewage system** 下水設備、下水道　□ **residential** 住居の、住居用の　□ **institution** 施設　□ **install** ～を設置する、～を取り付ける　□ **so far** 今までのところ、これまでは　□ **treatment** 処理、処置　□ **equipment** 装置　□ **update** ～を更新する、～を最新式にする　□ **device** 装置

125

放送文と訳・解答・解説

c 科学・テクノロジー 059

A Library in Space

It is possible that humans could become extinct one day because of a global disaster. With this in mind, scientists have created large archives and storage facilities in order to save art, scientific discoveries, and other data. The goal is to ensure that humanity's achievements outlive the human race.

Arch Mission Foundation, a nonprofit organization, has played an important part in this effort. It sent a 30-million-page archive called the Lunar Library to the moon. The Lunar Library is actually a very small device that looks like a DVD, but contains entire books, in addition to hundreds of thousands of images and documents. It also describes dozens of languages and provides a picture guide on how to understand them. The library was built to resist all harmful effects of space, and is expected to last for millions of years.

訳

宇宙の図書館

いつの日か地球規模の大災害が発生して、人類が絶滅する可能性はある。これを念頭に、科学者たちが、芸術や科学的発見などのデータを保存するため、大規模な公文書保管施設を作った。目標は、人類の業績を人類が滅亡した後も確実に残すことだ。

アーチ・ミッション財団は非営利団体で、この取り組みに重要な役割を果たしている。同財体は「ルーナー・ライブラリー」と呼ばれる3,000万ページの公文書庫を月に送った。ルーナー・ライブラリーは実はDVDに似た非常に小さな装置だが、何十万もの画像や文書に加え、書籍全体も含んでいる。それはまた多くの言語について説明し、それらを理解するための方法を絵付きのガイドで提供している。この図書館は宇宙からのあらゆる悪影響に耐えるよう作られ、何百万年も持つと見込まれている。

No. 5 What are scientists trying to protect?

1. The lives of people on Earth.
2. The artwork shown in museums.
3. The secrets of advanced spaceflight.
4. **The combined knowledge of civilization.**

No. 6 What is one thing that the Arch Mission Foundation did?

1. It built a large library on the moon.
2. **It sent a storage device into space.**
3. It distributed thousands of images at scientific meetings.
4. It created dozens of artificial languages.

訳　**質問 5**　科学者たちは何を守ろうとしているのか。

1. 地球の人々の命。
2. 美術館に展示されている芸術作品。
3. 最先端の宇宙飛行について機密。
4. **総合的な文明の知識。**　正解

質問 6　アーチ・ミッション財団が行った一つのことは何か。

1. 月面に大きな図書館を建てた。
2. **保存装置を宇宙に送った。**　正解
3. 何千もの画像を科学会議で配った。
4. 多くの人工言語を作った。

解説　「科学・テクノロジー」のテーマでは、新しい技術やその実用性などが扱われることが多い。例えば、ロボット、ドローン、自動運転車などがどのように発展し、いかに利用されているのか、というような話題である。また、これらの利点を述べた後、問題点を挙げる「対比パターン」のパッセージが多いことも特徴である。一方で、宇宙の話題もよく取り上げられる。宇宙開発 (space exploration) のほか、人工衛星 (satellite)、宇宙ゴミ (space debris)、小惑星 (asteroid) の地球への衝突の可能性などは、今後も出題が予想される。

　このパッセージのタイトルは「宇宙の図書館」。人類が滅亡した後も、地球に存在した文明の記録を残すために考え出された方法である。質問 5 の正解は 4。第 1 パラグラフの art, scientific discoveries, and other data をまとめて、選択肢では「文明の知識」と言い換えている。第 2 パラグラフでは、具体的な方法が紹介される。Arch Mission Foundation が、膨大なデータを収めた装置 (the Lunar Library) を月に送ったことから、質問 6 は 2 が正解。

Vocabulary

□ extinct 絶滅した　□ disaster 大災害、惨事　□ with A in mind Aを念頭に置いて　□ archive 公文書、文書記録、文書保管所　□ storage 保存、保管　□ facility 設備、施設　□ ensure ～を確実にする　□ achievement 業績、達成　□ outlive ～より長く残る　□ nonprofit organization 非営利団体　□ in addition to ～に加えて　□ document 文書、書類　□ dozens of たくさんの～　□ resist ～に抵抗する、～に耐える　□ harmful 有害な　□ last 続く、継続する　□ spaceflight 宇宙飛行　□ distribute ～を配る、～を配布する　□ artificial 人工の、人造の

d │ IT・コンピューター

Technological Knowledge

As technology has progressed, it has drastically changed the way it is commonly used. During the 1980s, for example, people needed at least some programming knowledge to use a computer. By the 1990s, however, anyone could use one to write letters, prepare electronic spreadsheets, or launch online projects, primarily with basic typing skills. Voice-activated technology makes all of this even simpler.

The United States, known for its world-class IT sector, is producing much of this technology. Ironically, most Americans themselves have little idea of the science behind it. American students lag behind those in other developed nations in math, science, and technology, and some leaders have called it a crisis. They are worried that young people, as they move into adulthood, do not have the necessary knowledge for the high-skilled jobs of the future. They urge American schools to better prepare the next generations to understand the technology they use on a daily basis.

訳

科学技術の知識

科学技術が進歩するにつれて、その一般的な使用方法が劇的に変化した。例えば1980年代には、コンピューターを使うには少なくともある程度プログラミングの知識が必要だった。しかし1990年代までには、主に基本的なタイピングができれば、誰でもそれを使い、手紙を書いたり、スプレッドシートを作成したり、オンライン上でプロジェクトを始めることができた。音声認識技術でこれらすべてはさらに簡単になっている。

世界クラスのIT分野で有名なアメリカが、こうした技術の多くを生み出している。皮肉にも、大部分のアメリカ人自身は、その背後にある科学についてほとんど知らない。アメリカの学生は数学、科学そして科学技術において、他の先進国の学生に遅れを取っており、指導者の中にはそれを危機と呼ぶ者もいる。彼らが心配するのは、若者が大人になるときに、未来の高度技術職に必要な知識を持っていないことだ。彼らは、日常的に使用される技術を理解できるようになるため、次世代の子供たちにもっと準備をさせるようアメリカの学校に強く求めている。

Part 2 テーマ別練習問題

No. 7　What is one thing we learn about technology?

1. It requires users to learn simple programming languages.

2. It has become easier to use without special knowledge.

3. It is making slower progress than before.

4. It has made math and science more popular in schools.

No. 8　Why are American leaders concerned?

1. The American IT system could be damaged.

2. People are not getting the education that they need.

3. Other economies are growing faster than the U.S.

4. A lack of technological progress is causing a crisis.

訳　**質問7**　科学技術について分かる一つのことは何か。

1. それはユーザーに簡単なプログラミング言語を学ぶことを求める。

2. それは特別な知識がなくても使うのが簡単になった。 正解

3. それは以前より進歩が遅くなった。

4. それは学校での数学や科学の人気を高めた。

質問8　なぜアメリカの指導者たちは心配しているのか。

1. アメリカのITシステムが損傷を被るかもしれないから。

2. 人々が必要な教育を受けていないから。 正解

3. ほかの経済国がアメリカより速く成長しているから。

4. 科学技術が進歩せず危機が生じているから。

解説　コンピューターやインターネットが私たちの生活に不可欠のものになっている中、「IT（情報技術）・コンピューター」がテーマになることもある。例えば、GPS（全地球測位システム）やAI（人工知能）の技術がどのような分野で利用されているか、そのメリットとともにデメリットも話題になるかもしれない。さらに身近なところでは、スマートフォンの教育現場やビジネスにおける利用、その子供への影響などの出題も予想される。

　このパッセージでは、コンピューター技術のこれまでの変化と、現在アメリカが直面する問題点について述べている。第1パラグラフでは、1980年代にはコンピューターを使用するためにはプログラミングの知識が必要だったが、90年代になるとタイピングさえできれば誰もが使えるようになった、とあることから、質問7の正解は2。第2パラグラフでは、アメリカの学生が科学技術・テクノロジーの知識を持たず、危機的状況にあるという懸念が述べられている。質問8は2が正解。the education that they needとは、数学・科学・科学技術のような、the necessary knowledge for the high-skilled jobs of the future を指す。

Vocabulary

□ **progress** 進歩する、発展する　□ **drastically** 劇的に、大きく　□ **commonly** 一般的に　□ **electronic** 電子の、電子的な　□ **spreadsheet** スプレッドシート、集計表　□ **launch** ~を開始する、~に乗り出す　□ **primarily** おおむね、主として　□ **voice-activated** 音声で作動する　□ **sector** 部門、分野　□ **ironically** 皮肉なことに、皮肉にも　□ **lag behind** ~に立ち遅れる、~に遅れを取る　□ **developed nation** 先進国　□ **urge A to** *do* ~することをAに強く促す　□ **economy** 経済圏［国］

Chapter

1

2

3

4

5

Part 2 攻略――Passages 形式問題を解く

129

放送文と訳・解答・解説

e｜ビジネス・経済 ◀ 061

Outsourcing

Businesses often get outsiders to perform certain services or manufacture goods for them. This practice is called outsourcing. Since firms only have to pay for specific assignments, they can avoid employing people full-time and in that way save money. Other companies feel that outsourcing helps them come up with product breakthroughs. This is because the outsiders often have unique ideas, skills and experience.

Outsourcing is also beneficial to ordinary people. When outsourcing allows a company to reduce its costs, it often uses that advantage to lower its product prices. This drives prices down in its industry overall. As a result, shoppers can get the same products and services for less money. In addition, outsourcing companies often offer flexible work schedules. This means people do not have to work from an office. Instead, they can work wherever they want to as long as their job gets done.

訳

アウトソーシング

企業はしばしば外部の人々に、特定のサービスや商品の製造を自社のために行ってもらう。この慣行はアウトソーシングと呼ばれる。企業は特定の業務にのみ賃金を払えばいいので、人をフルタイムで雇うことを避け、それでコストを節約することができる。また、アウトソーシングは画期的な製品を思いつく助けになる、と思う企業もある。これは、外部の人間はしばしば独自のアイデア、技能そして経験を持っているからである。

アウトソーシングはまた、一般の人々にも有益だ。アウトソーシングで企業はコストを節約できると、しばしばそれを利用して製品価格を下げることになる。これが業界全体の値下げを促進する。その結果、顧客は同じ製品やサービスをより安く買える。さらに、アウトソーシング企業はしばしば柔軟な勤務スケジュールを提供する。これは、人々がオフィスで働く必要がないということを意味する。その代わりに、彼らは仕事が仕上げられる限り、好きなところで働けるのだ。

Part 2 テーマ別練習問題

No. 9 What is one advantage of outsourcing for companies?

1. It leads to less competition in a field.

2. It gives access to skilled outsiders.

3. It makes worker contracts simpler.

4. It reduces customer complaints.

No. 10 How does outsourcing benefit ordinary people?

1. By increasing the pay of new workers.

2. By resulting in lower prices.

3. By providing faster delivery options.

4. By offering new investment ideas.

訳　**質問 9**　企業にとってアウトソーシングの一つの利点は何か。

1. ある分野での競争を少なくする。

2. **技能のある外部の人々を用いることができる。**正解

3. 労働者との契約をシンプルにする。

4. 顧客の苦情を減らす。

　質問 10　アウトソーシングはどのようにして一般の人々に利益をもたらすか。

1. 新入社員の給料を増やすことで。

2. **価格の低下をもたらすことで。**正解

3. より速い配達の選択肢を与えることで。

4. 新たな投資のアイデアを提供することで。

解説　「ビジネス・経済」というと難しく感じられるかもしれないが、Part 2 で複雑な内容が出題される
ことはあまりない。むしろ、最近の新しい傾向に注目しておくとよいだろう。今やビジネスとイン
ターネットを切り離して考えることは難しい。例えば、在宅勤務 (telecommuting) やフレックスタイ
ム (flexible time)、アウトソーシング (outsourcing) などにより、勤務形態は大きく変化している。
また、SNS を利用したマーケティングやクラウドファンディング (crowdfunding) などの出題も予想
される。

　このパッセージの第 1 パラグラフでは、アウトソーシングの概要と、それを利用する企業側の利点が
述べられている。アウトソーシングにより、有能な人材を雇用できるので、質問 9 の正解は 2。続く第 2
パラグラフでは、消費者や被雇用者にとっての利点が挙げられている。質問 10 の正解は 2。アウトソー
シングにより人件費などが抑えられ、その結果、商品やサービスの値段が下がる。

[Vocabulary]

□ **outsourcing** アウトソーシング、外部委託（業務を外注すること）　□ **outsider** 部外者、外部の人
□ **manufacture** ～を製造する　□ **practice** 慣行　□ **firm** 会社、企業　□ **specific** 特定の
□ **assignment** 業務、任務　□ **avoid doing** ～することを避ける　□ **come up with** ～を思いつく
□ **breakthrough** 画期的進歩、躍進　□ **beneficial to** ～にとって有益な
□ **allow A to** *do* A が～することを可能にする　□ **as a result** その結果、結果として
□ **in addition** さらに、その上　□ **flexible** 柔軟性がある、融通の利く　□ **advantage** 利点、長所
□ **competition** 競争　□ **contract** 契約　□ **complaint** 苦情、不満　□ **investment** 投資、出資

131

放送文と訳・解答・解説

f 歴史 ◀ 062

The History of Coffee

There are many legends surrounding the origins of coffee, but scientists agree that its beneficial properties were first discovered in Africa. However, the actual cultivation of coffee started on the Arabian Peninsula around the 15th century, and within a hundred years it was a popular drink in many parts of the Middle East. Coffee houses were established, and they became town centers where people met and traded information.

Thanks to merchants, the black beverage soon found its way to Europe. Because it was so refreshing and energizing, it replaced beer and wine, the common morning drinks of the time, by the 17th century. America was a bit slow to accept coffee, though it was introduced there right after it had appeared in Europe. After the Boston Tea Party, however, when American colonists destroyed the tea cargo of British ships to protest high taxes, coffee became the number one drink in the New World as well.

訳

コーヒーの歴史

コーヒーの起源にまつわる伝説は多いが、コーヒーの効用がまずアフリカで発見されたことに関しては、科学者の間で意見が一致している。しかし、実際のコーヒー栽培はアラビア半島で15世紀頃始まり、100年経たないうちに、中東の多くの地域で人気のある飲み物となった。コーヒーハウスが造られ、そこは人々が集い、情報を交換する街の中心地となった。

商人のおかげで、この黒い飲料はまもなくヨーロッパに広まった。コーヒーは疲労回復や活力アップに非常に効果があったので、17世紀までには、当時朝によく飲まれていたビールやワインに取って代わった。コーヒーは、ヨーロッパに登場した直後にアメリカにも紹介されたが、アメリカはコーヒーを受け入れるのが少し遅かった。しかし、アメリカの入植者たちが高い税金に抗議して、イギリス船上の茶の積み荷を破壊したボストン茶会事件の後、新世界でもコーヒーが一番の飲み物になった。

132

Part 2 テーマ別練習問題

No. 11 What is one thing that is true of coffee cultivation?

    1. It first began in some parts of Africa.

    2. It led to increased demand for the drink.

    3. It took a thousand years to spread.

    4. It stopped coffee legends from circulating.

No. 12 What does the speaker suggest about the Boston Tea Party?

    1. It replaced one type of drink with another.

    2. It damaged the reputation of American coffee brands.

    3. It resulted in the introduction of coffee to Europe.

    4. It prevented the destruction of British ships.

訳 **質問 11** コーヒー栽培について事実である一つのことは何か。

    1. それはまずアフリカの一部で始まった。

    2. それはコーヒーの需要を高めることになった。 正解

    3. それは広まるのに 1,000 年かかった。

    4. それはコーヒー伝説が広まるのを止めた。

    質問 12 ボストン茶会事件について話者は何を示唆しているか。

    1. それにより、ある種の飲み物が別の飲み物に取って代られた。 正解

    2. それはアメリカのコーヒーブランドの評判を傷つけた。

    3. それはヨーロッパにコーヒーをもたらすことになった。

    4. それはイギリス船の破壊を防いだ。

解説 「歴史」をテーマにしたパッセージは、時系列で話が展開していくのが特徴である。したがって、年号や世紀に注意しながら聞くようにすると変遷が理解しやすい。内容としては、物（商品）・サービスや特定の地域が時代とともにいかに変化してきたか、ある出来事によりその後どのような変化が生まれたか、または、ある人物の人生を時系列で追うようなパッセージなどがある。

ここでの話題はコーヒーである。第 1 パラグラフでは、コーヒーの起源と 15 世紀頃にはアラビア半島で栽培が始まり、その後需要が増えたとあることから、質問 11 の正解は 2。第 2 パラグラフでは、コーヒーが 17 世紀にはヨーロッパで広まり、その後ボストン茶会事件がきっかけとなり、アメリカで最も人気のある飲み物となったことが紹介される。質問 12 の正解は 1。選択肢中の one type of drink は紅茶、another (type of drink) はコーヒーを指している。

Vocabulary

□ legend 伝説、言い伝え　□ beneficial 利益となる、有益な　□ property 特性、特徴　□ discover ~を発見する　□ cultivation 栽培　□ Arabian Peninsula アラビア半島　□ establish ~を設立する、~を造る　□ trade ~を交換する　□ thanks to ~のおかげで、~のために　□ merchant 商人、貿易商　□ beverage 飲料、飲み物　□ refreshing 元気づける、すっきりさせる　□ energizing 活力を与える、エネルギーを与える　□ replace ~に取って代わる　□ Boston Tea Party ボストン茶会事件 (1773 年、アメリカ独立戦争のきっかけとなった事件)　□ colonist 入植者、植民地住民　□ cargo 積み荷、船荷　□ as well 同様に、~も　□ demand 需要　□ spread 広がる、展開する　□ circulate (うわさなどが) 広まる　□ reputation 評判　□ destruction 破壊

133

g 社会・生活

 063

Dockless Bikes

Traveling in the city by car can be difficult, especially during rush hours. Technology companies have realized that and introduced services that share so-called dockless bikes. People download an app and use the companies' bikes by unlocking them through their smartphones. Once they arrive at their destination, they pay through their phone and leave the bike at a place most convenient for them.

Though city officials welcome this service because it helps reduce traffic congestion and air pollution, they are also worried. Since users do not have to leave their vehicle at a designated place, these bikes are often scattered all over the sidewalks and in front of shops. They pose serious safety risks by becoming obstacles for pedestrians. Dockless bike sharing companies have responded to this concern by demonstrating the best ways to return bikes and by offering credit points to those who return the bikes to appointed parking locations.

訳

ドックレスバイク

都市を車で移動するのは、特にラッシュアワーでは難しいことがある。テクノロジー企業がそれに気づき、いわゆる「ドックレスバイク」をシェアするサービスを導入した。人々はアプリをダウンロードし、スマートフォンを用いて開錠することによって企業の自転車を利用する。目的地に着くと、スマホで料金を支払い、利用者にとって最も都合の良い場所で乗り捨てる。

交通渋滞や大気汚染を軽減する一助となるので、市当局はこのサービスを歓迎しているが、懸念もしている。利用者は使った自転車を指定場所に駐輪しなくてよいので、これらの自転車はしばしば歩道のあちこちや、店の前に散らばって置かれる。それらは歩行者の障害になることで、安全上の深刻なリスクをもたらす。ドックレスバイクの提供企業は、自転車を戻す最良の方法を説明し、指定された駐輪場に自転車を戻す人々にはポイントを付与することで、このような懸念に対応している。

Part 2 テーマ別練習問題

No. 13 What is one thing we learn about dockless bikes?

1. They can be parked in suitable places for users.

2. They can be useless in rush hours.

3. They can be sold at high prices.

4. They can be purchased through smartphones.

No. 14 What is one concern of city officials?

1. Dockless bikes will lose popularity.

2. People cannot ride dockless bikes safely.

3. Dockless bikes can be a danger to people walking by.

4. Designated parking places are too scattered.

訳　**質問 13**　ドックレスバイクについて分かる一つのことは何か。

　　1. 利用者の都合の良い場所に駐輪できる。 正解

　　2. ラッシュアワーのときには役に立たない。

　　3. 高い値段で売ることができる。

　　4. スマホを使って買うことができる。

　質問 14　市当局の一つの懸念は何か。

　　1. ドックレスバイクの人気はなくなるだろう。

　　2. 人々は安全にドックレスバイクに乗れないだろう。

　　3. ドックレスバイクは歩行者にとって危険な場合がある。 正解

　　4. 指定された駐輪場が散らばりすぎている。

解説　「社会・生活」の分野では、福祉、社会保障、犯罪などの社会的な話題のほか、衣・食・住に関わるすべてがパッセージのテーマとなる可能性がある。ただし、近年のIT化、高齢化、核家族化といった住環境の変化に伴う問題や、その解決法などが多く扱われる傾向があることも覚えておくとよいだろう。

　ここでの話題は「ドックレスバイク」である。第1パラグラフで、スマートフォンを使って利用し、都合の良い場所に乗り捨てられると述べていることから、質問 13 の正解は 1。自動車の利用を減らすことで大気汚染や渋滞の対策にもなるが、一方で問題点もある。特定の駐輪場がないため、歩道に停められてしまい、歩行者にとっては通行の妨げになってしまうことも。よって、質問 14 の正解は 3。

Vocabulary

□ introduce ～を導入する　□ so-called いわゆる、俗にいう

□ dockless bike ドックレスバイク（特定の置き場所を持たない乗り捨て式シェア自転車）

□ download ～をダウンロードする　□ app (= application) アプリ　□ bike 自転車

□ unlock ～を開錠する　□ destination 目的地、行き先　□ convenient 便利な、使いやすい

□ traffic congestion 交通渋滞　□ air pollution 大気汚染　□ vehicle 乗り物

□ designated 指定された　□ scatter ～を散乱させる　□ sidewalk 歩道

□ pose （危険など）をもたらす [引き起こす]　□ obstacle 障害（物）　□ pedestrian 歩行者

□ respond to ～に対応する　□ demonstrate ～を示す、～を説明する

□ credit point （顧客に与えるサービスとしての）ポイント　□ appointed 指定された

□ suitable ふさわしい、適している　□ purchase ～を購入する　□ walk by 通りがかる

h 教育

Extracurricular Activities

Extracurricular activities are offered by American schools to give talented students a chance to go beyond their ordinary school assignments. Extracurriculars can include everything from chess or language clubs to math or robotics teams. These clubs teach members group work and time management, and give them exposure to real-world challenges. Most importantly to some parents, these programs can assist students in entering top-level universities, which often require such club membership for admission.

Psychologists are concerned, though, that extracurricular activities are not always beneficial for children's mental and personality development. Recent studies, including those led by researcher Sharon Wheeler, have shown that too many such activities take time away from free play, an essential activity for the healthy mental development of children. Free play helps children develop their imagination and social abilities. Too many structured, goal-based activities reduce play time, and can lead to frustration, increased stress, and extreme tiredness.

訳

課外活動

アメリカの学校が行っている課外活動は、才能ある生徒に学校の通常の課題を越える機会を与えるのが目的である。課外活動には、チェスや語学クラブから数学やロボット工学チームに至るまで、あらゆるものが含まれる。これらのクラブは所属メンバーにグループワークや時間管理を教え、現実世界のやりがいのある課題に触れる機会を与える。一部の親たちにとって最も重要なのは、こうしたプログラムは生徒が一流大学に入る助けになることで、そうした大学はしばしば、このようなクラブへの参加を入学の要件にしている。

しかし、課外活動は必ずしも子供たちの精神や個性の発達に役立つわけではない、と心理学者は懸念している。最近の研究は、シャロン・ウィーラー研究員が率いたものも含め、あまりにも多い課外活動は子供の健全な精神の発達にとって必須の自由な遊びの時間を奪うことを示している。自由な遊びは、子供が想像力や社会的能力を養う助けになる。あまりにも組織化され、目標達成に基づく活動は遊びの時間を減らし、欲求不満、ストレスの増加、そして極度の疲労を招く恐れがある。

Part 2 テーマ別練習問題

No. 15 Why do some parents find extracurriculars important?

1. They provide time to review homework.
2. They allow teachers to focus on talented children.
3. They make students interested in top-level jobs.
4. **They help young people enter the best colleges.**

No. 16 What have Sharon Wheeler's studies shown about too many extracurricular activities?

1. They result in free play instead of real learning.
2. **They can harm the normal development of children.**
3. They make children's sleep problems worse.
4. They put too much stress on educators.

訳

質問 15　なぜ一部の親は課外活動が重要だと思うのか。

1. 宿題を見直す時間を与えるから。
2. 教師が才能ある子供たちに注意を注ぐことができるから。
3. 生徒たちに一流の仕事への興味を持たせるから。
4. **若者が一流大学に入る助けになるから。** 正解

質問 16　多すぎる課外活動について、シャロン・ウィーラーの研究は何を示しているか。

1. それらは実際の学習ではなく、自由な遊びになる。
2. **それらは子供の正常な発達に害を及ぼす可能性がある。** 正解
3. それらは子供の睡眠問題を悪化させる。
4. それらは教育者にストレスをかけすぎる。

解説

「教育」では大きく分けて、家庭での教育 (home education)、一般的な公教育 (public education)、高等教育 (higher education) などが考えられる。家庭でのしつけ (discipline) や自宅学習 (homeschooling) が話題になるほか、教育機関の抱える問題、より良い教育を提供するための方法などが取り上げられてもおかしくない。例えば、教育現場での IT 化や E ラーニングの利用、職業訓練などの出題も予想される。大学についても同様で、過去には、授業料、寄付金など財政面での問題も出題されている。

ここでは、アメリカの高校での課外活動がテーマ。第 1 パラグラフでは、その利点が挙げられ、課外活動に参加することで一流大学に入学しやすくなると説明。よって、質問 15 の正解は 4。第 2 パラグラフでは対照的に、課外活動は子供から自由な遊び時間を奪い、精神面の健全な発達を妨げるとしていることから、質問 16 の正解は 2。

Vocabulary

□**extracurricular activity** 課外活動、部活　□**talented** 才能のある、有能な　□**assignment** 課題、宿題　□**extracurricular** 課外活動、部活　□**robotics** ロボット工学　□**time management** 時間管理　□**exposure** さらされること、接すること　□**challenge**（難しいがやりがいのある）課題　□**admission** 入学（許可）　□**psychologist** 心理学者　□**personality** 人柄、個性　□**take A away from B** B から A を取り去る　□**essential** 必須の、極めて重要な　□**social ability** 社会的な生活能力　□**structured** 組織化された、構造化された　□**frustration** フラストレーション、欲求不満　□**extreme** 極度の、極端な　□**review** ～を見直す　□**harm** ～を害する、～を傷つける

137

放送文と訳・解答・解説

i 芸術・スポーツ

◀ 065

A Different Tennis

Tennis has changed a lot since the 1960s. Back then, tennis players focused on delivering and receiving serves well and aimed to hit as many unreturned serves, or "aces," as possible. They tended to stay close to the net, and often excelled at "volleying," which means returning the ball without it touching the ground.

Today, similarly to the athletes of other sports, tennis players have also become stronger, faster, and even taller than before. As a result, the game itself has evolved. Today's great players stand far from the net and close to, or even behind, the baseline. Because of their incredible speed and physical strength, they are able to return the ball from all angles and distances. They prefer playing out each point instead of trying to hit aces. The game may be different, but tennis fans agree that it is as enjoyable as ever.

訳

異なるテニス

テニスは 1960 年代以降、大きく変わった。当時、テニスプレーヤーはサーブを上手く打ったり受けたりすることに集中し、なるべく多くの返されないサーブを打つこと、つまり「サービスエース」を狙った。プレーヤーはネット近くにとどまる傾向があり、ボールが地面に着く前に打ち返す「ボレー」にしばしば秀でていた。

今日、他競技のスポーツ選手同様、テニスプレーヤーも以前より強く、速く、そして身長さえ高くなった。その結果、ゲーム自体が進化した。今日の一流プレーヤーはネットから遠く離れ、ベースライン近く、あるいはその後ろにさえ立つ。驚くべきスピードと体力で、彼らはあらゆる角度と距離からボールを返すことができる。彼らはエースを打とうとするより、ラリーをして各ポイントを取る戦い方を好む。テニスは変わったかもしれないが、相変わらず楽しめるという点でファンの意見は一致している。

Part 2 テーマ別練習問題

No. 17 What is one thing we learn about the tennis players of the 1960s?

1. They had little ability to volley.
2. They preferred playing long rallies.
3. **They often remained near the net.**
4. They used a different type of ball.

No. 18 What is the result of tennis players becoming faster and stronger?

1. Many try to hit as many aces as possible.
2. The number of champions has greatly increased.
3. Matches are less enjoyable than before.
4. **Balls are returned from anywhere on the court.**

訳　**質問 17**　1960 年代のテニスプレーヤーについて分かる一つのことは何か。

1. ボレーを打つ能力がほとんどなかった。
2. 長いラリーをするのを好んだ。
3. しばしばネットの近くにとどまった。 正解
4. 異なる種類のボールを使用した。

質問 18　テニスプレーヤーがより速く、強くなっていることの結果は何か。

1. 多くのプレーヤーができるだけたくさんのサービスエースを打とうとする。
2. 優勝者の数が大幅に増えた。
3. 試合が以前より面白くない。
4. ボールがコート上のどこからでも返される。 正解

解説　「芸術・スポーツ」では、ある特定の芸術（作品）やスポーツの特徴、時代による変遷などがテーマになることが多い。芸術作品や建築物などでは、作品名や作者、地名といった固有名詞がたくさん出てくるので、慌てないように気をつける必要がある。また、なじみのない民族の文化や芸能がテーマになるかもしれない。興味を持って集中して聞くようにしよう。

このパッセージのタイトルは、A Different Tennis である。テニスがどのように変化して現在に至ったのかが聞き取れればよいだろう。第 1 パラグラフで描かれる 1960 年代のテニスでは、相手が打ち返せないような「エース」を狙い、ネット際でのボレーも多かったことから、質問 17 の正解は 3。第 2 パラグラフは、今日のテニスについての描写。以前とは異なり、選手はネットから遠く離れた位置からあらゆるボールを返し、ラリーの末にポイントを取るスタイルに変わった。質問 18 の正解は 4。

Vocabulary

□**focus on** 〜に焦点を合わせる、〜に集中する　□**deliver a serve** サーブを打つ
□**aim to** *do* 〜することを目指す　□**unreturned** 返されない　□**ace** サービスエース（相手が返せないサーブ、またはそれによる得点）　□**tend to** *do* 〜する傾向がある　□**excel at** 〜に秀でている、〜の点ですば抜けている　□**volley** ボレーを打つ（空中に浮いたボールを地面に着く前に直接打つこと）　□**athlete** 運動選手、アスリート　□**evolve** 進化する、発展する　□**baseline** ベースライン（テニスコートの一番奥のライン）　□**incredible** 信じられないほどの、驚くべき　□**prefer** 〜を好む　□**play out** （試合など）を最後までやる　□**point** ポイント（サーブからボールがラインの外に出るまでのワンプレーで、得点の最小単位）　□**rally** ラリー（連続してボールを打ち合うこと）

139

Part 2 演習問題 1

A No. 1 ①②③④ 066
1. It had migrated from Eurasia.
2. It went extinct because of early humans.
3. It survived longer than previously believed.
4. It was bigger than most plant eaters of its time.

No. 2 ①②③④
1. The gradual warming of the Earth.
2. The appearance of stronger rhino species.
3. The competition from woolly mammoths.
4. The disappearance of their favorite food source.

B No. 3 ①②③④ 067
1. Train some teachers to become coaches.
2. Teach young people a variety of social skills.
3. Attract outstanding students to the school.
4. Give sports scholarships to elite players.

No. 4 ①②③④
1. Sports programs can hurt academic performance.
2. Outside activities are not affordable for low-income schools.
3. Physical fitness improves students' character.
4. Training for competitions has to become more organized.

C No. 5 ①②③④ 068
1. A technique to melt hard substances.
2. A method to make bronze stronger.
3. A way to make use of a strong metal.
4. A way to transport items from China.

No. 6 ①②③④
1. Cities became less dependent on farming.
2. Mass migration of armed people occurred.
3. Weapons became more complex outside Europe.
4. The cost of farming tools increased.

D **No. 7**

1. They were offered at high prices.
2. They contained one main course.
3. They were eaten together with the crew.
4. They consisted of several options.

No. 8

1. More travelers crowd the same space.
2. Seats are reserved much faster.
3. Passengers do not get discounts.
4. Specialty foods are served during flights.

E **No. 9**

1. People started doing more exercise to fight obesity.
2. Many stores stopped selling low-fat products.
3. The number of serious illnesses decreased.
4. Certain food products were replaced with others.

No. 10

1. People ate more fat than before.
2. Exercising became less popular.
3. People's sugar intake has grown.
4. Obesity standards became less strict.

F **No. 11**

1. A new place to live could be established.
2. Natural disasters on Mars could be confirmed.
3. Valuable materials could be sent there.
4. Astronomers could live longer than before.

No. 12

1. The timing of the mission should be changed.
2. Money for the project could be better spent.
3. Developing nations oppose the expensive plan.
4. The planet is too far away for humans to reach.

放送文と訳・解答・解説

◀ 066

A *The Siberian Unicorn*

The Siberian unicorn was a plant eater that walked the grasslands of Eurasia. It got its nickname from the giant horn it had on its head, though it actually belonged to the rhinoceros family. Scientists believed that it had gone extinct over 200,000 years ago. According to a new study, however, the Siberian unicorn was still alive when early modern humans populated the Earth.

Genetic analysis and radiocarbon dating revealed that the last Siberian unicorns died out around 36,000 years ago. The new research also showed that their extinction was probably caused by climate change. The ancient rhino, unlike most other species living in its time, was a very picky eater. As the weather was gradually cooling in Europe and Asia, the grass it preferred became scarce. And while the woolly mammoth, for instance, managed to adapt to these changes, the Siberian unicorn could not, and died out even before the last Ice Age began.

訳

シベリアのユニコーン

シベリアのユニコーン（エラスモテリウム）はユーラシア大陸の草原を歩き回る草食動物だった。ユニコーンというニックネームは頭部にある巨大な角によるものだったが、実際はサイ科に属していた。それは20万年以上前に絶滅したと科学者たちは信じていた。しかし新しい研究によると、エラスモテリウムは初期の現生人類が地上で暮らしていたときにまだ生存していた。

遺伝子解析と放射性炭素年代測定法で、最後のエラスモテリウムは約3万6,000年前に絶滅したことが判明した。新たな研究はさらに、その絶滅はおそらく気候変動が原因だったことを示した。この古代のサイは、当時生息していたほかのほとんどの種と異なり、食べ物の好き嫌いが非常に激しかった。ヨーロッパやアジアで徐々に寒冷化が進む中、エラスモテリウムが好む草が少なくなった。そして例えば、ケナガマンモスはこのような変化に適応することができたが、エラスモテリウムはできず、最終氷河期が始まってもいないのに絶滅してしまった。

■ 展開パターン

① 新しい研究により、Siberian unicorn の絶滅時期が以前の推定よりも後であることが分かった

② Siberian unicorn の絶滅の原因は、気候変動による環境の変化に適応できないことだった

142

Part 2 演習問題 1

No. 1 What did a new study show about the Siberian unicorn?

1. It had migrated from Eurasia.
2. It went extinct because of early humans.
3. **It survived longer than previously believed.**
4. It was bigger than most plant eaters of its time.

No. 2 What does the speaker say caused the Siberian unicorn's extinction?

1. The gradual warming of the Earth.
2. The appearance of stronger rhino species.
3. The competition from woolly mammoths.
4. **The disappearance of their favorite food source.**

訳 **質問1** 新しい研究はエラスモテリウムについて何を示したか。

1. それはユーラシア大陸から移住してきた。
2. それは初期の人類のせいで絶滅した。
3. **それは以前信じられていたより長く生き延びた。** 正解
4. それは当時のほとんどの草食動物より大きかった。

質問2 話者は何がエラスモテリウムの絶滅の原因だったと言っているか。

1. 地球が徐々に温暖化したこと。
2. より強いサイの種が現れたこと。
3. ケナガマンモスとの競争。
4. **エラスモテリウムが好む食料源が消えたこと。** 正解

解説 　第1パラグラフでは、冒頭で Siberian unicorn の説明と、これまでは20万年以上前に絶滅したと考えられていたことが述べられる。最終文の however でこれが覆され、最近の研究では初期の現生人類が出現する頃まで存在したのではないかと推測されることから、質問1の正解は3。
　第2パラグラフでは、絶滅の原因として気候変動（climate change）が挙げられ、さらに Siberian unicorn は食べ物の好き嫌いが激しかった（picky eater）ことから、環境に適応できなかったと説明。好みの食料源を失ったのが絶滅の原因だったことから、質問2の正解は4。

Vocabulary

☐ Siberian unicorn シベリアのユニコーン、エラスモテリウム（更新世前期から中期にかけてユーラシアに広域に生息したサイの一種） ☐ grassland 草原
☐ Eurasia ユーラシア（大陸）（ヨーロッパとアジアを合わせた地域の呼称） ☐ belong to ～に属する
☐ rhinoceros サイ ☐ go extinct 絶滅する ☐ according to ～によると
☐ populate ～に住む、～に棲息する ☐ genetic analysis 遺伝子解析
☐ radiocarbon dating 放射性炭素年代測定法（炭素の放射性同位体14（¹⁴C）を用いた年代測定法） ☐ reveal ～を明らかにする ☐ die out 絶滅する ☐ extinction 絶滅、消滅
☐ ancient 古代の ☐ species 種 ☐ picky えり好みをする ☐ gradually 徐々に
☐ prefer ～を好む ☐ scarce 乏しい、不十分な ☐ woolly mammoth ケナガマンモス、ウーリーマンモス ☐ manage to do 何とか［どうにか］～する ☐ adapt to ～に適応する
☐ Ice Age 氷河期［時代］ ☐ migrate 移住する ☐ survive 生き延びる ☐ previously 以前に（は）

143

B *Teenagers and Sports*

Competing in sports has a lot of benefits for teenagers. It expands their physical abilities and fitness levels and prevents them from sitting inside all day. Recognizing these positive aspects, most American high schools have sports programs where coaches help student athletes learn teamwork, leadership, discipline and responsibility. Some of these students are even recruited to universities under sports scholarships.

Competition, however, can put too much pressure on young people, both physically and mentally. Some American high school sports programs resemble professional training camps, where students practice several hours a day, five or six days per week. Sometimes these young people are expected to train so hard that they get injured. Amanda Ripley, author of *The Smartest Kids in the World*, notes that grades can also fall as students focus on sports instead of studying. This being the case, some high school administrations have reduced or even eliminated these programs, so that students can choose less competitive activities.

訳

ティーンエイジャーとスポーツ

スポーツで競い合うことは、10代の若者にとって大いにためになる。身体的能力や健康を向上させ、一日中室内で座っていることを防ぐ。このようなメリットを認識して、ほとんどのアメリカの高校にはスポーツプログラムがあり、そこではコーチの助けを得て、学生アスリートはチームワーク、リーダーシップ、規律、そして責任感を学ぶ。こうした学生の中には、スポーツ奨学金で大学に勧誘される者さえいる。

しかし、競争が肉体的にも精神的にもあまりにも大きなプレッシャーを若者にかけることがある。アメリカの高校の中には、スポーツプログラムがプロのトレーニングキャンプに似ているところもあり、そこでは学生たちが1日数時間、週に5、6日練習する。時にはこうした若者があまりにもハードに練習するよう期待され、けがをすることもある。『世界で最も賢い子供』の著者、アマンダ・リプリーは、学生が学業ではなくスポーツに集中して、成績が落ちることもあると指摘する。その結果、学生がより競争の少ない活動を選べるよう、このようなプログラムを減らしたり、取り除いたりさえする高校もある。

■ 対比パターン

| ① 若者がスポーツをするメリット：1) 身体能力や健康状態の改善　2) 社会的スキルの習得　3) 奨学金の獲得 |

| ② 若者がスポーツをするデメリット：1) 過度な練習によるけが　2) 学業への悪影響 |

Part 2 演習問題 1

No. 3 What are high school sports programs designed to do?

1. Train some teachers to become coaches.
2. **Teach young people a variety of social skills.**
3. Attract outstanding students to the school.
4. Give sports scholarships to elite players.

No. 4 What does Amanda Ripley believe?

1. **Sports programs can hurt academic performance.**
2. Outside activities are not affordable for low-income schools.
3. Physical fitness improves students' character.
4. Training for competitions has to become more organized.

訳 **質問 3** 高校のスポーツプログラムは何をすることを目的としているのか。

1. 教師を訓練してコーチにする。
2. **若者にさまざまな社会的スキルを教える。** 正解
3. 秀でた学生を学校に引き寄せる。
4. エリート選手へスポーツ奨学金を与える。

質問 4 アマンダ・リプリーが信じていることは何か。

1. **スポーツプログラムは学業成績を損なう場合がある。** 正解
2. 課外活動は低所得地域の学校では金銭的に無理である。
3. 身体の健康は学生の性格を改善する。
4. 試合に向けてのトレーニングはもっと組織的に行われる必要がある。

解説 　第 1 パラグラフでは、10 代の若者がスポーツをする利点が挙げられている。心身両面において良い影響があり、アメリカの高校でも積極的に取り入れられている。質問 3 の正解は 2。a variety of social skills とは、パッセージでの teamwork, leadership, discipline and responsibility を指す。
　第 2 パラグラフは、however が第 1 文にあり、前パラグラフで述べていたメリットに対して、デメリットが挙げられる。質問 4 で問われているのはリプリーの意見。Amanda Ripley ... notes that grades can also fall as students focus on sports instead of studying から、スポーツのやりすぎで成績が下がることが考えられる。したがって、正解は 1。

[Vocabulary]

□compete 競い合う、競争する　□benefit 恩恵、利益　□expand ～を増す、～を大きくする　□physical 身体の、肉体の　□fitness (体の) 健康、フィットネス　□prevent A from *doing* A が～することを妨げる　□recognize ～を認識する　□aspect 面、側面　□discipline 規律　□responsibility 責任 (感)　□recruit ～を勧誘する、～をスカウトする　□scholarship 奨学金　□competition 競争　□resemble ～に似ている　□practice 練習する　□note ～に言及する、～を指摘する　□grade 成績　□this being the case こうした状況なので、その結果、したがって　□school administration 学校当局　□eliminate ～を取り除く　□competitive 競争の激しい　□outstanding 目立つ、傑出した　□affordable 購入できる、手に届く範囲の　□organize ～を準備する、～の手はずを整える

145

放送文と訳・解答・解説

 068

C *The Iron Age*

About 3,200 years ago, a way to work with iron, a substance harder and more durable than bronze, was discovered. Though iron in its pure form had been known in the Near East even before that time, the knowledge of making tools from it made all the difference. The process quickly spread throughout Europe, and eventually reached China about 600 years later. This marked the beginning of the Iron Age, and, not surprisingly, coincided with the collapse of the large Bronze Age empires.

With the rise of the Iron Age, important cultural changes took place in Europe, where life was mainly agricultural. There were very few cities at that time, but with iron tools making farming much easier, permanent settlements were established. Iron weapons also became available, and this triggered a massive migration of armed tribes. These mass movements lasted 2,000 years, completely changing the face of Europe.

訳

鉄器時代

約 3,200 年前、青銅より硬く耐久性のある物質である鉄を処理する方法が発見された。それ以前にすでに近東では純粋な形の鉄は知られていたが、鉄から道具を作る知識が状況を一変させた。この製造方法はすぐにヨーロッパ中に広まり、約 600 年後、最終的には中国に伝わった。これが鉄器時代の始まりとなり、当然のことながら、それは青銅器時代の、大帝国の崩壊と時期が重なった。

鉄器時代の隆盛で、生活を主に農業に依存していたヨーロッパで、重要な文化的変化が起こった。当時、都市は非常に少なかったが、鉄製の道具によって農耕が非常に容易になり、定住化が進んだ。鉄製の武器も手に入るようになり、武装した部族の大規模な移住を引き起こした。こうした大移動は 2,000 年続き、ヨーロッパの様相を激変させた。

■ 展開パターン

① 約 3,200 年前、人類は鉄の道具を使用するようになる：鉄器時代の幕開け

② 鉄器がヨーロッパにもたらした変化： 1) 農業の発達による定住 　　　　　　　　　　　　　　　　　2) 鉄製の武器で武装した民族の大移動

146

Part 2 演習問題 1

No. 5   What discovery was made 3,200 years ago?

1. A technique to melt hard substances.
2. A method to make bronze stronger.
3. **A way to make use of a strong metal.**
4. A way to transport items from China.

No. 6   What is one change that the Iron Age brought?

1. Cities became less dependent on farming.
2. **Mass migration of armed people occurred.**
3. Weapons became more complex outside Europe.
4. The cost of farming tools increased.

訳 **質問5**   3,200 年前にどんな発見がなされたか。

1. 硬い物質を溶かす技術。
2. 青銅を強化する方法
3. **強い金属を利用する方法。** 正解
4. 中国から物品を輸送する方法。

質問6   鉄器時代がもたらした一つの変化は何か。

1. 都市の農業依存度が低下した。
2. **武装した人々の大規模な移住が起こった。** 正解
3. ヨーロッパ以外で武器がより複雑になった。
4. 農機具の価格が上がった。

解説 第 1 パラグラフでは、青銅器時代から鉄器時代への移行についての概要が述べられている。質問 5 は、3,200 年前の発見について。第 1 文から正解は 3。選択肢の a strong metal は鉄のこと。鉄の説明として、a substance harder and more durable than bronze とある。パッセージの冒頭部分にヒントがあるのは Part 2 では珍しい。

　第 2 パラグラフでは、鉄器時代がヨーロッパにもたらした 2 つの変化に触れている。質問 6 の正解は 2。鉄製の武器を所有することが、大規模な移住を促した。第 1 パラグラフで概要を述べ、第 2 パラグラフでその影響や結果を挙げる、という「展開パターン」である。

Vocabulary

□ Iron Age 鉄器時代　□ substance 物質　□ durable 耐久性のある、長持ちする　□ bronze 青銅
□ Near East（中）近東　□ make all the difference 大きな違いとなる、状況を一変させる
□ eventually 最終的に、結局は　□ coincide with ～と同時に起こる　□ collapse 崩壊
□ Bronze Age 青銅器時代　□ empire 帝国　□ take place 起こる
□ agricultural 農業の、農業に関係する　□ permanent settlement 定住地、永住地
□ establish ～を確立する、～を築く　□ weapon 武器、兵器
□ trigger ～を引き起こす、～を誘発する　□ massive 大規模な　□ migration 移住、移動
□ tribe 部族、種族　□ last 続く、継続する　□ make use of ～を利用する
□ dependent on ～に依存して　□ complex 複雑な、入り組んだ

147

放送文と訳・解答・解説

069

D *Plane Passengers*

Up until the 1970s, flying on an airplane was a luxurious event. The seats were wide, soft, and comfortable, with enough room for passengers to stretch out their legs. Meals were served at tables just like in restaurants, and menus contained several different choices. Salads were prepared right at people's seats and a very friendly crew served the appetizers, fruit platters, and other courses. Airlines gave out free gifts to adult passengers, and toy airplanes and books to children.

Today, flights are more affordable and airplanes carry millions of people every day. They now have to accommodate a lot more people in their passenger cabins, so seats are smaller and closer to each other. Moreover, there is a marked reduction in the quality and quantity of meal service. Many low-fare airlines do not serve food or drinks at all, and others only offer a limited variety of plain dishes.

訳

飛行機の乗客

1970年代までは、飛行機旅行はぜいたくなことだった。座席は広く柔らかく、快適で、乗客が足を伸ばせるスペースが十分にあった。食事はまさにレストランのようにテーブルで出され、メニューには異なる選択肢がいくつかあった。サラダは人々のちょうど座席のところで準備され、とても親切な乗務員が前菜、フルーツの大皿などの料理を出した。航空会社は無料ギフトを成人乗客に、そしておもちゃの飛行機や本を子供に提供した。

今日、空の旅はより手頃になり、航空機は毎日、何百万人もの人々を運んでいる。今ではさらに多くの人々を客室に収容しなければならないため、座席はより小さく、座席間もより近くなっている。さらに、食事のサービスは質も量も著しく低下している。格安航空会社の多くは飲食物を一切提供せず、限られた種類の簡単な料理しか出さない会社もある。

■時系列パターン

① 1970年代までは、飛行機に乗ることはぜいたくだった：1) 快適な座席　2) 豪華な食事
　　　　　　　　　　　　　　　　　　　　　　　　3) 搭乗客へのプレゼント

② 今日では、航空券が安くなり、サービスも低下している：1) 狭い座席　2) 食事の量・質ともに低下

148

No. 7 What is one thing we learn about airplane meals on early commercial flights?

1. They were offered at high prices.
2. They contained one main course.
3. They were eaten together with the crew.
4. **They consisted of several options.**

No. 8 What is one result of more affordable flights?

1. **More travelers crowd the same space.**
2. Seats are reserved much faster.
3. Passengers do not get discounts.
4. Specialty foods are served during flights.

訳 **質問7** 初期の民間飛行機便での食事について分かる一つのことは何か。
1. 高い値段で提供された。
2. メイン料理一つだった。
3. 乗務員と一緒に食された。
4. **いくつかの選択肢で構成されていた。** 正解

質問8 手頃な空の旅の一つの結果は何か。
1. **より多くの乗客が同じ場所にひしめく。** 正解
2. 以前より座席が非常に速く予約される。
3. 乗客は割引をしてもらえない。
4. 飛行中に特選料理が提供される。

解説 第1パラグラフでは、1970年代までの飛行機内のぜいたくな様子が述べられている。座席も広く、食事は複数のメニューから選択することができた。よって、質問7の正解は4。Today から始まる第2パラグラフでは、現在は多くの人が飛行機を利用するようになり、航空券も手頃な（affordable）価格になったとある。質問8は、第2パラグラフ第2文の They（= airplanes）now have to accommodate a lot more people ... を言い換えた1が正解。

「1970年代以前」から「現在」の流れを時系列と取ることができると同時に、1970年代以前の飛行機と現在のそれとを対比させているとも考えられる。

[Vocabulary]

□ **passenger** 乗客、旅客　□ **luxurious** ぜいたくな、豪華な　□ **comfortable** 快適な、心地良い
□ **contain** ～を含む　□ **crew** 乗組員　□ **appetizer** 前菜　□ **platter** 大皿、盛り合わせ
□ **airline** 航空会社　□ **affordable** 手頃な、手に届く範囲の　□ **accommodate** ～を収容する
□ **passenger cabin** 客室　□ **marked** 著しい、際立った　□ **reduction** 低下、減少
□ **low-fare airline** 格安航空会社　□ **plain dish** 簡単な料理
□ **consist of** ～から成る、～で構成される　□ **crowd** ～に群がる、～にひしめく
□ **reserve** ～を予約する　□ **discount** 割引、値引き　□ **specialty food** 特別料理、特選料理

070

E *Not Enough Fat*

In the 1970s, nutritionists began discouraging people from consuming too much fat. Their study found that eating fatty products caused obesity and led to heart disease and other health-related problems. Media were quick to spread the news and a war on fat was declared. As a result, butter and lard virtually disappeared from kitchens and pantries, and low-fat dairy products began to gain popularity at a surprising rate.

New studies, however, show that banning fats from diets causes more harm than good. It was found that artificial fat substitutes have contributed to more diseases than natural sources. Current researchers say that this is because fat was replaced with high amounts of refined sugar, which is really bad for the body. Nutritionists today suggest increasing our intake of healthy fats found in dairy products, oils and nuts and refraining from carbohydrates as much as possible.

脂肪不足

1970年代、栄養学者は人々に脂肪を取りすぎないよう忠告し出した。彼らの研究で、脂肪分が多い食品を食べると肥満の原因になり、心臓病などの健康問題を引き起こすことが分かったのだ。マスコミはすぐにこのニュースを広め、脂肪との闘いが宣言された。その結果、バターやラードはキッチンや食料庫から事実上消え、低脂肪の乳製品が驚くほどの速さで人気になり始めた。

しかし、新しい研究は、食事から脂肪をなくすのは有害無益だということを示している。脂肪の人工的な代替物が、天然の脂肪よりもっと多くの病気の一因になっていることが分かったのだ。現代の研究者によれば、その理由は脂肪の代わりに大量の精製糖が使われたからで、これが非常に体に悪い。栄養学者は今、乳製品、オイル、そしてナッツに含まれる健康的な脂肪の摂取を増やし、できるだけ炭水化物を控えることを勧めている。

■ 対比パターン

① 1970年代には脂肪は体に悪いものとされ、低脂肪の代用品がもてはやされた

② 新たな研究により、人工的な脂肪の代用品が健康に良くないことが分かり、良質な脂肪の摂取が推奨されている

Part 2 演習問題 1

No. 9 What happened due to nutritionists' findings in the 1970s?

　　1. People started doing more exercise to fight obesity.

　　2. Many stores stopped selling low-fat products.

　　3. The number of serious illnesses decreased.

　　4. Certain food products were replaced with others.

No. 10 What do researchers say is one reason for today's unhealthy diet?

　　1. People eat more fat than before.

　　2. Exercising has become less popular.

　　3. People's sugar intake has grown.

　　4. Obesity standards have become less strict.

訳　**質問 9**　1970 年代の栄養学者の発見で何が起こったか。

　　1. 人々は肥満と闘うため、もっと運動するようになった。

　　2. 多くの店が低脂肪の製品を売らなくなった。

　　3. 深刻な病気の数が減った。

　　4. ある特定の食品がほかの食品に取って代わられた。 正解

　　質問 10　今日の健康的でない食生活の一つの理由は何であると研究者は言っているか。

　　1. 人々が以前より多くの脂肪を食べている。

　　2. 運動することは以前に比べ人気がなくなった。

　　3. 人々の砂糖摂取量が増えた。 正解

　　4. 肥満の基準が緩和された。

解説　　第 1 パラグラフでは、脂肪による体への悪影響が明らかになった結果、バターやラードが消費されなくなり、代わりに低脂肪の商品が買われるようになったことが示される。質問 9 の正解は 4。ここでの certain food products は、バターやラードのこと。others は、低脂肪の乳製品である。

　　第 2 パラグラフの第 1 文の however に注目しよう。これが「対比パターン」の目印になる。脂肪を取らなくなったことで、精製糖の消費が増え、健康に悪影響を及ぼしている。質問 10 の正解は 3。最後は、脂肪の消費を促しており、第 1 パラグラフと対照的である。

| Vocabulary |

□ **nutritionist** 栄養学者、栄養士
□ **discourage A from** *doing* A が～するのを妨げる［妨げようとする］
□ **consume** ～を食べる、～を摂取する　□ **fatty** 脂肪の多い　□ **heart disease** 心臓病
□ **obesity** 肥満　□ **declare** ～を宣言する　□ **virtually** 事実上、実質的に
□ **pantry** 食料貯蔵室、食料庫　□ **dairy product** 酪農製品、乳製品　□ **artificial** 人工的な
□ **substitute** 代替物、代用品　□ **contribute to** ～に寄与する、～の一因となる
□ **replace A with B** A を B に取り替える　□ **refined sugar** 精製糖
□ **intake** 取り入れること、摂取　□ **refrain from** ～を控える、～をやめる
□ **carbohydrate** 炭水化物

151

F *A Manned Mission to Mars*

By 2030, NASA plans to send a manned spacecraft to Mars. The red planet has some raw materials that could be mined to build Mars-based structures to further explore space. Beyond that, many experts believe that Mars could serve as a second home to humanity if some disaster happened to the Earth. By visiting the planet, astronauts could also confirm the presence of water or ice, which would mean that life is possible on Mars.

However, a manned mission poses several problems. The cost of the journey to the faraway planet is estimated to be over 20 billion dollars. Some social activists suggest that this money should be spent on more useful projects like improving education or reducing hunger in developing nations. The long flight would also be very dangerous. Being exposed to space radiation and low gravity for nearly two years would almost certainly harm the astronauts' health.

火星への有人飛行

2030年までに、NASAは火星に有人宇宙船を送る予定だ。火星には、そこに宇宙基地を造る原材料があり、そこからさらに宇宙を探索できる。さらに、もし地球に災害が起きれば、火星を人類の第2の故郷にできるかもしれないと多くの専門家は考えている。また、火星を訪れることで、宇宙飛行士は水や氷の存在を確認できるかもしれず、そうなれば火星に生命が存在する可能性はあることになるだろう。

しかし、有人飛行にはいくつかの問題がある。この遠く離れた惑星への飛行に要する費用は200億ドルを超えると推計される。そのような金額は、途上国の教育改善や飢餓の削減など、もっと有用なプロジェクトに費やされるべきだと言う社会活動家もいる。長期間の飛行は大変危険でもあるだろう。宇宙放射線や低重力に2年近くさらされると、ほぼ間違いなく宇宙飛行士は健康を害するだろう。

■ 対比パターン

① 火星探査におけるメリット：1) 基地の建設　2) 火星移住の可能性 　　　　　　　　　　　　　3) 地球外生命体の発見の可能性

② 火星探査における問題点：1) 膨大なコスト　2) 宇宙飛行士の健康への悪影響

Part 2 演習問題 1

No. 11　What is one possible result of a mission to Mars?

1. A new place to live could be established.
2. Natural disasters on Mars could be confirmed.
3. Valuable materials could be sent there.
4. Astronomers could live longer than before.

No. 12　What do some social activists say about a manned mission to Mars?

1. The timing of the mission should be changed.
2. Money for the project could be better spent.
3. Developing nations oppose the expensive plan.
4. The planet is too far away for humans to reach.

訳　**質問 11**　火星飛行の結果、起こり得る一つのことは何か。

　　1. 新たな居住地が築かれるかもしれない。 正解
　　2. 火星での自然災害が確認されるかもしれない。
　　3. 貴重な物質がそこへ送られるかもしれない。
　　4. 宇宙飛行士が以前より長生きするかもしれない。

　　質問 12　火星への有人飛行について一部の社会活動家は何と言っているか。

　　1. 飛行の時期を変更するべきだ。
　　2. この計画の費用はもっと有効に使えるだろう。 正解
　　3. 途上国は費用がかかるこの計画に反対している。
　　4. 火星は人間が到達するにはあまりにも遠く離れている。

解説　第 1 パラグラフでは、火星への有人飛行における可能性が述べられている。すべて今後の可能性であるため、助動詞 could/would が何度も使われている。質問 11 では、言及されている 3 つの可能性のうちの 1 つが問われ、Mars could serve as a second home to humanity の部分から、正解は 1。

　　第 2 パラグラフは、However から始まり、対比するように火星探査における問題点が 2 つ述べられる。1 つ目のコストに関して、社会活動家の主張が質問 12 で問われている。正解は 2。... could be better spent とは、火星探査にかける費用を発展途上国の教育や飢餓削減に当てるべきという主張を指している。

Vocabulary

☐ manned mission 有人宇宙飛行　☐ manned spacecraft 有人宇宙船　☐ raw material 原材料
☐ mine ～を掘り出す、～を採掘する　☐ structure 建造物、建築物　☐ explore ～を探索する
☐ humanity 人間、人類　☐ disaster (大規模な) 災害　☐ astronaut 宇宙飛行士
☐ pose (問題など) をもたらす、引き起こす　☐ faraway 遠く離れた
☐ developing nation 開発途上国　☐ expose ～を (危険などに) さらす
☐ space radiation 宇宙放射線　☐ gravity 重力　☐ harm ～を害する
☐ establish ～を設立する、～を築く　☐ valuable 貴重な、価値のある　☐ oppose ～に反対する

153

Part 2 　演習問題 2

A No. 1　①②③④ ◀ 072

1. They have outstanding technical skills.
2. They can strictly control their behavior.
3. They are more flexible in thinking.
4. They always support their managers.

No. 2　①②③④

1. Harsh words can hurt the feelings of HSPs.
2. HSPs often criticize their colleagues and bosses.
3. Negative feedback usually motivates HSPs.
4. Young HSPs tend to put personal lives first.

B No. 3　①②③④ ◀ 073

1. An American movie was made about it.
2. A long pedestrian path goes through it.
3. It can only be explored on foot.
4. It has a complex network of waterways.

No. 4　①②③④

1. They can be booked cheaply.
2. They run without any noise.
3. They are popular for tours.
4. They got their name from a citizen.

C No. 5　①②③④ ◀ 074

1. They do not harm nature.
2. They are available all year round.
3. They are less expensive to buy.
4. They are certified by governments.

No. 6　①②③④

1. They are not affordable for many.
2. They are not available in many stores.
3. They are not better for the body.
4. They are not transported safely.

154

D **No. 7**　①②③④　075

1. Very few people worked in local factories.
2. Higher education was unnecessary for most jobs.
3. Rich students were guaranteed admission to college.
4. Many students received scholarships for college.

No. 8　①②③④

1. To employ more experienced professors.
2. To give everyone an advanced education.
3. To pay more money to hardworking employees.
4. To train people for skilled jobs.

E **No. 9**　①②③④　076

1. They worked in large numbers.
2. They were active after sunset.
3. They had better weapons than park rangers.
4. They knew officials would not fight back.

No. 10　①②③④

1. They cost less than manned aircraft.
2. They can shoot at illegal hunters.
3. They detect people from long distances.
4. They can approach without any noise.

F **No. 11**　①②③④　077

1. Chess was often played by warriors.
2. Chess rules changed very little.
3. Chess pieces were originally made of stone.
4. Chess was first invented in India.

No. 12　①②③④

1. People could not accept the game's concept itself.
2. Some figures of the board were unknown.
3. It was hard to translate the rules for the pieces.
4. Bishops of the time objected to the game.

放送文と訳・解答・解説

A *Sensitive Minds at Work*

Although we live in a digital economy, those with exceptional social skills, not technical ones, often do the best professionally. These people are able to read body language, voice tone, and small cultural differences — a critical skill in a globalized business world. Commonly known as Highly Sensitive People or "HSPs," they are also open to new ideas and ways of doing things, which helps them accomplish tasks that people with narrow minds and strict personalities cannot.

However, HSPs also have weaknesses. In particular, they become mentally hurt or stressed when they receive criticism from their colleagues or bosses. They take it too personally and stop working hard or even quit. This is a particular issue related to the younger generation, which has a large number of HSPs. Experts encourage managers to handle those HSPs more kindly, especially when delivering negative news or criticism. Otherwise, they risk losing very valuable talent.

訳

職場の敏感な人々

われわれはデジタル経済の中で暮らしているが、技術的スキルではなく並外れた社会的スキルを持つ人々が、しばしば仕事で最も秀でている。このような人々はボディランゲージ、口調、そしてわずかな文化的相違を読み取ることができ、それはグローバル化するビジネスの世界では非常に重要なスキルだ。通常「高感受性の人々（HSPs）」として知られ、そのような人々はまた、新しいアイデアや物事のやり方を受け入れやすく、それが心の狭い人や厳格な性格の人にはできない仕事を達成するのに役立っている。

しかし、HSPs には弱点もある。特に、彼らは同僚や上司に批判されると、精神的に傷ついたりストレスを感じるようになる。彼らは批判をあまりにも個人的に受け止め、頑張るのをやめたり、会社を辞めることさえある。これは HSPs が多い、特に若い世代に関係する問題だ。専門家は管理職の人々に、特に否定的なことを伝えたり批判するときは、HSPs にもっと優しく接するよう勧めている。さもなければ、彼らは非常に貴重な人材を失う恐れがあるのだ。

■ 対比パターン

① HSPs の長所：社会的スキルがあり、新しい考えや方法を受け入れる傾向にある

② HSPs の弱点：批判されると傷つきやすく、仕事へのモチベーションが低下する

No. 1 What makes highly sensitive people better employees than others?

1. They have outstanding technical skills.
2. They can strictly control their behavior.
3. **They are more flexible in thinking.**
4. They always support their managers.

No. 2 What should managers be aware of when dealing with HSPs?

1. **Harsh words can hurt the feelings of HSPs.**
2. HSPs often criticize their colleagues and bosses.
3. Negative feedback usually motivates HSPs.
4. Young HSPs tend to put personal lives first.

訳 **質問1** 何が非常に敏感な人々をほかの人々より優れた従業員にするのか。

1. 彼らには飛び抜けた技術的スキルがある。
2. 彼らは自分の行動を厳しくコントロールできる。
3. **彼らは考え方がより柔軟である。** 正解
4. 彼らは常に管理職を支える。

質問2 管理職の人々は HSPs に接する際に何を知っていなければならないか。

1. **厳しい言葉が HSPs の感情を傷つけることがある。** 正解
2. HSPs はしばしば同僚や上司を批判する。
3. 否定的な意見はたいてい HSPs をやる気にさせる。
4. 若い HSPs は私生活を第一に考える傾向がある。

解説 第1パラグラフでは、HSPs の定義を説明した後、どのような点が優れているのかを述べている。パラグラフ後半の they are also open to new ideas and ways of doing things がヒントとなり、質問1の正解は3。open to は「〜をすぐに受け入れる」の意味なので、選択肢にある flexible in thinking（考え方が柔軟な）と言い換えられる。

However から始まる第2パラグラフでは、HSPs の弱点が述べられる。「批判されると傷つきやすい」→「仕事へのモチベーションが下がる（会社を辞めてしまうこともある）」→「HSPs の職場での対応には注意が必要である」の流れを聞き取るようにしよう。質問2の正解は1。harsh words は、パッセージの negative news or criticism の言い換え。

Vocabulary

□ **sensitive** 敏感な、感じやすい　□ **exceptional** 並外れた、非常に優れた
□ **voice tone** 口調、声の調子　□ **critical** 非常に重要な、決定的な　□ **globalized** グローバル化した
□ **accomplish** 〜を達成する　□ **strict** 厳しい、厳格な　□ **criticism** 批判、批評　□ **colleague** 同僚
□ **quit** 退職する　□ **related to** 〜に関連する　□ **encourage A to do** Aに〜することを促す［勧める］
□ **handle** 〜を扱う　□ **deliver** 〜を述べる、〜を伝える　□ **otherwise** さもなければ、そうしなければ
□ **valuable** 貴重な、大事な　□ **outstanding** 目立つ、飛び抜けた　□ **flexible** 柔軟な
□ **be aware of** 〜に気づいている、〜を知っている　□ **deal with** 〜に対処する、〜を扱う
□ **feedback** 意見、感想、フィードバック　□ **motivate** 〜のやる気を起こす、〜を動機づける
□ **tend to do** 〜する傾向にある

B *Giethoorn, the Roadless Town*

The little town of Giethoorn in the Netherlands attracts close to one million tourists every year. Made popular by the 1958 Dutch movie, *Fanfare*, this quiet town is unique in that it has no roads. The town itself is a collection of small islands interconnected by a sophisticated system of over 170 bridges. Parts of the town can be explored on foot or by bicycle, but the small boats that navigate its network of canals is the main mode of transportation. This has earned the town the name "Little Venice."

Old-fashioned wooden boats with oars are still in use in Giethoorn. However, most of the town locals nowadays use small motorized boats called "whisper boats," which get their name from their noiseless operation. Visitors to the town can book sightseeing canal cruise tours, which take them around the place in about one to two hours.

訳

ヒートホールン、道路のない町

オランダの小さな町、ヒートホールンには毎年100万人近い観光客が訪れる。1958年のオランダ映画『ファンファーレ』で人気となったが、この静かな町がユニークなのは道路がまったくないことだ。町自体は小島の集まりで、それが170を超える橋から成る高度で複雑なネットワークで相互に結ばれている。町の一部は徒歩や自転車で回れるが、運河網を航行する小型ボートが主な交通手段だ。そのため、町は「小ベニス」と呼ばれている。

オールの付いた旧式の木製ボートがヒートホールンではまだ使われている。しかし、最近は町の人々のほとんどが、音を立てずに動くため「ささやきボート」と呼ばれる小型のモーターボートを使う。この町を訪れる際には、運河遊覧クルーズツアーを予約し、約1～2時間で町を巡ることができる。

■ 展開パターン

| ① Giethoornの町の紹介：小さな島の集まりで、徒歩や自転車のほか、主要な交通手段はボート |

| ② Giethoornで使われるボートの種類：1) 旧式の木製ボート
　　　　　　　　　　　　　　　　　　2) 音が静かなモーターボート（whisper boats） |

Part 2 演習問題 2

No. 3　What is special about Giethoorn?

　　1.　An American movie was made about it.

　　2.　A long pedestrian path goes through it.

　　3.　It can only be explored on foot.

　　4.　It has a complex network of waterways.

No. 4　What is one thing we learn about the boats of local people?

　　1.　They can be booked cheaply.

　　2.　They run without any noise.

　　3.　They are popular for tours.

　　4.　They got their name from a citizen.

訳　**質問3**　ヒートホールンで特別なことは何か。

　　1.　町を題材にアメリカ映画が製作された。

　　2.　長い歩道が町を通っている。

　　3.　徒歩でのみ観光ができる。

　　4.　複雑な水路網がある。 正解

　　質問4　地元の人々が使うボートについて分かる一つのことは何か。

　　1.　安く予約できる。

　　2.　音を立てずに動く。 正解

　　3.　観光客に人気がある。

　　4.　ある市民から名前を取った。

解説　第1パラグラフでは、Giethoorn の町の特徴を述べている。小さな島が集まってできた町なので、複雑な水路網があり、移動はボートが中心。したがって、質問3の正解は4。「展開パターン」のパッセージにはいくつかのパターンがあるが、ここでは第1パラグラフで主要な交通手段として紹介されたボートを、第2パラグラフで具体的に説明している。特に近年、地元の住人が多く使うのが whisper boats と呼ばれる小さなモーターボート。その特徴は、名前の通り騒音がない（noiseless operation）ことなので、質問4の正解は2。

Vocabulary

□ **unique** 独特な、唯一の　□ **in that** 〜という点で、〜のために
□ **interconnect** 〜を互いに連結する　□ **sophisticated** 高度な、非常に複雑な
□ **explore** 〜を見て回る、〜を探索する　□ **on foot** 徒歩で　□ **navigate** 〜を航行する
□ **canal** 運河　□ **mode of transportation** 交通手段　□ **earn A B** A に B を得させる
□ **old-fashioned** 古めかしい、旧式な　□ **oar** オール　□ **in use** 使用されて
□ **motorized** モーターで動く、エンジン付きの　□ **whisper** ささやき声、小声
□ **noiseless** 音がしない、静かな　□ **book** 〜を予約する　□ **sightseeing** 観光、遊覧
□ **pedestrian** 歩行者の　□ **complex** 複雑な、入り組んだ　□ **waterway** 水路、運河

159

C *Organic Food*

Buying organic food products has become very popular in recent years. People who prefer these foods often think that they taste better and are more nutritious. Moreover, organic food shoppers feel they protect the environment through their choices, since they believe no chemicals are used in organic food production. They also think that farm-certified organic meats, fruits and vegetables are grown locally and sold in local markets, so they do not increase greenhouse gases by traveling long distances on fossil fuel-driven trucks.

However, this trend has many skeptics. They note that several food safety organizations have concluded that organic foods are not scientifically proven to be healthier or more nutritious than those grown by ordinary methods. Furthermore, they say contrary to the public's belief, organic farmers are allowed to add a limited amount of chemicals. Though many local markets offer organic foods, large supermarkets also stock them, which means these products are often transported across the country in trucks.

自然食品

自然食品の購入が近年、非常に人気を集めている。自然食品を好む人々は、味が良く、栄養価も高いとしばしば思っている。さらに、自然食品を買う人々は、自分たちの選択を通じて環境を保護していると感じている。自然食品の生産には、化学薬品が用いられていないと信じているからだ。また農家が認定したオーガニックの肉や青果物は地元で生産され、地元の市場で売られるため、化石燃料トラックで長距離を移動することにより温室効果ガスを増やすことはないと思っている。

しかし、このトレンドに疑問を持つ人々も多い。彼らが指摘するのは、自然食品が通常の方法で生産された食品より健康に良く、栄養価が高いという科学的証拠はないと、複数の食品安全機関が結論付けていることだ。さらに、世間で思われているのとは違い、有機農家は限られた量の化学薬品を使うことを許されている。地域市場の多くが自然食品を提供しているが、大型スーパーもそれらを仕入れている。つまり、これらの食品はしばしばトラックで国中を輸送されているのだ。

■ 対比パターン

① 自然食品の利点：1) 味が良い　2) 栄養価が高い　3) 環境に優しい

② 自然食品に関する疑問点：1) 健康に良く栄養価が高いという証拠はない　2) 化学薬品の使用が許可されている　3) 地元で消費するとは限らない

Part 2 演習問題 2

No. 5 Why do some people prefer organic products?

   1. They do not harm nature.

   2. They are available all year round.

   3. They are less expensive to buy.

   4. They are certified by governments.

No. 6 What is one thing skeptics say about organic foods?

   1. They are not affordable for many.

   2. They are not available in many stores.

   3. They are not better for the body.

   4. They are not transported safely.

訳 **質問 5** なぜ自然食品を好む人々がいるのか。

   1. それらは自然を害さないから。 正解

   2. それらは一年中入手できるから。

   3. それらは安く買えるから。

   4. それらは政府に認定されているから。

  質問 6 自然食品について懐疑的な人々が言うことの一つは何か。

   1. それらは多くの人には高くて買えない。

   2. それらは多くの店で入手できない。

   3. それらの方が体により良いということはない。 正解

   4. それらは安全に輸送されない。

解説 　近年、自然食品の人気が高まっているが、第 1 パラグラフでは、その人気の理由が挙げられている。パラグラフ後半で、化学薬品が使用されず、地産地消のため温室効果ガスの排出が少なく、環境に良いとされるため、質問 5 の正解は 1。

　第 2 パラグラフは、However で始まり、反対意見が述べられる。skeptic は「懐疑論者」のことだが、ここでは自然食品の利点を疑う人を指す。第 1 パラグラフで挙げられた利点を一つずつ否定する形の「対比パターン」になっている。質問 6 の正解は 3。自然食品の方が体により良いという科学的証拠は存在しない。

Vocabulary

□ organic food 自然食品　□ prefer ～を好む　□ nutritious 栄養豊富な　□ chemical 化学薬品

□ certify ～を認定する、～を保証する　□ locally 地元で

□ greenhouse gas 温室効果ガス（二酸化炭素、メタン、フロンなど、地球温暖化の主な原因とされる気体）

□ fossil fuel 化石燃料　□ skeptic 疑う人、懐疑論者

□ be proven to be ～であることが証明される　□ contrary to ～に反して

□ stock ～を仕入れる、～を店に置く　□ transport ～を運ぶ、～を輸送する

□ affordable （値段が）手頃な、手の届く範囲の

D *Education and Work*

Before the 1950s, only a small percentage of Americans received more than a high school education. To find work in the nation's factories or farms, basic literacy was sufficient. Only the very smartest, most ambitious or wealthiest students would even bother applying to university. But by entering that elite group, a university student was almost guaranteed a high-paying, high-status job after graduation.

Today, a much larger percentage of American students finish college. However, it is unclear whether the economy actually needs them. Some university graduates have to work as waiters or salespeople, jobs which obviously do not require any college education. At the same time, many high-paying machine operator or technician jobs remain open because college graduates lack the skills for these positions. To fix this problem, some experts suggest that more high schools teach skilled trades so that students can consider them instead of applying to university.

訳

教育と仕事

1950年代以前は、高等教育を受けるアメリカ人の割合はごくわずかだった。国内の工場や農場で仕事を見つけるには、基本的な読み書きができれば十分だった。わざわざ大学に出願するのは、最も賢く、野心的、あるいは裕福な学生に限られた。しかしそのようなエリート集団に入れば、大学生は卒業後、高給で地位も高い仕事がほぼ保証されていた。

今日、大学を卒業するアメリカ人学生の割合ははるかに高い。しかし、アメリカ経済が実際に彼らを必要としているかどうかは定かではない。大学卒業者の中にはウェイターや営業職として働かなければならない者がいるが、それらは明らかに大学教育を必要としない仕事だ。同時に、給料の高い機械オペレーターや技術者の仕事の多くには未だに多くの空きがあるのだが、それは大卒者がそうした職に必要な技能を持っていないからである。この問題を解決するため、学生が大学に出願するのではなく、熟練技能職を検討できるよう、より多くの高校がそうした職業教育を行うことを提案する専門家もいる。

■ 展開パターン

① 1950年代以前のアメリカの状況：多くの職業では、大学の学位を必要としなかったため、大学への進学率も低かった

② 現在の問題点とその解決法：大学への進学率は上がったが、仕事には生かされていない。今後は、高校で職業教育を施すべき

No. 7 What is one thing we learn about America before the 1950s?

1. Very few people worked in local factories.
2. **Higher education was unnecessary for most jobs.**
3. Rich students were guaranteed admission to college.
4. Many students received scholarships for college.

No. 8 What is one solution to the current job problem in America?

1. To employ more experienced professors.
2. To give everyone an advanced education.
3. To pay more money to hardworking employees.
4. **To train people for skilled jobs.**

訳 **質問 7**　1950 年代以前のアメリカについて分かる一つのことは何か。

1. 地元の工場で働く人々は非常に少なかった。
2. **高等教育はほとんどの仕事で不要だった。** 正解
3. 裕福な学生は大学入学を保証されていた。
4. 多くの学生が大学奨学金を受け取った。

質問 8　アメリカの現在の職業問題を解決する一つの方法は何か。

1. 経験豊かな教授をもっと採用すること。
2. すべての人に高等教育を与えること。
3. 勤勉な従業員にもっと賃金を払うこと。
4. **人々に熟練技能の訓練を施すこと。** 正解

解説　第 1 パラグラフでは、1950 年代以前のアメリカにおける教育と仕事の関係を述べている。「高等教育を必要としない職業が多かった」→「高校までの教育で十分だった」という流れが聞き取れると、質問 7 の正解 2 が選べる。

　Today から始まる第 2 パラグラフでは、単に 1950 年代以前と現在を比較するだけでなく、現在の雇用市場における問題点とその解決法へと話が展開する。求められる需要を大卒者は十分に満たしていないため、教育の見直しが必要とされている。質問 8 の正解は 4。

Vocabulary

□factory 工場　□literacy 読み書きの能力　□sufficient 十分な
□ambitious 野心的な、大望を抱いた　□bother わざわざ～する
□apply to（大学など）に出願する　□guarantee ～を保証する　□graduate 卒業生
□obviously 明らかに、はっきりと　□fix（問題など）を解決する
□skilled trade 技術を要する仕事、熟練労働職　□admission 入学許可　□scholarship 奨学金
□employ ～を雇う　□advanced 上級の、高度な

放送文と訳・解答・解説

 076

E *Drones to the Rescue*

The national parks of Africa were fighting a losing battle against illegal hunters, or "poachers." Since poachers mainly operated at night, it was almost impossible to catch them. Under these conditions, the number of endangered animals lost to poachers rose steadily. However, things started to change when drones were introduced into the nature reserves in South Africa, Botswana, Zimbabwe, and other African countries.

The vast grasslands and forests of these countries are now patrolled by so-called "Bathawk" drones. Since they are able to identify people from very far away, park rangers can arrive at a spot before poachers even get a chance to commit any illegal activity. The biggest advantage of the machines is that their special cameras can record animals and humans in the dark. Computers are also used to analyze the large amount of footage of the drones. Thanks to these devices, poaching has now declined in many parts of Africa.

訳

救助に向かうドローン

アフリカの国立公園は、違法ハンター、つまり「密猟者」と非常に不利な戦いを続けていた。密猟者は主に夜間行動したので、捕まえることがほぼ不可能だった。このような状況の下、密猟者の手に落ちる絶滅危惧動物の数は着実に増加した。しかし、南アフリカ、ボツワナ、ジンバブエなどのアフリカ諸国の自然保護区にドローンが導入されたとき、事態は変わり始めた。

これらの国々の広大な草原や森林を、今ではいわゆる「バットホーク」ドローンがパトロールしている。ドローンは非常に遠くから人々を識別できるので、密猟者が不法行為を行うチャンスをつかむ前にも、パークレンジャーは現場に到着できる。このドローンの最大の利点は、その特殊カメラが暗闇で動物や人間を記録できることだ。コンピューターをも用いて、ドローンの大量の画像が分析される。これらの装置のおかげで、今ではアフリカの多くの地域で密猟が減少している。

■展開パターン

① アフリカでは密猟者による野生動物の絶滅が心配される：対策としてドローンを導入

② Bathawk の利点：1) 離れた場所から人間を探知　2) 暗闇でもカメラで記録可能

164

Part 2 演習問題 2

No. 9 Why was it difficult to catch poachers?

1. They worked in large numbers.

2. They were active after sunset.

3. They had better weapons than park rangers.

4. They knew officials would not fight back.

No. 10 According to the speaker, what is one advantage of the drones?

1. They cost less than manned aircraft.

2. They can shoot at illegal hunters.

3. They detect people from long distances.

4. They can approach without any noise.

訳 **質問 9**　なぜ密猟者を捕まえることが難しかったのか。

1. 彼らは大勢で行動したから。

2. 彼らは日没後に活動したから。 正解

3. 彼らはパークレンジャーより良い武器を所持していたから。

4. 彼らは当局が反撃しないことを知っていたから。

質問 10　話者によると、ドローンの一つの利点は何か。

1. 有人機より安い。

2. 違法ハンターを銃撃することができる。

3. 遠く離れたところから人々を探知する。 正解

4. 音を立てずに近づくことができる。

解説　ドローンを使った密猟者の取り締まりに関するパッセージである。第 1 パラグラフでは、ドローンが導入された背景などの概要が説明される。密猟者は夜に活動するので、取り締まりが難しい。質問 9 の正解は 2。

　　第 2 パラグラフでは、導入されたドローン Bathawk の利点が具体的に述べられている。they（= Bathawk drones) are able to identify people from very far away とあり、かなり離れた場所から監視ができるため、密猟を未然に防ぐことができる。質問 10 は 3 が正解。

Vocabulary

□ drone ドローン（小型無人航空機）　□ rescue 救助、救援

□ losing battle 勝ち目のない戦い、負け戦　□ illegal 違法の、不法の　□ hunter ハンター、狩猟者

□ poacher 密猟者　□ endangered 絶滅の危機に瀕した、絶滅寸前の　□ steadily 着実に

□ nature reserve 自然保護区　□ vast 広大な、非常に広い　□ grassland 草原

□ so-called いわゆる　□ identify ～が誰であるかが分かる

□ park ranger 自然保護官、パークレンジャー　□ commit （犯罪などを）犯す

□ advantage 利点、長所　□ footage 映像　□ thanks to ～のおかげで　□ sunset 日没

□ fight back 反撃する　□ manned aircraft 有人機、有人航空機

□ detect ～を見つける、～を発見する

放送文と訳・解答・解説

077

F *The Game of Chess*

The game of chess is believed to have originated in the 6th century. Although the first clear reference to the game is found in a Persian manuscript, most historians agree that it was born in India. From the very beginning, chess resembled a battle between two armies. Apart from the eight foot soldiers in the first line, the original game had a King, a Minister, two elephants, two horses and two chariots, or horse-drawn battle carts.

When chess reached Europe at the end of the first millennium, it was instantly accepted and later had a huge cultural effect. However, the names of the pieces posed some problems. People did not know what an elephant was, and chariots were not used in wars anymore. The original names were therefore substituted with the most powerful positions and places of European society. The elephant thereby became the "bishop" and the chariot was renamed "castle" in most European languages.

訳

チェスというゲーム

チェスは6世紀に始まったとされる。チェスに関する初めての明確な記述はペルシャの文献に見いだされるが、ほとんどの歴史家はインドで生まれたと思っている。誕生早々から、チェスは2つの軍隊間の戦いに似ていた。第1列にいる8人の歩兵以外に、もともとのゲームには、王、大臣、2頭の象、2頭の馬、そして2台のチャリオット、つまり戦闘用馬車があった。

千年紀の終わりにチェスがヨーロッパに伝来すると、ただちに受け入れられ、後に大きな文化的影響を及ぼした。しかし、駒の名称がいくつかの問題をもたらした。人々は象が何であるか知らず、チャリオットはもはや戦で使われていなかった。そこで、もともとの名称は、ヨーロッパ社会で最も影響力のある地位や場所に取って代わられた。その結果、ほとんどのヨーロッパ言語で象は「ビショップ（司教）」に、そしてチャリオットは「キャッスル（城）」になった。

■ 時系列パターン

① チェスの起源：6世紀、インド、駒の種類

② ヨーロッパに伝来：10世紀末、駒の変化

166

Part 2 演習問題 2

No. 11 What do most historians agree about?

1. Chess was often played by warriors.
2. Chess rules changed very little.
3. Chess pieces were originally made of stone.
4. **Chess was first invented in India.**

No. 12 What was one problem with the game in Europe?

1. People could not accept the game's concept itself.
2. **Some figures of the board were unknown.**
3. It was hard to translate the rules for the pieces.
4. Bishops of the time objected to the game.

訳 **質問 11** ほとんどの歴史家は何について同意しているか。

1. チェスはしばしば戦士によってプレーされた。
2. チェスのルールはほとんど変わらなかった。
3. チェスの駒はもともと石でできていた。
4. **チェスは最初にインドで発明された。** 正解

質問 12 ヨーロッパにおいてチェスの一つの問題は何だったか。

1. 人々はチェスの概念自体を受け入れられなかった。
2. **盤面のいくつかの駒にはなじみがなかった。** 正解
3. 駒のルールを翻訳するのが難しかった。
4. 当時の司教がチェスに反対した。

解説 チェスの歴史を時系列で紹介している。第 1 パラグラフの冒頭では、チェスは 6 世紀に始まり、多くの歴史家はその発祥地をインドだとしている。質問 11 の正解は 4。当時の駒の種類などが説明される。

第 2 パラグラフの第 1 文で at the end of the first millennium とあるが、「時系列パターン」のパッセージでは、このような年代を表す語句は気をつけて聞くようにしよう。伝来したヨーロッパでもチェスの概念はすぐに受け入れられたが、However の後に問題点が挙げられる。駒のモデルになっているものが当時のヨーロッパに存在しなかったため、駒自体が変更された。質問 12 の正解は 2。選択肢の figures は pieces の言い換え。

Vocabulary

☐ originate 起源を持つ、起こる、始まる　☐ reference 言及（内容）
☐ manuscript 文書、書かれたもの　☐ historian 歴史家、歴史学者　☐ resemble ～に似ている
☐ apart from ～は別として、～以外に　☐ foot soldier 歩兵
☐ chariot 一人乗り二輪戦車、戦闘用馬車　☐ horse-drawn 馬に引かれた　☐ millennium 千年間
☐ instantly すぐに、直ちに　☐ pose ～をもたらす、～を引き起こす
☐ substitute A with B A を B で代用する、A の代わりに B を使う　☐ bishop 司教
☐ warrior 戦士、闘士　☐ invent ～を発明する、～を考案する　☐ figure （人間や動物などの）像
☐ translate ～を翻訳する　☐ object to ～に反対する

167

イギリス発音に耳を慣らそう

　準1級のリスニングテストにはイギリス発音の音声が含まれます。割合はそれほど多くありませんが、イギリス発音が苦手と思っている方にとっては、これも難易度を上げる要因になります。

　そこで、イギリス発音の苦手意識を克服するため、基本的な特徴を把握しておきましょう。本書の音声から同じ単語のアメリカ発音とイギリス発音を抜き出し、比較するための表を用意しましたので、これを参考にぜひ聞き比べてみてください。

*カッコ内の数字は音声開始からその単語が出るまでのおおよその時間。

✓	単語	アメリカ発音	イギリス発音
☐	can't	085 (18秒)	104 (3秒)
☐	sure	020 (7秒)	042 (20秒)
☐	more	110 (1分25秒)	127 (25秒)
☐	class	141 (26秒)	142 (41秒)
☐	castle	121 (1分8秒)	077 (1分4秒)
☐	baths	137 (1分32秒)	137 (0秒)
☐	adult	111 (13秒)	069 (31秒)
☐	schedule	116 (1分6秒)	061 (56秒)

　どのような違いに気がつきましたか。イギリス発音では、口を縦に長く開けるような形で母音を発音することが多いので、例えばcan'tは「キャント」ではなく「カーント」、moreは「モア」より「モー」のように聞こえます。また、adultはイギリス発音では前半のaに、アメリカ発音では後半のduにアクセントがつくことが多いという特徴があります。発音だけでなく、アクセントの位置が覚えていたものと異なれば、違った単語のように聞こえることさえあります。

　最後の単語scheduleをイギリス発音で初めて聞いた方は驚かれたと思います。このように微妙な違いから大きな違いまで、発音やアクセントの差が累積して文になるので、慣れないととまどうのは当然です。さらに、センテンスレベルでもイントネーションやリズムがアメリカ発音と違うところがあるので、上記のイギリス発音の単語が含まれる音声全体を何度も聞いて、徐々に耳を慣らしていくことをお勧めします。

Chapter 4

Part 3 攻略
―― Real-Life 形式問題を解く

Part 3 Real-Life 概要

1 問題形式

　Real-Life 形式の音声を聞き、質問に対する答えを 4 つの選択肢から選びます。問題数は全部で 5 問。問題用紙には、Situation、Question、選択肢がすべて印刷されていて、音声が流れる前にこれらを読むための時間が 10 秒与えられます。音声が流れるのは一度だけ。Question は印刷されているので、音声では流れません。正解を選ぶ時間は、パッセージの音声終了後の 10 秒です。

　Situation では、20 〜 35 語程度で状況が説明されます。必ず「you」が主語となりますが、これは受験者が you となり、Part 3 が自分の置かれた状況下で取るべき行動を選ぶ、という実用的な問題形式であることを示しています。そのため、実生活でありそうな、学校、仕事、買い物、病院などが場面として取り上げられます。パッセージは 80 〜 110 語程度で、読まれるスピードは Part 1 とほぼ同程度の 1 分間に150 語前後。施設でのアナウンス、各種説明や連絡、ボイスメール、音声ガイダンスなどが出題されますが、臨場感を出すために、効果音が入る場合もあります。

2 対策のポイント

❶ Situation の読み方

　Part 3 では、Situation をしっかり読むことが、正解を導く上で大変重要です。まずは、10 秒の間に you が置かれた状況を正確に理解することを最優先してください。また、Situation には正解を選ぶ際に必要となる条件がいくつか提示されることがあります。Situation を読みながら、これらに下線を引いたり、丸で囲んだりして強調し、パッセージで示される情報と照らし合わせる準備をしておきましょう。

❷ 質問文の読み方

　質問文は、それほど時間をかけて読む必要がありません。なぜなら、ほとんどがWhat should you do? で you が取るべき行動を問うものだからです。変形バージョンとしては、What should you do first/next? や Which ... should you choose?（どの…を選ぶべきか？）などがありますが、これらのパターンを知ってさえいれば、慌てることもないでしょう。

　ただし、What should you do to *do* ?と不定詞が続き、「〜するためにはどうすべきか？」を問うものには注意が必要です。不定詞の部分が条件として加えられている

2024年度から1〜3級の英検®が変わる！

大きく変わるのは … ライティング問題 … 「要約」問題が新設 … 「Eメール」問題が新設

1級 **準1級** **2級** **準2級** **3級**

＼ジャパンタイムズ出版の特設サイトが英検®の最新情報と対策方法を無料公開中／

特設サイト
http://jt-pub.com/eiken2024renewal

・英検®は、公益財団法人 日本英語検定協会の登録商標です。
・このコンテンツは、公益財団法人 日本英語検定協会の承認や推奨、その他の検討を受けたものではありません。

2024年度からの英検®リニューアル内容（日本英語検定協会 HP より転載）

級	一次試験				二次試験
	筆記試験		試験時間	Listening	Speaking
	Reading	Writing			
1級	41問→35問 ・大問1: 短文の語句空所補充 →3問削除（単語問題） ・大問3: 長文の内容一致選択 →3問削除（設問 No. 32-34）	英作文問題の出題を1題から2題に増加 既存の「意見論述」の出題に加え、「要約」問題を出題	変更なし （100分）	変更なし	変更なし
準1級	41問→31問 ・大問1: 短文の語句空所補充 →7問削除（単語問題） ・大問3: 長文の内容一致選択 →3問削除（設問 No. 32-34）	既存の「意見論述」の出題に加え、「要約」問題を出題	変更なし （90分）	変更なし	受験者自身の意見を問う質問（No. 4）に話題導入文を追加
2級	38問→31問 ・大問1: 短文の語句空所補充 →3問削除（文法問題など） ・大問3B: 長文の内容一致選択 →4問削除（設問 No. 30-33）	英作文問題の出題を1題から2題に増加	変更なし （85分）	変更なし	変更なし
準2級	37問→29問 ・大問1: 短文の語句空所補充 →5問削除（熟語問題など） ・大問3B: 長文の語句空所補充 →3問削除（設問 No. 28-30）	既存の出題に加え、「Eメール」問題を出題	時間延長 （75→80分）	変更なし	変更なし
3級	変更なし	英作文問題の出題を1題から2題に増加	時間延長 （50→65分）	変更なし	変更なし

ため、ここはできるだけ見ておくようにしましょう。

❸ 選択肢の読み方

　Part 3 では、音声が流れる前に Situation、Question、選択肢をすべて読むことができますが、すべてを読もうとすると時間が足りなくなることが考えられます。その場合には、選択肢よりも Situation の情報をつかむことを優先させましょう。Part 3 の選択肢はほかのパートより短く、動詞句または名詞ですので、パッセージを聞いた後の 10 秒で選ぶことも可能です。ただし、選択肢に固有名詞が並んでいる際には、これらを見ながらパッセージを聞くと選びやすく、効率的です。

❹ メモ取り

　メモを取ることで聞き取りがおろそかになるのは、最も避けたいことです。あくまでもパッセージの聞き取りを優先するべきですが、Situation で金額、日付、曜日、時刻などが条件に含まれる場合には、パッセージでも数字に関連する情報が与えられると予想されます。数字はメモが取りやすいので、正解選びに必要と思われる場合は、無理のない範囲でメモしておきましょう。あるいは、メモは取らずに、音声を聞きながら不正解の選択肢にバツをつけていく方法もお勧めです。本書の練習問題・模擬試験を解きながら、自分にとって最善の方法を見つけるようにしてください。

❺ 固有名詞

　Part 3 では、パッセージに地名、人名、商品名などの固有名詞が含まれることがよくあります。固有名詞は、音だけでは聞き取りにくく、それが何であるかの判断が難しいことがあります。ただ、そのような場合には、選択肢にこれらの固有名詞が含まれることがほとんどなので、選択肢を見ながら音声を聞き、間違いの選択肢を消していく方法が良いでしょう。

❻ 選択肢の言い換え

　Part 3 の選択肢には、ほかのパートにあるような難しい言い換えはほとんど見られません。あくまでも、Situation をきちんと理解し、パッセージが聞き取れていれば、正解を選べると考えてください。その意味でも、選択肢を選ぶのにほかのパートほど時間を必要としません。

❼ パッセージのパターン

　Situation を読み、場面設定や条件を把握した後にパッセージを聞くことになりますが、その際に Part 3 のパッセージのパターンを知っておくとより正解が見つけやすくなります。次のセクションでは、Part 3 のパッセージを難易度別に 3 つのパターンに分け、それぞれの聞き方を例題とともに見ていくことにしましょう。

3 | パッセージのパターン

　Part 3 のパッセージは比較的シンプルなものから、かなりトリッキーなものまでさまざまです。1 回の試験で出題される 5 問の中でも難易度が分かれます。そこで、ここでは難易度を 3 つに分類し、「難易度低」「難易度中」「難易度高」としました。「難易度低」と「難易度中」の問題は、以下を参考に必ず正解するようにしましょう。「難易度高」の問題は、出題方法のパターンをよく理解し、落ち着いて対処することを心がけてください。

　では、3 つのパターンを順番に見ていきましょう。

パターンA 難易度低

まずは問題に挑戦してください。　　　　　　　　　　　　　🔊 078

Situation: You missed a college class yesterday due to illness. You need to catch up on the work. You ask a classmate about the class and are told the following.

Question: What should you do?

　　1. Join a book discussion club.
　　2. Talk to Mr. Jensen.
　　3. Review last week's assignment.
　　4. Read an article given in class.

🔲 解説

　シチュエーションでの条件は、1) 大学の授業を欠席した、2) 勉強の遅れを取り戻したい、の 2 点。クラスメートの話を聞き、勉強の遅れを取り戻すために何をすべきかを聞き取る。

Part 3 Real-Life 概要

I hope you're feeling better. I don't think you missed too much in the class yesterday. For the first 20 minutes we talked about the reading that was assigned last week, but there was nothing very important in that discussion. After that **Mr. Jensen gave us another article to read and discuss in small groups. I have an extra copy for you.** It's in this folder somewhere. Oh yes, here it is. It's not very long and it's quite straightforward, but just ask me if anything doesn't make sense.

ここが重要！

シチュエーションを読み「授業の遅れを取り戻すためには何をすべきか?」を待ち構えながら聞く。パッセージ中ほどで、Mr. Jensen gave us another article to read ... とあるが、昨日の授業を欠席した you は、この記事を持っていない。クラスメートがコピーをくれたので、この記事を読むことで遅れを取り戻せるはずだ。したがって、正解は 4。

これは、最もシンプルでやさしいパターンのパッセージである。待ち構えていた情報が、パッセージのどこかで出てきて「これだ!」と気づけば、すぐに正解が選べる。**条件に合わないような情報がないため、迷うことなく素直に正答できる。**後半に多少トリッキーな情報が含まれる場合もあるので、最後まで聞く必要はあるが、関係のない情報であれば聞き流し、正解にマークしよう。

訳 シチュエーション：あなたは病気のため、昨日大学の授業を休んだ。勉強の遅れを取り戻す必要がある。クラスメートに授業のことを聞くと、次のように伝えられる。

気分が良くなっているといいんだけど。昨日の授業で聞き逃したことはそんなに多くないと思うよ。最初の20分は先週出されたリーディングの課題について話し合ったんだけれど、ディスカッションの中で特に重要なことは何もなかった。その後、イェンセン先生から別の記事を渡され、それを読んで小グループで議論したんだ。君に余分なコピーを1部あげるよ。このフォルダーのどこかに入っているんだ。ああそう、ここにある。そんなに長くないしとても分かりやすいけど、何か分からないことがあったら僕に聞いてね。

質問：あなたは何をすべきか。
1. 読書クラブに参加する。
2. イェンセン先生と話す。
3. 先週の課題を見直す。
4. **授業で配られた記事を読む。** 正解

Vocabulary
- due to 〜が原因で、〜のために　□ catch up on（仕事など）の遅れを取り戻す
- book discussion club 読書クラブ　□ assignment 課題、宿題
- assign 〜を与える、〜を割り当てる　□ article（新聞などの）記事
- folder フォルダー、紙ばさみ（クリアファイル）　□ straightforward 簡単な、分かりやすい
- make sense 意味がはっきりしている、分かりやすい

173

パターンB　難易度中

まずは問題に挑戦してください。　　　　　　　　　　　079

Situation: Your male co-worker is leaving. You plan to buy him a gift and you speak to another co-worker who suggests the following.

Question: What should you do?

1. Buy a science-fiction novel.
2. Contribute to a group gift.
3. Give him a gift certificate.
4. Speak to Elizabeth Green.

解説

　男性の同僚が退職するので何か餞別を贈りたい、という状況を理解する。パッセージで流れるもう一人の同僚の話を聞きながら、you が取るべき行動を待ち構えながら把握するようにする。

Oh, I never know what to get when people leave! I prefer it when someone organizes a group gift so I don't have to think about it. Elizabeth Green usually volunteers — she always has such great ideas — but she's on vacation for the next two weeks. Anyway, he's always got his nose in a science-fiction novel, so that's one option. Actually, that could be tricky. He reads so much, you might buy him something he's read before. **On second thought, a voucher for a bookstore might be safer.**

ここが

重要！　同僚からの最初の提案は、group gift として皆で餞別を贈るというもの。「いつもは Elizabeth Green がまとめてくれるのだけれど……」と言った後、but ... が続く。彼女が休暇中なのでこれはできない。次の提案は、SF 小説を贈ることだが、Actually ... の後で否定している。最後に、図書券が安全だとしていることから、正解は 3。

　パターンＡでは、正解がすぐに特定でき、ほかの情報は無関係だった。一方、パターンＢでは、**条件を満たさない選択肢を除外しながら、正解を特定する必要がある。**このパターンでよく見られるのは、条件に合いそうな選択肢を挙げた上で、その後 but、however、actually、in fact などを使い、正解の条件と食い違う情報が加えられるというもの。この点に注意しながら、不正解の選択肢を除外していこう。パッセージで与えられる選択肢を一つずつ落ち着いて判断することができれば、無理なく正解できる問題である。

> **訳　シチュエーション**：男性の同僚が退職する。あなたはその人に餞別を贈ろうと思い、もう一人の同僚に話すと次のように提案される。
>
> うーん、退職する人に何を買ったらいいか全然分からないわ。誰かが皆でお餞別を贈る手配をしてくれて、私は何も考える必要がない方がいいんだけど。普段はエリザベス・グリーンさんが買って出てくれて――彼女のアイデアはいつも素晴らしいでしょう――でも向こう2週間は休暇に出ているのよ。とにかく、彼はいつもSF小説を熱心に読んでいるから、それは選択肢の一つね。でも実のところ、それは危ないかもしれない。彼はとてもたくさん読んでいるから、以前読んだものを買うことになるかもしれない。よく考えたら、図書券が安全かもしれないわね。
>
> **質問**：あなたは何をすべきか。
>   1. SF小説を買う。
>   2. グループで贈る餞別にお金を出す。
>   3. **商品券をあげる。** 正解
>   4. エリザベス・グリーンに話す。

Vocabulary

- co-worker 同僚　□ contribute to 〜に寄付する　□ gift certificate 商品券
- prefer 〜を好む　□ organize 〜を手配する、〜の段取りをする
- volunteer 買って出る、進んで引き受ける　□ on vacation 休暇で
- have got (= have) one's nose in a book (本) を熱心に読んでいる
- science-fiction novel SF小説　□ tricky 微妙な、際どい、慎重を要する
- on second thought よく考えてみると　□ voucher 商品引換券、クーポン

パターンC　難易度高

まずは問題に挑戦してください。

Situation: You decide to become a member of your local movie theater. You tend to watch movies alone. You usually go on weekends. You visit the theater and are told the following.

Question: Which option should you choose?

1. The gold package.
2. The silver package.
3. The bronze package.
4. The standard package.

解説

シチュエーションから読み取れる条件は、1）地元の映画館の会員になりたい、2）映画は一人で見る、3）映画は週末に見る、の3つ。選択肢の package に注意しながら、条件を満たすものを聞き取る。

Here's the price list. The best membership package is the gold one, which can be used on any movie at any time. It entitles a couple to one-third off their tickets, and a 50% discount on snacks and beverages. We also have a silver package which offers the same thing, but excludes showings from Friday through Sunday. **The bronze package can be used on any day of the week, but it's only for one person.** And finally there's the standard package, which is valid for one person without a food and drink discount. You can use it exclusively on weekdays.

> **ここが重要！**
>
> 最初の gold package はカップル向けなのですぐに除外。silver package も同様にカップル向け、しかも週末は利用できないので除外される。次の bronze package は ... can be used on any day of the week と毎日利用でき、一人用なので、すべての条件を満たす。最後の standard package も一人用なので良さそうだが、You can use it exclusively on weekdays. とあり、平日しか利用できないため除外される。したがって、正解は3の bronze package。
>
> このパッセージにはいくつかのトリックがある。1）silver package の説明に which offers the same thing とあるが、the same thing の内容は前の gold package の内容を覚えていなければ分からない。2）正解の bronze package は、毎日利用できる。you は週末の利用が多いことが条件だったが、毎日使えるのであれば問題ない。3）standard package も条件を満たしそうに見えるが、最後の exclusively on weekdays で除外される。
>
> 「難易度高」としたのは、これらのトリックがあることに加え、最後が正解・不正解の決め手になるからである。つまり、最後の最後で新たな情報が加えられ、それが紛らわしい選択肢の中から正解を選ぶポイントになる。かなりトリッキーな問題もあるため、判断できない場合には、いつまでも気にすることなく、気持ちを切り替えてすぐに次の問題に取り組む姿勢を持つことも重要である。

訳 **シチュエーション：** あなたは地元の映画館の会員になることを決める。映画は一人で見ることが多い。たいてい週末に行く。映画館を訪れると次のように告げられる。

こちらが価格表です。最良の会員パッケージはゴールド・パッケージで、いつでもどんな映画にもご利用いただけます。カップルの場合はチケット価格が3分の1割引きになり、スナックと飲み物は半額になります。同じ内容をご提供するシルバー・パッケージもございますが、金曜日から日曜日までの上映作品は除外されます。ブロンズ・パッケージは何曜日でもご利用いただけますが、お一人様分のみになります。そして最後にスタンダード・パッケージがございまして、飲食物の割引なしでお一人様に有効です。これは平日のみご利用になれます。

質問： あなたはどのような選択をすべきか。
  1. ゴールド・パッケージ。
  2. シルバー・パッケージ。
  3. ブロンズ・パッケージ。 正解
  4. スタンダード・パッケージ。

Vocabulary

□ movie theater 映画館　□ tend to *do* ～する傾向がある
□ entitle A to *do* A に～する権利［資格］を与える　□ discount 割引、値引き
□ beverage 飲み物、飲料　□ exclude ～を除外する　□ valid for ～に有効な、～に効力のある
□ exclusively もっぱら、～のみに　□ on weekdays 平日に

　　Part 3 の出題パターンが分かったところで、次のページからは Part 3 の頻出テーマを順番に見ていくことにしましょう。

Part 3　テーマ別練習問題

a｜買い物　①②③④　◀081

Situation: You return an uncomfortable trench coat to the store where you bought it. You <u>ask for a refund</u> and the store assistant tells you the following.

> 返金を求めていることをチェック！

Question: What should you do next?

> 注意

1. Pay the difference in price.
2. Choose a new trench coat.
3. Go to the changing rooms.
4. Give the assistant your receipt.

b｜趣味・レジャー　①②③④　◀082

> 一緒に座ることが条件

Situation: You and your partner see a play, but your seats have a poor view. <u>You want to sit together.</u> You complain to a member of staff and are told the following.

Question: What should you do <u>to get a better view?</u>

> これも条件

1. Pay extra for seats on the main floor.
2. Borrow a pair of binoculars.
3. Go to the edge of the mezzanine.
4. Move seats within the balcony.

178

c 学校・大学　①②③④ ◀083

Situation: Your tutor will have a minor operation and be away from college for two weeks. However, <u>she will allow students to contact her during this time</u>. She tells the class the following.

連絡の取り方を聞き取る

Question: What should you do <u>to contact your tutor</u>?

1. Call the tutor during regular office hours.
2. Send a text message by phone.
3. Get in touch with her after 5 p.m.
4. Make a video call in two weeks' time.

d 仕事・雇用　3つの条件を押さえる　①②③④ ◀084

Situation: <u>You have been asked to book a conference room on March 3</u>. <u>Eighty people</u> will attend. The room must be <u>fully equipped</u>. The administrator of a conference venue leaves you this voicemail message.

Question: What should you do?

1. Make a booking for the Leonard Room.
2. Inquire about equipment in the Milton Room.
3. Try to find a different venue.
4. Contact the engineer the next business day.

e 交通機関 ①②③④ ◀ 085

Situation: You attend a job interview in an unfamiliar city. It is important to arrive looking neat. You ask a local person how to reach the company office and are given this information.

Question: What should you do?
1. Ride the subway two stops.
2. Get a taxi to Peter Street.
3. Walk through the town center.
4. Take a bus to Wellington Avenue.

キーワードを先見する

f 住宅 ①②③④ ◀ 086

2つの条件を押さえる

Situation: You are selling your house. Potential buyers say the living room is too dark. You want to spend as little as possible on it. An interior designer gives you this advice.

Question: What should you do to improve the living room?
1. Paint the walls with white or cream paint.
2. Hang some different curtains at the windows.
3. Put a large mirror on the main wall.
4. Change the color of some parts of the room.

これも条件

Part 3 テーマ別練習問題

g 自動音声案内　　電話の目的をチェック！　　①②③④　◀ 087

Situation: You have lost your ATM card on vacation. You call your bank to <u>cancel the lost card</u>. You hear the following information.

Question: What should you do first?　　注意

1. Enter your security code.
2. Call a different number.
3. Press four on your keypad.
4. Wait to speak to an operator.

放送文と訳・解答・解説

a 買い物

◀ 081

Situation: You return an uncomfortable trench coat to the store where you bought it. You ask for a refund and the store assistant tells you the following.

I'm afraid I can't offer a refund on a trench coat, even though you've shown me your receipt. The assistant should have explained that when you bought it. However, if you're saying it's uncomfortable, we can offer you an exchange instead. You can choose another coat from the store to replace this one. If the price of the new coat is the same or lower, it's an easy swap. If the new coat costs more, you'll have to pay the difference. When you're ready, go to the changing rooms and make sure it fits comfortably this time! The changing rooms are just over there, next to the stairs.

訳

シチュエーション: あなたは着心地の悪いトレンチコートを買った店に返品する。返金を求めると、店員があなたに次のように告げる。

恐れ入りますが、レシートを見せていただいても、トレンチコートの返金はいたしかねます。お客様がお買い求めの際に、店員が説明すべきでした。ですが、着心地が悪いとおっしゃるのでしたら、代わりに交換は可能です。こちらのコートのお取り替えとして、別のコートを店内からお選びいただけます。新しいコートのお値段が同じかそれ以下の場合、交換は簡単です。新しいコートの方が高い場合には、差額をお支払いいただくことになります。準備が整いましたら、試着室に行っていただき、今度は着心地に問題がないかお確かめください。試着室はちょうどあちら、階段の隣にございます。

```
┌──────────────────────────────────────────┐
│  頻出シチュエーション   買い物              │
│  1. 商品の交換・返品・修理                   │
│  2. 目的や予算に合う商品の選択               │
│  3. セール、クーポンによる節約・支払い方法     │
└──────────────────────────────────────────┘
```

Question: What should you do next?

1. Pay the difference in price.
2. **Choose a new trench coat.**
3. Go to the changing rooms.
4. Give the assistant your receipt.

訳 **質問：** あなたは次に何をすべきか。

1. 値段の差額を払う。
2. 新しいトレンチコートを選ぶ。 正解
3. 試着室に行く。
4. 店員にレシートを渡す。

解説　Part 3 では実生活であり得る場面が扱われるが、中でも「買い物」のシチュエーションは多い。スーパーやデパートなどでの買い物はもちろんのこと、レストランで食事をしたり、車を修理に出すというような場面も考えられる。ほとんどのシチュエーションで、you は買い物をする本人（消費者）。一方、流れる音声は、店員などサービスを提供する者や、メディアによる情報（広告）などだ。

　頻出のシチュエーションとしては、1) クレーム、2) 商品選び、3) 節約、と考えるとよいだろう。「クレーム」とは、商品を買ったが不良品だったり、違う商品が届いたり、期日までに届かなかったりなどで、交換や返金を求めるような場面である。店側がすぐに応じる場合もあるし、クーポンやクレジットで対応することもある。「商品選び」では、選択肢に商品名が並ぶ。シチュエーションで予算や好みなどの条件が与えられ、パッセージを聞きながらどの商品を買うべきかを選ぶことになる。そのような場合には、選択肢を見ながら聞くようにしよう。「節約」とは、買い物の際にどうすれば最も節約できるかを問う問題である。セールの情報やクーポンの有無、会員であるかどうかなどがポイントになる。

　この問題でのシチュエーションは、コートを買ったが返品し、全額返金を求めるというもの。店員の話では、返金 (refund) をすることはできないが、we can offer you an exchange と、店内のほかの商品と交換することは可能だという。You can choose another coat from the store to replace this one. と言っていることから、客が最初にするのはコートを選ぶこと。したがって正解は2。「交換する」を、exchange のほか、replace、swap などに言い換えていることに注意しよう。選択肢の 1 や 3 についてもパッセージで触れてはいるが、「試着室に行く」のは気に入ったコートを選んだ後であり、それが以前購入したコートよりも高額である場合に「差額を払う」ため、What should you do next? に対する解答にはならない。

Vocabulary

□ uncomfortable 不快な、心地良くない　□ refund 払い戻し金、返金
□ exchange 交換、取り替え　□ replace ~を取り替える　□ swap 交換、取り替え
□ pay the difference 差額を払う　□ changing room 試着室、フィッティングルーム
□ fit（服などが）合う

放送文と訳・解答・解説

b 趣味・レジャー　　　　　　　　　　　　　　　　　　　◀ 082

Situation: You and your partner see a play, but your seats have a poor view. You want to sit together. You complain to a member of staff and are told the following.

I'm sorry you can't see. Unfortunately, this is why tickets in the balcony are cheaper and people bring binoculars. If you don't mind being separated, I can reallocate seats within the same section but closer to the stage. Another option is to move down to the mezzanine and stand at the side of the theater. It's less comfortable but you'll have a clear view. There are also unoccupied seats on the main floor but not in pairs, and you'd have to pay more. Oh, just a moment. I'm checking again and there was a cancellation. That means I could move you forward four rows to D6 and D7.

訳

シチュエーション：あなたとパートナーは芝居を見るが、自分たちの席からはよく見えない。あなた方は一緒に座りたい。スタッフの一人に苦情を言うと次のように告げられる。

よくご覧になれなくて申し訳ありません。あいにく、バルコニー席のチケットがお安いのはそのためでして、お客様方は双眼鏡をお持ちになられます。別々の席でよろしければ、同じ区分内でもっと舞台に近いところにお移りいただけます。もう一つの選択肢は中2階席に降りて、ホール端に立っていただくことです。あまり居心地は良くありませんが、はっきりとご覧になれます。1階席にも空席がございますが、お2人の並び席はなく、追加料金をお支払いいただく必要もあります。あっ、少しお待ちください。再度お調べしたところ、キャンセルが出ました。ですので、4列前のD6とD7に移動していただけます。

> ┌───┐
> │　**頻出シチュエーション**　　趣味・レジャー
> │　**1.** 座席の予約・変更・キャンセル
> │　**2.** 日時や希望に合う活動・レッスンの選択
> │　**3.** 家族で訪れる場所や活動の決定
> └───┘

184

Part 3 テーマ別練習問題

Question: What should you do to get a better view?

1. Pay extra for seats on the main floor.
2. Borrow a pair of binoculars.
3. Go to the edge of the mezzanine.
4. **Move seats within the balcony.**

訳 **質問：**もっとよく見えるようにするために、あなたは何をすべきか。

1. 追加料金を払って1階席にする。
2. 双眼鏡を借りる。
3. 中2階席の隅に行く。
4. バルコニー内で席を移動する。 正解

解説 「趣味・レジャー」ではさまざまなシチュエーションが取り上げられるが、you 本人の趣味に関するものと、家族（主に子供）と楽しむレジャーとに大きく分けることができる。「趣味」では、映画や観劇、スポーツ観戦などの席の確保から、カルチャーセンターの講座を受講したり、フィットネスクラブの会員になるといった話題もある。いずれも、シチュエーションに日時や予算、希望などが書かれているので、その条件に合うものを選ぶ形式だ。「レジャー」の場合には、子供とともに公園や動物園などを訪れ、そこで「何をすべきか」を問われることが多い。子供の年齢や好み、所要時間と出発時間との兼ね合いなどを考慮して正解を選ぶことになる。シチュエーションをしっかり読み、条件を把握した上で聞いていこう。

この問題では、観劇に来たカップルが、ステージがよく見えないためほかの席に移りたいと希望している。条件は2人で一緒に座って見ること。元の席は balcony（階上席）だが、If you don't mind being separated, I can reallocate seats within the same section ... とあるように、balcony 内でもっと前の席となると別々の席になってしまう。reallocate は allocate（～を割り当てる）に re-がついた形で、「～を割り当てし直す」つまり「新たな席を割り当てる」の意味。another option として mezzanine（中2階席）の立ち見席もあるが、「座って観劇する」という条件に合わない。balcony や mezzanine は劇場で使われる用語なので、特にリスニングでは分かりづらいが、move down to the mezzanine と言っていることから、balcony よりも mezzanine の方が下の階であると推測できる。main floor（1階席）にも空席はあるが、not in pairs なので2人並んで座ることはできない。さらに you'd have to pay more と、main floor の席はより高額であることが伝えられる。今回は条件に予算が含まれていないが、このような問題では金額も絡んでくることが多いと覚えておこう。

ほかに方法がないかと思っていたところ、キャンセルが出たため、I could move you forward four rows to D6 and D7 と言われた。rows とは横列を指し、4列前に移動することができるという。D6と D7 ということは隣り合った席なので、元の席よりステージに近く、2人で一緒に座るという条件にも合う。したがって正解は4。

Vocabulary

□ view 眺め、視界　□ unfortunately 残念なことに、あいにく　□ balcony バルコニー席、階上席
□ binoculars 双眼鏡　□ reallocate ～を再割り当てする　□ section 区画、区分
□ mezzanine 中2階席　□ unoccupied（座席などが）空いている　□ in pairs 2人1組で
□ forward 前方に　□ row（座席の）列　□ pay extra 追加料金を払う

185

c 学校・大学

083

Situation: Your tutor will have a minor operation and be away from college for two weeks. However, she will allow students to contact her during this time. She tells the class the following.

As most of you know, I'm having surgery on my eye next week. I'll be recovering at home for two weeks, but you're welcome to contact me during that period. I'm not sure how quickly my sight will return, so please avoid any written communication. The best thing to do is call. One thing I would ask, though, is that you observe normal college hours. If you contact me after five, don't be surprised when nobody picks up! Someone also asked me about video calling. While that's generally fine, in the present circumstances I'd ask you to stick to audio.

シチュエーション：あなたの先生は簡単な手術を受けるため、2週間大学を休む。しかし、彼女はこの期間中に学生が連絡を取れるようにする。彼女はクラスに次のように告げる。

ほとんどの方がご存じのように、私は来週、目の手術を受けます。2週間の自宅療養で回復するでしょうが、その間、私に連絡をくれても構いません。視力がどれくらい早く回復するか分からないので、文字による連絡は避けてください。一番いいのは電話です。でも一つお願いしたいのは、通常の大学の業務時間を守っていただきたいことです。5時過ぎに連絡があった場合、誰も電話に出なくても驚かないでくださいね。ビデオ電話について尋ねた方もいました。いつもならそれでいいのですが、今の状況では音声のみでお願いします。

頻出シチュエーション　学校・大学

1. 先生・教授からの授業に関する指示
2. 大学でのオリエンテーションや授業の取り方、専攻の決め方
3. 留学、インターンの条件・手続きなど

Part 3 テーマ別練習問題

Question: What should you do to contact your tutor?

1. **Call the tutor during regular office hours.**
2. Send a text message by phone.
3. Get in touch with her after 5 p.m.
4. Make a video call in two weeks' time.

訳 **質問：** 先生に連絡を取るには、あなたは何をすべきか。

 1. 通常の業務時間内に電話をする。 **正解**
 2. 携帯でテキストメッセージを送る。
 3. 午後 5 時以降に連絡する。
 4. 2 週間後にビデオ電話をする。

解説 「学校・大学」がテーマの場合には、シチュエーションで設定される you は学生であることが圧倒的に多い。パッセージでは、先生、教授、カウンセラーなどの話を聞き、you が「何をすべきか」が問われる。先生や教授の話である場合には、授業を取る際の条件や試験の準備、成績に関してなどが話題になりやすい。シチュエーションで you の希望や条件を理解した上で、取るべき行動、最初にすべきことなどを解答する。ほかにも、プレゼンをした学生に対する教授からのアドバイスを聞き、「you はどうすべきか」を問うケース、あるいは、大学での授業の取り方や専攻の決め方など、オリエンテーションでのカウンセラーやアドバイザーの話を聞くこともある。さらに、キャンパスツアーや大学寮の情報、留学やインターンシップなども想定されるトピックだ。

 ここでは、手術後に 2 週間の自宅療養をする先生との連絡の取り方がテーマ。パッセージは先生からの指示であるため、「どうすれば連絡が取れるのか」を聞き取るようにしよう。単刀直入に「こうしてほしい」と伝えるだけでなく、「これはしないでほしい」のような条件も提示されるため、惑わされないよう気をつける必要がある。

 先生は you're welcome to contact me during that period とは言っているものの、目の手術をするため、please avoid any written communication との条件が付く。これにより、選択肢 2 は除外される。text message とは携帯メールのことなので、目の手術後に避けるのは当然だろう。The best thing to do is call. とした上で、大学での業務時間を守ってほしい (observe normal college hours) と述べている。この部分がヒントとなり、正解は 1。選択肢では normal が regular に言い換えられている。call（電話をする）を選択肢 3 の get in touch に言い換えることはできるが、5 時以降は normal college hours ではない。4 はやや難しい。ビデオ電話 (video calling) は通常なら問題ないが、先生はこの状況では stick to audio と頼んでいる。stick to は「〜を堅持する、〜を貫く」の意味。audio は「音声」、つまり、ここでは電話のことなので、映像ではなく音声のみのコミュニケーションを希望している。2 週間後 (in two weeks' time) に関する言及もないので 4 は不適切。

Vocabulary

□ tutor（大学の）講師、指導教員　□ minor ちょっとした、軽い　□ surgery 手術
□ recover 回復する　□ sight 視力　□ observe 〜を守る、〜に従う　□ pick up 電話に出る
□ video calling ビデオ電話　□ circumstance 状況、環境
□ stick to 〜を堅持する、〜に固執する、〜を貫く　□ get in touch with 〜に連絡する
□ in 〜 weeks' time 〜週間後に

187

d 仕事・雇用

Situation: You have been asked to book a conference room on March 3. Eighty people will attend. The room must be fully equipped. The administrator of a conference venue leaves you this voicemail message.

Hello, this is Nick from the Westover Center. You asked for details of conference rooms available on March 3. There are only two rooms free on that date: the Leonard Room, which holds up to 90 people, and the Milton Room, which has roughly half that capacity. Now, there's a slight complication with the Leonard because the projector's developed a fault, and the engineer isn't coming until March 13 — so depending on the format your conference will take, you might need to try another center. But do give me a call back tomorrow if you want to make a reservation. Thanks!

訳

シチュエーション：あなたは 3 月 3 日に使う会議室を予約するよう頼まれた。出席者は 80 人である。部屋の設備は完備されていなければならない。会議場の管理者が次のような音声メッセージをあなたに残す。

もしもし、こちらはウエストオーバー・センターのニックです。3 月 3 日に使用可能な会議室の詳細についてお尋ねでしたね。その日空いているのは 2 部屋のみとなります。最大 90 人収容のレナード・ルームと、その約半数が入れるミルトン・ルームです。ところで、レナード・ルームには少々困った問題があります。プロジェクターが故障しているのですが、エンジニアが 3 月 13 日まで来られないのです。ですからお客様の会議の形式によっては、別のセンターをあたる必要があるかもしれません。それでももし予約されたい場合には、明日折り返しお電話をいただけますでしょうか。よろしくお願いします。

頻出シチュエーション　仕事・雇用

1. 仕事上の連絡事項（録音メッセージなど）
2. 同僚からの申し送り
3. 大学生の求職（アルバイト、インターン）

Question: What should you do?

1. Make a booking for the Leonard Room.
2. Inquire about equipment in the Milton Room.
3. **Try to find a different venue.**
4. Contact the engineer the next business day.

訳 **質問：**あなたは何をすべきか。

1. レナード・ルームを予約する。
2. ミルトン・ルームの設備について尋ねる。
3. **別の会場を見つけるよう試みる。** 正解
4. 翌営業日にエンジニアに連絡する。

解説 「仕事・雇用」に関する話題は、日常的な買い物や学校と比較すると、準1級での出題はさほど多くないが、押さえておくべきテーマの一つだ。シチュエーションとしては、社内と社外に大別される。同僚間の連絡事項が録音メッセージなどで流れ、you が取るべき行動を選ばせるような問題や、社外の顧客や業者からの連絡のこともある。また、you が大学生という設定で、学内でのアルバイトを探したり、教授にインターンや就職に関する相談をしたり、推薦状を書いてくれるように依頼したりというシチュエーションがあるのも準1級の特徴である。状況が分かりづらいこともあるため、最初に you の設定をしっかり頭に入れた上で聞くことが重要である。

　ここでは、you が会議室の予約をしようとしているという設定だ。条件は、1) 3月3日であること、2) 80人収容できる部屋であること、3) 設備が整っていること、の3点。担当者からのメッセージを聞き、取るべき行動を答えよう。3月3日に使用できる2部屋のうち、80人が収容できるのはレナード・ルームのみ。部屋の収容人数を表す際には、ここで登場した hold のほかに accommodate、seat なども使うことができる。ミルトン・ルームについては、... has roughly half that capacity と言っているが、that capacity とはレナード・ルームの収容人数である90人を指すため、ミルトン・ルームの収容人数は約45人。ただ、レナード・ルームはプロジェクターが3月13日まで使用できないため、設備が整わず条件に合わない。depending on the format your conference will take とは「会議の形式によっては」、つまり「設備を使用する必要がある場合には」の意味なので、you might need to try another center が you の取るべき行動となる。ウエストオーバー・センターには条件に合う会議室がないため、ほかの場所を探すことになり、正解は3。

Vocabulary

□ book 〜を予約する　□ conference room 会議室　□ fully equipped 設備が完全に整った
□ administrator 管理者　□ venue 開催場所、会場　□ detail 詳細、細部
□ available 利用できる、使用できる　□ up to 最大〜まで　□ roughly おおよそ、約
□ capacity 収容能力、定員　□ complication 面倒な事態、厄介な問題
□ projector プロジェクター、投影機　□ fault 故障、欠陥　□ depending on 〜次第で、〜に応じて
□ format 形式、形態　□ make a reservation 予約する　□ make a booking 予約する
□ equipment 設備、備品

e 交通機関

Situation: You attend a job interview in an unfamiliar city. It is important to arrive looking neat. You ask a local person how to reach the company office and are given this information.

Oh, I know that company! You can't miss their office because it's the tallest building in town. It's an easy journey through the town center on foot but the rain will ruin your outfit. I'd usually suggest taking the number 32 bus. The problem is, it's not running this week because of works on Wellington Avenue. You could take the subway two stops but honestly, it's so crowded at this time of day and no cheaper than a taxi. If I were you, I'd get a cab — just ask for Peter Street. And good luck with the interview! I hope you get the job.

訳

シチュエーション：あなたは見知らぬ都市で就職面接を受ける。きちんとした身なりで到着することが重要である。会社に着く方法を地元の人に尋ねたところ、次のような情報を得る。

ああ、その会社なら知っています。街で一番高いビルですから、見逃すことはありませんよ。徒歩で街の中心部を通れば楽に行けますが、雨で服が台無しになるでしょうね。普通なら、32番のバスに乗ることをお勧めします。問題は、ウェリントン通りで工事があるので今週は運行していないことです。地下鉄に乗れば2駅ですが、正直に言ってこの時間帯はとても混んでいて、料金はタクシーとそれほど変わりません。私ならタクシーに乗ります。行先はピーター通り、と言ってください。そして面接がうまく行きますように。就職できるといいですね。

頻出シチュエーション　交通機関
1. 目的地までの最適な交通手段の選択
2. 飛行機や列車の予約・変更・キャンセル
3. 地元の人による道案内

Part 3 テーマ別練習問題

Question: What should you do?

1. Ride the subway two stops.
2. **Get a taxi to Peter Street.**
3. Walk through the town center.
4. Take a bus to Wellington Avenue.

訳 **質問：** あなたは何をすべきか。

1. 2 駅地下鉄に乗る。
2. **ピーター通りまでタクシーに乗る。** 正解
3. 街の中心部を通って歩く。
4. ウェリントン通りまでバスに乗る。

解説 「交通機関」に関する話題で最も多いのは、目的地までの交通手段を選択するもの。シチュエーションで、所要時間や予算といった条件がいくつか与えられ、飛行機、列車、地下鉄、バス、タクシー、徒歩などの中から条件に合うものを選ぶ形式だ。条件に合わないものを消去していくやり方が良いが、ひっかけが隠されていることもあるので、最後まで慎重に聞くようにしよう。

また、飛行機や列車の予約について、旅行代理店からの録音メッセージを聞くような出題もある。出発や到着の日時、料金、乗り継ぎの有無などがポイントになることが多い。地名や航空会社などの固有名詞が聞き取れないと焦ってしまうかもしれないが、重要な固有名詞は選択肢に含まれるはずなので、選択肢を見ながら聞くようにするとよい。その他、道に迷い地元の人に道案内をお願いするような場面も考えられる。徒歩だけでなく、車での移動の場合も想定するようにしよう。

この問題では、知らない土地で採用面接を受ける you が、目的地までの交通手段を地元の人に尋ねている。条件は It is important to arrive looking neat. の部分で、面接に行くためきちんとした身なりで到着すること。選択肢を見ると、地下鉄、タクシー、徒歩、バスの 4 択である。目的地である会社までは easy journey であるため、通常は徒歩（on foot）で問題ないが、雨で濡れてしまう可能性があるので選択肢 3 は除外。バスは道路工事が原因で今週は運行していないため 4 も除外。このように、不正解の選択肢を一つずつ消していきながら聞いていこう。地下鉄を利用することもできるが、この時間帯だと混んでいるので到着時の身なりに影響があるかもしれない。この部分から、選択肢 1 も除外される。You could take the subway ... で could を使っているのは、「地下鉄に乗ることもできるが（乗ってもよいが）」という気持ちからである。また、it's ... no cheaper than a taxi は、「地下鉄はタクシーよりも安いわけではない」→「タクシーとそれほど変わらない」の意味で、タクシーを暗に勧めていることが分かる。最後の If I were you, I'd (= I would) get a cab は仮定法の過去時制。「もし私があなたなら、タクシーを拾います」と、やんわりタクシーを勧めているため、正解は 2。このように、必ずしも選択肢の順番通りにパッセージで言及されるとは限らない。気をつけて目で追う必要がある。

| Vocabulary |

□**job interview** 就職面接　□**unfamiliar** 不慣れな、なじみのない
□**neat** きちんとした、こざっぱりとした　□**on foot** 徒歩で　□**ruin** ～を台無しにする、～を損なう
□**outfit** 服装の一揃い　□**crowded** 込み合った、ぎゅうぎゅう詰めの　□**cab** タクシー

191

f 住宅

086

Situation: You are selling your house. Potential buyers say the living room is too dark. You want to spend as little as possible on it. An interior designer gives you this advice.

Honestly, it all depends if you'd rather save time or money. If you need to improve the room as fast as possible, buy a huge mirror for this main wall. Mirrors create the illusion of space and make a room seem brighter. You'll achieve the same effect with white curtains or a cream rug, too, since pale colors reflect light. But the most economical thing to do is paint. Don't worry, I don't mean the whole room! One small can of paint makes a difference. Choose a shade that's considerably lighter than your walls, and use it to paint the door and window frames.

シチュエーション：あなたは自宅を売却しようとしている。購入の可能性がある人たちから居間が暗すぎると言われる。あなたはそれにはなるべく費用をかけたくない。インテリアデザイナーがあなたに次のようにアドバイスする。

正直申し上げて、時間とお金のどちらを節約したいかにすべてかかっています。なるべく早く居間を改良する必要があるのでしたら、このメインの壁に大きな鏡を買ってください。鏡は空間の錯覚を引き起こし、部屋をより明るく見せます。白いカーテンやクリーム色のラグでも同じ効果が出せます。薄い色は光を反射するからです。でも、最も経済的なのはペンキを塗ることです。心配しないでください。部屋全体のことを言っているのではありませんから！ 小さなペンキ１缶で効果があります。壁よりずっと明るい色調を選び、それでドアと窓枠を塗ってください。

頻出シチュエーション　住宅

1. 不動産売却に伴うリフォーム
2. 自宅の改修・増築
3. 不動産物件探し（購入、賃貸）

Part 3 テーマ別練習問題

Question: What should you do to improve the living room?
1. Paint the walls with white or cream paint.
2. Hang some different curtains at the windows.
3. Put a large mirror on the main wall.
4. **Change the color of some parts of the room.**

訳 **質問：**居間を改良するためにあなたは何をすべきか。
1. 壁を白かクリーム色のペンキで塗る。
2. 窓に異なるカーテンをかける。
3. メインの壁に大きな鏡を付ける。
4. 部屋の一部の色を変える。 **正解**

解説　「住宅」に関する話題では、家のリフォームがよく取り上げられる。自宅を売却する際の不動産価値を高めるためのリフォームや、老朽化した自宅を改修したり、バリアフリーにするといった場面が想定される。いずれの場合にも、シチュエーションで工事の内容、完成までに要する時間や予算などの必要条件が示され、建築業者やデザイナーの話を聞きながら、すべての条件を満たすリフォーム内容を選ぶことになる。「できるだけ費用をかけず、最大限に不動産価値を高める方法」を求められるケースは特に多い。

　不動産関連では、家やコンドミニアムの購入、賃貸物件を探すシチュエーションも登場する。この場合も、場所や予算、入居時期、部屋数や駐車場の有無、頭金が必要かどうか、などがポイントとなる。選択肢には、地名や通りの名前が並ぶことが多い。この種の問題は条件が多い傾向にあるが、選択肢をしっかり見ながら、条件に合わないものを消去していくようにしよう。

　この問題では、you が自宅の売却を検討している。家の印象を良くするために居間を明るく見せたいが、費用はできるだけかけたくない。インテリアデザイナーが最初に、it all depends if you'd rather save time or money（時間とお金のどちらを節約するかにかかっている）と述べる。would rather は「むしろ～したい」という意味で、時間の節約（今すぐに明るい印象にする）を優先するか、お金の節約を優先するか、ということ。条件によると、ここでは後者である。壁に大きな鏡を取り付けたり、明るい色のカーテンやラグに変えるのは、時間を節約する方法だが費用はかかる。この時点で、選択肢2と3は除外できる。後半の the most economical thing to do is paint 以降が正解のヒント。ペンキを塗るのはドアと窓枠だけでよいと述べていることから、正解は4。選択肢では、ドアと窓枠のことを some parts of the room と言い換えている。選択肢1だと、壁全体にペンキを塗ることになるので不適切。economical は cheap と言い換えることもでき、シチュエーションの You want to spend as little as possible on it. から連想したいところだ。

Vocabulary
- **potential** 可能性のある、潜在的な　□ **interior designer** インテリアデザイナー、室内装飾専門家
- **improve** ～を良くする、～を改善する　□ **illusion** 錯覚
- **achieve** ～を達成する、～を成し遂げる　□ **effect** 効果　□ **rug** ラグ、じゅうたん
- **pale** 薄い、淡い　□ **reflect** ～を反射する　□ **economical** 経済的な、安上がりな
- **make a difference** 違いが生まれる、効果がある　□ **shade** 色合い、色調
- **considerably** かなり、相当　□ **window frame** 窓枠

193

放送文と訳・解答・解説

g 自動音声案内　　　　　　　　　　　　　◀ 087

Situation: You have lost your ATM card on vacation. You call your bank to cancel the lost card. You hear the following information.

Welcome to GMK Bank's Customer Hotline. Please listen to the following options, and then press the correct number on your telephone keypad. To hear the balance of your account, press one. To pay a bill or transfer money, press two. To hear details of specific payments, press three. To speak to an operator about our products and services, press four. If you wish to report a lost or stolen card, call the 24-hour emergency hotline on 0800-151-9663. Please note that you will be asked for your six-digit security code. To hear this information again, press zero.

訳

シチュエーション： あなたは休暇中に銀行のキャッシュカードを紛失した。紛失したカードを利用停止にするため銀行に電話する。あなたは次のような情報を聞く。

GMK銀行お客様ホットラインへお電話ありがとうございます。次の選択肢をお聞きいただいた後、お電話のキーパッドで正しい番号を押してください。口座残高をお聞きになりたい場合は1を。請求書のお支払いやお振り込みは2を。特定のお支払いについて詳しくお聞きになりたい場合は3を。当行の商品やサービスについてオペレーターとお話しになりたい場合は4を押してください。紛失または盗難カードの届け出をされたい場合は、24時間緊急ホットライン0800-151-9663にお電話ください。お客様の6桁の暗証番号をお尋ねしますのでご注意ください。この情報をもう一度お聞きになりたい場合は、0を押してください。

```
┌─ 頻出シチュエーション ─── 自動音声案内 ──────────┐
│                                                        │
│  1. トラブル対処などのためホットラインに電話           │
│  2. 手続きなどの問い合わせ                             │
│  3. 時間外の緊急の問い合わせ                           │
└────────────────────────────────────────────────────┘
```

Part 3 テーマ別練習問題

Question: What should you do first?

1. Enter your security code.
2. **Call a different number.**
3. Press four on your keypad.
4. Wait to speak to an operator.

訳 **質問：** あなたはまず何をすべきか。

1. 暗証番号を入力する。
2. 違う番号に電話する。 正解
3. キーパッドの 4 を押す。
4. オペーレーターにつながるのを待つ。

解説　Part 3 では、公共機関や銀行、企業、店舗などに電話した際に流れる「自動音声案内」も出題される。解答は、選択肢から「取るべき行動」を選ぶ場合と「操作するキー」を選ぶ場合がある。シチュエーションでは、何らかの困った状況が設定されることが多い。例えば、クレジットカードを失くした、PC が突然動かなくなった、夜中に子供が大けがをした、などが想定される。パッセージは該当するホットラインやカスタマーセンターの録音音声になるが、たいてい「○○の場合は△△してください」のようなフレーズが何度か繰り返される形式だ。つまり、シチュエーションと同じ○○を聞き取り、△△を選択肢から選ぶのが基本的な解答方法となる。△△の部分が「取るべき行動」だが、press ... のように、電話で操作するキー番号が指示されることもある。

「○○の場合は」の部分には、If you wish to do / If you would like to do（～したいのであれば）などのフレーズがよく使われるので、覚えておこう。また、このパッセージのように「□□するためには」という意味で、不定詞（to do）が使われることもある。シチュエーションと合うものを If 節の中や不定詞を探しながら聞くことになるが、どれにも当てはまらず、最後の For other issues / For all other inquiries（ほかの問題／問い合わせに関しては）などに含まれることもあるので、慌てないようにしたい。

ここでの you は、銀行のキャッシュカードを紛失したため、カードの利用を停止する目的で銀行のホットラインに電話をしている。その後、To hear the balance ... / To pay a bill ... / To hear details ... / To speak to an operator ... と続くが、どれも希望するものではない。最後の If you wish to report a lost or stolen card の後が解答のヒント。call the 24-hour emergency hotline on ... とあることから、正解は 2。緊急ホットラインに電話をすると暗証番号が求められるとは言っているが、質問では最初にすべきことが問われているため、1 は不適切である。

Vocabulary

□ cancel ～を無効にする　□ balance 残高　□ keypad キーパッド、操作パネル
□ account 銀行口座　□ bill 請求書　□ transfer ～を振り込む、～を送金する　□ specific 特定の
□ emergency 緊急事態　□ note ～に注意する　□ digit（数字の）桁　□ security code 暗証番号

195

Part 3　演習問題 ①

No. 1

Situation: You are at the Best-Sale electrical appliance store and hear the following announcement. You recently purchased the latest single-lens reflex camera at another store for $600.

Question: What should you do to get a store coupon?

1. Purchase both a fridge and microwave.
2. Order audio-visual appliances on Friday.
3. Bring the receipt of payment.
4. Use available discount coupons.

No. 2

Situation: You will become 65 next year. You want to take up a new hobby after you get retired. A gym employee is talking about lessons.

Question: What should you do?

1. Sign up for DOUBLE PLAY.
2. Join PLAY BALL.
3. Participate in DIY STARS.
4. Become a member of RBI SHOOTS.

No. 3

Situation: You are a student travelling by train to Milford. You need to catch the next available train. An assistant at the train station tells you the following.

Question: What should you do next?

1. Check the timetable.
2. Catch the 8:50 train.
3. Go to Platform 7.
4. Show your student card.

No. 4

① ② ③ ④ 091

Situation: You attend a seminar about remodeling a home. You want to renovate the house for your parent, who has difficulty walking. You are on a tight budget. The presenter is giving a short talk.

Question: Which option should you choose?

1. Make a slope in the bathroom.
2. Install a home elevator.
3. Create a no-step entry into the home.
4. Upgrade the lighting.

No. 5

① ② ③ ④ 092

Situation: Your tour group is visiting an island. You want to enjoy some marine activities and meet the local people. Your local guide gives you the following entertainment options.

Question: What should you do?

1. Visit BOM.
2. Go to Cannon.
3. Drop by Polo.
4. Stop at Savannah Bay.

放送文と訳・解答・解説

No. 1

Situation: You are at the Best-Sale electrical appliance store and hear the following announcement. You recently purchased the latest single-lens reflex camera at another store for $600.

Welcome, customers! This week is our Supporting the Next Chapter of Your Life, with huge savings. On Monday and Tuesday, we feature refrigerators and microwaves. If you buy these two together, you can get $50 off. On Thursday and Friday, audio-visual appliances are 20 percent off! You know what that means, right? Yes, the latest single-lens reflex camera is only $580! If you have already purchased the same item at a higher price anywhere else, show us some proof. We'll give you a coupon which is worth the difference between our offer and your purchase. We are ready to meet your expectations!

シチュエーション： あなたはベストセール電器店にいて、次のようなアナウンスを聞く。あなたは最近別の店で最新の一眼レフカメラを 600 ドルで購入した。

ようこそ、お客様！ 今週は大幅値引きの「新生活応援キャンペーン」です。月曜日と火曜日には、冷蔵庫と電子レンジが目玉商品です。この 2 つを一緒にご購入いただくと、50 ドルお値引きいたします。木曜日と金曜日には、オーディオビジュアル機器が 20% 引きです！ それが何を意味するかお分かりですか。そうです、最新の一眼レフカメラがわずか 580 ドルなのです。ほかで同じ商品をもっと高いお値段ですでに購入されたお客様は、ご購入の証明を提示してください。当店の価格とご購入価格の差額に相当するクーポンを差し上げます。お客様のご期待に添えるよう頑張ります！

Part 3 演習問題 1

Question: What should you do to get a store coupon?

1. Purchase both a fridge and microwave.
2. Order audio-visual appliances on Friday.
3. **Bring the receipt of payment.**
4. Use available discount coupons.

訳 **質問：** 店のクーポンを手に入れるためにあなたは何をすべきか。

1. 冷蔵庫と電子レンジを両方買う。
2. 金曜日にオーディオビジュアル機器を注文する。
3. 領収書を持ってくる。 正解
4. 利用できる割引クーポンを使う。

解説　電器店で店内アナウンスを聞いているというシチュエーション。条件は、最近他店で最新の一眼レフカメラを 600 ドルで購入したことのみである。この状況だけでは、どのような展開になるのかが想像しづらい。しかし、質問文の最後に ... to get a store coupon（この電器店のクーポンを手に入れるには）とあるので、ここに注意して聞こう。このように、条件が質問文の中に入る場合もある。

　アナウンスの内容は、店の買い物客に向けてのセールの案内だ。前半はクーポンには関係ない情報である。木曜日と金曜日にはオーディオビジュアル機器が 20% 引きになるということで、最新の一眼レフカメラも 580 ドルになると宣伝している。If you have already purchased ... からが解答のヒント。you は同じ商品を他店で 600 ドルで購入しているため、at a higher price で購入したと言える。購入の証明を提出することで、差額のクーポンがもらえるのだ。したがって、正解は 3。some proof を選択肢では receipt of payment に言い換えている。our offer とはこの店舗での割引価格（$580）、your purchase は you の購入価格（$600）のこと。600 ドルで購入したレシートを持って行けば、差額である 20 ドル分のクーポンをもらえることになる。

> Vocabulary
>
> ☐electrical appliance store 電器店　☐purchase ～を購入する、～を買う
> ☐single-lens reflex camera 一眼レフカメラ　☐huge 非常に大きい　☐saving 節約、値引き
> ☐feature ～を大々的に扱う、～を呼び物にする　☐refrigerator 冷蔵庫（短縮語は fridge）
> ☐microwave 電子レンジ　☐audio-visual appliance オーディオビジュアル（AV）機器
> ☐proof 証明、証拠　☐meet *one's* expectation ～の期待に応える
> ☐discount coupon 割引券、割引クーポン

199

放送文と訳・解答・解説

No. 2

Situation: You will become 65 next year. You want to take up a new hobby after you get retired. A gym employee is talking about lessons.

PLAY BALL is for ages 13-30. This allows youth to increase their overall fitness while learning the skills of tennis and badminton through fun and enriching activities. DOUBLE PLAY is for all ages. This is a comprehensive health and wellness program. It strives to improve the overall health by increasing daily physical activities. DIY STARS engages teenagers in high-quality organized basketball and soccer programs. This is extremely useful if you want to stay fit. RBI SHOOTS teaches the basics of baseball and softball to children. You will surely work up a good sweat!

訳

シチュエーション：あなたは来年65歳になる。退職した後、新しい趣味を始めたいと思っている。ジムの従業員がレッスンについて話している。

「プレーボール」は13歳から30歳向けです。テニスとバドミントンの技術を楽しく充実した活動を通じて学びながら、若者が健康全般を増進させることができます。「ダブルプレー」は全世代向けです。これは包括的な健康・ウェルネス増進プログラムです。日々の肉体運動を増やすことで、全体的な健康を向上させることに努めます。「DIYスターズ」では、10代の人々が高度に組織化されたバスケットボールやサッカーのプログラムに参加します。これは健康維持に極めて有用です。「RBIシューツ」は野球とソフトボールの基本を子供たちに教えます。きっと良い汗をかきますよ！

Question: What should you do?

1. Sign up for DOUBLE PLAY.
2. Join PLAY BALL.
3. Participate in DIY STARS.
4. Become a member of RBI SHOOTS.

訳 **質問：** あなたは何をすべきか。

1. ダブルプレーに申し込む。 正解
2. プレーボールに参加する。
3. DIY スターズに参加する。
4. RBI シューツのメンバーになる。

解説 来年 65 歳になる you は引退後の趣味を探している。選択肢から高齢者に適切なプログラムを選ぶ問題である。4 つの選択肢に書かれたプログラム名を見ながら音声を聞き、不適切なものを除外していくとよいだろう。

PLAY BALL は、13 歳から 30 歳が対象なので除外。よって、すぐ後の PLAY BALL に関する説明は少し力を抜いて聞いてもよい。DOUBLE PLAY は、for all ages で年齢制限がない。全体的な健康増進を目的としたプログラムなので、you には適している。選択肢 2 が正解かもしれないと思って聞き続けよう。DIY STARS は 10 代の若者が対象なので除外し、RBI SHOOTS は子供に野球やソフトボールを教えるプログラムなので不適切。したがって、正解は 1。

対象年齢の条件のみで解答する比較的答えやすい問題である。ただし、「60 歳以上が対象」のような年齢制限ではなく、全世代向け（for all ages）がキーワードになっている。その他、「高齢者向け」を表す表現には for elderly people、for the aged、for senior citizens なども使われる可能性があるので、あわせて覚えておこう。

Vocabulary

□ **take up**（趣味など）を始める　□ **get retired** 引退する、退職する　□ **employee** 従業員
□ **allow A to** *do* A が～することを可能にする　□ **overall** 全体的な、総合的な
□ **fitness** 健康、フィットネス　□ **enriching** 豊かにする、充実している
□ **comprehensive** 広範囲に渡る、包括的な
□ **wellness**（健康になる方法も含めた）健康、ウェルネス
□ **strive to** *do* ～すること目指して励む、～しようと努力する
□ **improve** ～を改善する、～を向上させる　□ **engage A in B** A を B に関わらせる
□ **extremely** 非常に、きわめて　□ **work up a sweat** 汗をかく
□ **sign up for** ～に申し込む、～に登録する　□ **participate in** ～に参加する

放送文と訳・解答・解説

No. 3

Situation: You are a student travelling by train to Milford. You need to catch the next available train. An assistant at the train station tells you the following.

So you're going to Milford, is that right? OK, let me check the timetable for you. There's an 8:50 service but it's 8:47 now, so I don't think you'll make it. The next one is 9:20, which means you've got around half an hour to wait. It'll leave from Platform 7 but there's a waiting room on Platform 8 if you're not keen to stand outside in the cold! Now, you said you're studying full-time, which means you'll get 30% off the standard fare, but can I see your college ID first, please?

シチュエーション： あなたは学生で、列車でミルフォードに行こうとしている。次に利用できる列車に乗る必要がある。駅の係員があなたに次のように告げている。

では、お客様はミルフォードに行かれるのですね。分かりました、時刻表をお調べしますね。8 時 50 分発の列車がありますが、今 8 時 47 分なので間に合わないでしょう。次は 9 時 20 分ですので、30 分ほど待つことになります。7 番ホームから出ますが、寒い中、外であまり待ちたくなければ、8 番ホームに待合室があります。ところで、お客様はフルタイムの学生さんだとおっしゃいましたので、通常運賃の 30％割引になりますよ。まずは大学の学生証を見せていただけますか。

Question: What should you do next?

1. Check the timetable.
2. Catch the 8:50 train.
3. Go to Platform 7.
4. **Show your student card.**

訳 **質問：** あなたは次に何をすべきか。

1. 時刻表を調べる。
2. 8 時 50 分の列車に乗る。
3. 7 番ホームに行く。
4. **学生証を見せる。** 正解

解説 　シチュエーションでは、you が駅で列車に乗ろうとしている。条件は、1) 学生であること、2) Milford に行くこと、3) 次に利用可能な列車に乗ること、の 3 つである。駅員から説明を聞いて、次に取るべき行動を選ぶ。

　次の Milford 行きの列車は 8 時 50 分発だが、それには間に合わないので、その次の 9 時 20 分発に乗ることになる。I don't think you'll make it の make it は「うまくいく、成功する」を表すが、ここでは「（列車の発車時刻に）間に合う」の意味。あと 30 分ほど待ち時間があるので、発車予定の 7 番ホームに行ってもいいし、寒いので 8 番ホームの待合室で待つこともできる。どちらにしようかと考えていると、学生であれば運賃の 30% の割引が受けられるので、学生証を見せてほしいと駅員に言われる。ホームに行く前にまずすべきなのは、駅員に学生証を見せることなので、正解は 4。

　パッセージの中ほどと最終文で、コンマの後に which means ... と続いている。この関係代名詞 which の先行詞は、前の節全体と考えられる。コンマの代わりにピリオドで文を終え、新たな文を That means ... と始めてもよいが、前文からゆるく文をつなげたいとき、このように which を使うことができる。

Vocabulary

□ available 利用できる　□ timetable 時刻表　□ make it うまくいく、間に合う
□ be keen to *do* 熱心に~したがる　□ fare 運賃、乗車賃
□ ID 身分証明書（identification の省略形）

放送文と訳・解答・解説

No. 4

091

Situation: You attend a seminar about remodeling a home. You want to renovate the house for your parent, who has difficulty walking. You are on a tight budget. The presenter is giving a short talk.

I would like to suggest four ideas. First, creating a slope in the bathroom. As you can imagine, the combination of moisture and slick surfaces can be life-threatening for the elderly. Second, installing a home elevator. Adding an elevator will make it easier for old parents to get up and down. However, these two are for those who have the funds available to make massive changes. Now, let me tell you something more reasonable. The third option is a zero-step entry. This is a home entrance that has no steps. In fact, this is beneficial for people who struggle to walk. The last suggestion is to change the lighting. Indoor motion sensor lighting is ideal especially for the safety and convenience of elderly homeowners whose eyes are getting weaker.

訳

シチュエーション: あなたは家のリフォームについてのセミナーに出席する。足の悪い親のために家を改装したいと思っている。予算は厳しい。講師が手短に話をしている。

4つご提案したいと思います。まず、お風呂場に傾斜を付けることです。ご想像通り、湿気とすべすべした表面が重なると、高齢者にとって命取りになることがあります。2番目はホームエレベーターの設置です。エレベーターを付けると、高齢のご両親は上り下りが楽になります。しかし、この2つは大掛かりにリフォームできる資金をお持ちの方々に向いています。では、よりお手頃な方法をご紹介しましょう。3番目の選択肢はゼロステップ・エントリーです。これは段差のない玄関のことです。実際、歩行に難のある方々に役立ちます。最後のご提案は照明を変えることです。室内の人感センサー付き照明は、特に視力が低下している高齢の住宅所有者の安全や利便性において最適です。

Part 3 演習問題 1

Question: Which option should you choose?

1. Make a slope in the bathroom.
2. Install a home elevator.
3. **Create a no-step entry into the home.**
4. Upgrade the lighting.

訳 **質問：** あなたはどのような選択をすべきか。

1. 風呂場に傾斜をつける。
2. ホームエレベーターを設置する。
3. **家に段差のない玄関を作る。** 正解
4. 照明をグレードアップする。

解説 　you は家のリフォームセミナーに参加している。足の悪い親のためにあまり予算をかけずにリフォームをしたいので、どの方法が良いかを選ぶ問題である。条件は、1) 親の足が悪いこと、2) 予算が厳しいこと、の 2 つ。

　セミナーの講師からは 4 つの提案がされている。1 番目の風呂場に傾斜を付けることと、2 番目のエレベーターの設置については、高齢者にとっての利点がそれぞれ述べられるが、However の後にデメリットが示される。つまり、これら 2 つの方法はコストがかかるため、予算が厳しい you には適当ではない。funds は「資金」の意味。these two は、これまで紹介された 2 種類のリフォームを指している。その後、より reasonable（お手頃な）方法として、zero-step entry（段差のない玄関）が挙げられる。this is beneficial for people who struggle to walk とあるので、足の悪い you の親にとっては最適なリフォーム方法であり、予算と両方の条件を満たしている。よって、正解は 3。照明を変えるという最後の案は、目の悪い高齢者にメリットはあるものの、you の親には当てはまらない。

Chapter

1

2

3

4

5

Part 3 攻略——Real-Life 形式問題を解く

Vocabulary

□ remodel ~を改装する、~をリフォームする　□ renovate ~を改装する、~をリフォームする
□ on a tight budget 予算が厳しい [苦しい]　□ combination 組み合わせ　□ moisture 湿気
□ slick つるつるした、すべすべした　□ life-threatening 命に関わる　□ the elderly 高齢者
□ install ~を取り付ける、~を設置する　□ funds 資金（通常複数形）
□ available 利用できる、使用できる　□ massive 大きい、大規模な
□ reasonable 手頃な、それほど高くない　□ beneficial ためになる、有益な
□ struggle to do ~するのに苦労する　□ motion sensor モーションセンサー、人感センサー
□ convenience 利便性、便利さ　□ upgrade ~（の性能）を高める、~をグレードアップする

205

No. 5

092

Situation: Your tour group is visiting an island. You want to enjoy some marine activities and meet the local people. Your local guide gives you the following entertainment options.

There are a range of entertainment options available on this island. Are you a music lover? Then, you can enjoy live performances at BOM. Delicious seafood will be served there as well! Would you like to try something extreme? Then, please come to Cannon. You can try bungee jumping there! Don't worry, licensed instructors will give you a kind and detailed explanation. If you want to mingle with local people, visit Polo. It's a well-known spot for aquatic sports too. If you want to spend some romantic time on a deserted island, come to Savannah Bay. The next boat will leave in 30 minutes.

シチュエーション： あなたは団体旅行で島を訪れている。マリンアクティビティーを楽しみ、地元の人々と触れ合いたいと思っている。現地ガイドが次のような娯楽の選択肢を紹介する。

この島で楽しめる娯楽はいろいろあります。音楽はお好きですか。それでしたら、BOM でライブ演奏をお楽しみいただけます。おいしいシーフードもそこで提供されます！ 何か過激なことを試してみたいですか。それなら、キャノンにいらしてください。そこでバンジージャンプに挑戦できます！ ご心配なく、免許を持つインストラクターが親切に細かくご説明いたします。地元の人々と交流したければ、ポロを訪れてください。ここは水上スポーツでもよく知られた場所です。無人島でロマンチックな時を過ごしたいなら、サバンナ湾においでください。次の船は 30 分後に出ます。

Part 3 演習問題 1

Question: What should you do?

1. Visit BOM.
2. Go to Cannon.
3. **Drop by Polo.**
4. Stop at Savannah Bay.

訳 **質問:** あなたは何をすべきか。

1. BOM を訪れる。
2. キャノンに行く。
3. ポロに立ち寄る。 正解
4. サバンナ湾を訪ねる。

解説　ある島で休暇を楽しむ you が何をすべきなのかを聞き取る問題である。条件は、1)マリンアクティビティーを楽しみたい、2) 地元の人と交流したい、の2つ。選択肢に含まれる固有名詞 (BOM、Cannon、Polo、Savannah Bay) に注意しながら、どれが2つの条件を満たすかを聞き取るようにしよう。

最初に紹介される BOM のキーワードは music、live performances、delicious seafood など。生演奏が楽しめるレストランと思われる。2つ目の Cannon ではバンジージャンプが楽しめる。3つ目の Polo では、地元の人たちと触れ合う (mingle with local people) ことができ、水上スポーツ (aquatic sports) も楽しめるので、正解は選択肢3。最後の Savannah Bay は無人島にあり、ロマンチックな時間を過ごすことができる。

4種類のオプション説明の出だしに注目してみよう。最初の2つは、Are you a music lover? / Would you like to try something extreme? のように、疑問文で「〜したいですか?」と語りかけ、その後「そうであれば、〜がお勧めです」と紹介する。一方、後半の2つは、If you want to *do* (もし〜したければ) の後に命令文で提案している。Part 3 ではよく使われるパターンなので、意識して慣れておくようにしよう。

Vocabulary

□ **marine activity** マリンアクティビティー、海のレジャー
□ **entertainment** 娯楽、エンターテインメント　□ **as well** その上、〜も
□ **extreme** 極端な、過激な　□ **bungee jumping** バンジージャンプ　□ **detailed** 詳細な、詳しい
□ **mingle with** 〜と交流する　□ **aquatic sport** 水上スポーツ　□ **deserted island** 無人島
□ **drop by** 〜に立ち寄る　□ **stop at** 〜に立ち寄る

207

Part 3 演習問題 2

No. 1   ① ② ③ ④   093

Situation: At a subway station, you buy an electronic card for travel. You need to use it immediately. A station employee explains what to do.

Question: What should you do to add money to your card?

1. Use a machine at the station.
2. Visit a website to register your card.
3. Pay the employee in cash.
4. Touch the card on the reader.

No. 2   ① ② ③ ④   094

Situation: Your home electricity bills are very high. You talk to an expert about the best way to reduce your energy use and are given this advice.

Question: What should you do to save the most money?

1. Invest in double-thickness windows.
2. Switch off your gadgets at the wall.
3. Buy energy-efficient devices.
4. Turn down the temperature by one degree.

No. 3   ① ② ③ ④   095

Situation: You want to know how much credit is still available on your credit card. You call the card company and hear the following message.

Question: What should you do?

1. Press 1.
2. Press 2.
3. Press 3.
4. Press 4.

No. 4

① ② ③ ④ 096

Situation: Last month, you canceled your trip abroad because you were involved in an accident. You talk to the travel agency. You want to take full advantage of the agent's offer.

Question: What should you do by the end of the year?

1. Purchase an airline ticket.
2. Reserve the same hotel.
3. Book an optional tour.
4. Apply for your login ID.

No. 5

① ② ③ ④ 097

Situation: You are a newly-hired assistant manager at the department store. You are called to an emergency meeting for employees. The store's director is speaking.

Question: What should you do from next month?

1. Refrain from driving to work.
2. Park at the designated area.
3. Avoid taking the subway.
4. Use a new parking lot.

放送文と訳・解答・解説

No. 1

◀ 093

Situation: At a subway station, you buy an electronic card for travel. You need to use it immediately. A station employee explains what to do.

In the future, you can add money online. Just go online, register your card, and add as much credit as you need. But since you're already here, and you need to use the card now, you can use one of the machines near the elevator. They take cash or credit card, and they're very easy to use. I'm afraid I can't take the money myself because the system is automated now. I'm just here to provide advice! Anyway, after you've added value, you can use the card straight away. Just touch it on the card reader as you enter and exit gates.

訳

シチュエーション： 地下鉄の駅で、あなたは乗車用の IC カードを購入する。すぐにそれを使う必要がある。駅員がどうすればいいかを説明する。

今後はオンラインでチャージできます。ネットに接続して、カードを登録し、必要な金額をチャージしてください。ですが、お客様はすでに駅にいらして、今カードを使う必要があるのですから、エレベーター近くの機械の一つを使うことができます。その機械は現金かクレジットカードに対応しており、ご利用はとても簡単です。自動システムですので、申し訳ありませんが、私が現金を受け取ることはできません。私はここでお教えするだけなのです。とにかく、チャージすればカードは直ちにお使いいただけます。改札口を出入りする際に読み取り機にカードをタッチしてください。

Question: What should you do to add money to your card?

1. Use a machine at the station.
2. Visit a website to register your card.
3. Pay the employee in cash.
4. Touch the card on the reader.

> 訳　**質問：** カードにチャージするために、あなたは何をすべきか。
>
> **1. 駅で機械を使う。** 正解
> 2. ウェブサイトに行き、カードを登録する。
> 3. 駅員に現金で支払う。
> 4. 読み取り機にカードをタッチする。

解説　you は地下鉄の駅で IC カードを買い、すぐに使いたいのでチャージをしたい。駅員から説明を聞き、取るべき行動を選択肢から選ぶ。パッセージ冒頭の In the future 以下は今後のことなので、今すぐ取るべき行動を述べているのではない。よって、ウェブサイトでカードを登録するという選択肢 2 は誤り。正解のヒントは、But から始まる文の後半 you can use one of the machines near the elevator 以降だ。エレベーターそばの機械で、現金またはクレジットカードによりチャージできる。したがって、正解は 1。この部分のみで解答できるシンプルな問題である。I'm afraid I can't take the money myself とあり、この駅員に現金を渡すのではないため、3 は不正解。I'm afraid ... は、「残念ながら……」「申し訳ありませんが……」のように事実を和らげて伝える言い方である。選択肢 4 の「カード読み取り機にタッチさせる」はチャージした後にカードを利用する際の方法であって、チャージをするためにすべきことではない。

Vocabulary

☐subway 地下鉄　☐electronic card IC カード、電子決済カード
☐immediately 直ちに、すぐに　☐employee 従業員、社員　☐register ～を登録する
☐credit 振込額、チャージ金額　☐automated 自動化された、オートメーション化された
☐provide ～を提供する　☐straight away すぐに、直ちに　☐reader 読み取り機

No. 2

Situation: Your home electricity bills are very high. You talk to an expert about the best way to reduce your energy use and are given this advice.

A lot of people think bills have gotten higher because we use more gadgets at home, and of course we do, but they're also more energy-efficient these days. The problem is that people leave them on standby instead of switching them off at the wall. Looking at the age of your house, though, I'd say you're losing a lot of heat through the windows. Installing additional panes of glass will bring your bills down, as will turning down your thermostat by one degree. Obviously the latter is an easier fix, but you'll save the most money in the long term with the former.

シチュエーション：あなたの家の電気料金は非常に高い。電気の使用量を減らす最良の方法について専門家に相談すると、次のようなアドバイスをもらう。

多くの人は、家庭で使う機器が増えているため電気代が高くなっていると思っていて、もちろんそうではあるのですが、それらの機器は、最近ではより省エネにもなっています。問題は、それらの電源を壁のコンセントで切るのではなく、待機状態にしておくことです。しかし、お客様のご自宅の築年数を見ますと、おそらく窓からかなりの熱が逃げていると思われます。複層ガラスにすると電気料金が下がるでしょうし、サーモスタットを1度下げるのもよいでしょう。明らかに後者がより簡単な解決法ですが、長期的には前者が最も節約になるでしょう。

Question: What should you do to save the most money?

1. **Invest in double-thickness windows.**
2. Switch off your gadgets at the wall.
3. Buy energy-efficient devices.
4. Turn down the temperature by one degree.

訳 **質問**：最も節約するにはあなたは何をすべきか。

1. 二重窓に投資する。 正解
2. 壁のコンセントで機器の電源を切る。
3. 省エネタイプの機器を買う。
4. 温度を1度下げる。

解説　you は自宅の電気料金の請求額が高いため、専門家に節電の方法を相談している。専門家のアドバイスを聞きながら、最善の節約方法を選択肢から選ぶ。パッセージ前半では、家庭で使われる電子機器などに触れている。それらは確かに電力を消費するが、最近は省エネの (energy-efficient) 製品が多いので、電力消費はさほど多くない。それより、それら機器の電源を元で切らずに常に待機状態にすることが問題だと指摘される。

中ほどの Looking at the age of your house, though, ... からが解答に関わる重要部分。ここでの though は副詞であり、however と置き換えが可能である。ここからは話題が変わり、家が古いため窓から熱が失われているという話になる。二重窓を設置することで電気料金は下がる、と言った後の as will ... が難しい。ここは turning down 以下が主語の倒置となっており、動詞は前文と同じなので省略されている。as 以下を倒置でない文にすると、as turning down your thermostat by one degree will bring your bills down（サーモスタットの温度を1度下げることで電気料金が下がるのと同様に）。このように主語が長い場合には、倒置が起きることがよくある。

ここでは、電気代を節約するためには、1) 二重窓の設置 (the former)、2) サーモスタットの設定温度を1度下げる (the latter) の2つの方法が紹介されている。明らかに後者 (the latter) が簡単な解決法だが、長期的に見ると、前者 (the former) が最も節約できると言っているので、正解は選択肢1。2のコンセントで電源を切って機器を待機状態にしないことでも節電できるが、最も節約する方法ではない。

Vocabulary

□ electricity bill 電気料金（の請求書）　□ expert 専門家　□ reduce ～を減らす、～を削減する
□ gadget（小さな役に立つ）機器、装置　□ energy-efficient エネルギー効率の良い、省エネの
□ on standby 待機状態で　□ instead of ～の代わりに　□ switch off ～のスイッチを切る
□ I'd say（私の考えでは）～と思います　□ install ～を取り付ける、～を設置する
□ a pane of glass 窓ガラス1枚　□ turn down ～を下げる
□ thermostat サーモスタット、温度自動調節器　□ obviously 明らかに、はっきりと
□ invest in ～に投資する　□ double-thickness 二重の　□ device 機器、装置

放送文と訳・解答・解説

No. 3

095

Situation: You want to know how much credit is still available on your credit card. You call the card company and hear the following message.

You have reached the Viva Express. Our offices are currently closed. Our business hours are Monday through Friday from 9 a.m. to 8 p.m. If you would like to leave a message in our general voice mailbox, press 1. A representative will contact you the following business day. To apply for a Viva Express card, press 2. You may also email us at info@vivaexpress.com. **To check your current account balance, press 3.** To report a lost or stolen card, please press 4. A representative will contact you upon our return. To repeat this message, press the * key.

訳

シチュエーション: あなたは自分のクレジットカードの利用可能額があとどれくらいか知りたい。カード会社に電話すると、次のようなメッセージが聞こえる。

こちらはビバ・エクスプレスです。ただ今は営業時間外です。営業時間は月曜日から金曜日の午前9時から午後8時までです。一般用の音声メールボックスにメッセージをお残しになりたい場合は、1を押してください。係の者が翌営業日にご連絡を差し上げます。ビバ・エクスプレス・カードをお申し込みの場合は、2を押してください。info@vivaexpress.comにEメールをお送りいただくこともできます。現在の口座利用状況をお調べになるには、3を押してください。カードの紛失または盗難の届け出は、4を押してください。営業開始次第、係の者がご連絡を差し上げます。このメッセージを繰り返すには＊（スター）を押してください。

Question: What should you do?

1. Press 1.
2. Press 2.
3. **Press 3.**
4. Press 4.

訳 **質問：** あなたは何をすべきか。

1. 1を押す。
2. 2を押す。
3. **3を押す。** 正解
4. 4を押す。

解説　クレジットカードの利用可能額を知りたいと思い、you がカード会社に電話をする。音声ガイダンスを聞きながら、何をすべきかを選ぶ問題である。選択肢を見ると、電話機の1から4のどれかの番号を押すことになっているので、順番に「○○の場合には、△を押す」または「○○するためには、△を押す」というような指示があると予想される。

　第4文で、If you would like to ..., press 1. という形が使われている。to の後をしっかり聞き取るようにしよう。メッセージを残したいわけではないので、選択肢1は除外する。その後は、To ..., press 〜 . という形が続く。パッセージ後半で、To check your current account balance（口座利用状況をチェックするためには）の後で、press 3 と案内していることから、正解は3。この部分さえ聞き取れれば正解できるシンプルな問題である。

　最後から2文目で、A representative will contact you upon our return. とあるが、upon our return（われわれが戻ったらすぐ）とは、現在は営業時間外だが「次の営業日になったら連絡する」の意味。中ほどにある A representative will contact you the following business day.（係の者が翌営業日にご連絡を差し上げます）と同義である。

Vocabulary

□ credit 利用可能額、利用限度額　□ available 利用できる　□ currently 現在は、今は
□ representative 代理人、係の者　□ apply for 〜に申し込む
□ account balance 口座残高、口座利用状況
□ upon / on *one's* return 〜が戻り次第、〜が戻ったらすぐ

No. 4

Situation: Last month, you canceled your trip abroad because you were involved in an accident. You talk to the travel agency. You want to take full advantage of the agent's offer.

Now, let me answer your questions. The plane ticket and hotel are non-refundable especially because your travel time was in the middle of August. However, due to your circumstances, we obtained a 15 percent refund on airfare. **About the hotel, as long as you can book the same hotel within this year, they won't charge you anything extra.** About the optional tours you were planning to join, we'd like to offer you a $200 coupon. I'll let you know your login ID that you can use for your next trip on our website. We hope you'll bounce back soon.

訳

シチュエーション：先月、あなたは事故に巻き込まれたため、海外旅行をキャンセルした。あなたは旅行代理店と話している。あなたは代理店側の提案をフル活用したい。

さて、お客様のご質問にお答えします。航空券とホテルは、特に旅行期間が 8 月半ばでしたので、ご返金できません。しかしながら、お客様のご状況から、航空券に関しましては 15% の返金を受けられました。ホテルについては、年内に同じホテルをご予約いただける限り、余分な料金は発生いたしません。参加をご計画されていたオプショナルツアーにつきましては、200 ドルのクーポンをご提供いたします。私どものサイトで次のご旅行にお使いいただけるログイン ID をお知らせします。早くお元気になられることを願っております。

Part 3 演習問題 2

Question: What should you do by the end of the year?

1. Purchase an airline ticket.
2. **Reserve the same hotel.**
3. Book an optional tour.
4. Apply for your login ID.

訳 **質問：** あなたは年末までに何をすべきか。

1. 航空券を購入する。
2. 同じホテルを予約する。 正解
3. オプショナルツアーを予約する。
4. ログイン ID を申請する。

解説 海外旅行をキャンセルした you が旅行代理店の担当者と話している。代理店からのオファーをフルに活用するために、年内にすべきことを聞き取る。

　最初に航空券とホテルは返金不可（non-refundable）だと言っているが、その後の However 以降が重要。事故が原因だという事情を考慮して、航空券に関しては 15% が返金される。これは自動的にされるものなので、you が行動を起こす必要はない。ホテルに関しては、年内に（within this year）同じホテルを予約するのであれば、追加料金は発生しない。as long as は条件節を導く接続詞で「〜さえすれば、〜する限りは」の意味。この部分から、選択肢 2 が正解だ。ほかにもすべきことがあるかどうか、続きを聞いて確かめよう。

　オプショナルツアーに関しては、200 ドルのクーポン券が提供される。I'll let you know your login ID ... と ID が発行されることが伝えられているので、クーポン券の入手のため特に you が行動を起こす必要はない。したがって選択肢 4 の「ログイン ID を申請する」は誤り。また、次回はこのクーポン券を使ってオプショナルツアーを予約することになるが、有効期限などの言及はないため、3 の「オプショナルツアーを予約する」も年内にすべきことではない。

Vocabulary

□ **be involved in** 〜に関係する、〜に巻き込まれる　□ **travel agency** 旅行代理店
□ **take advantage of** 〜を利用する、〜を活用する
□ **non-refundable** 払い戻しできない、返金不可の　□ **due to** 〜が原因で、〜のため
□ **circumstance** 事情、状況　□ **obtain** 〜を手に入れる　□ **refund** 払い戻し金、返金
□ **airfare** 航空運賃　□ **as long as** 〜さえすれば、〜する限りは　□ **book** 〜を予約する
□ **charge A B** A に B を請求する　□ **ID** 身分証明書（identification の省略形）
□ **bounce back** 回復する、立ち直る　□ **purchase** 〜を購入する　□ **reserve** 〜を予約する
□ **apply for** 〜を申し込む

217

放送文と訳・解答・解説

No. 5 🔊 097

Situation: You are a newly-hired assistant manager at the department store. You are called to an emergency meeting for employees. The store's director is speaking.

As you may know, since we opened the event halls last month, our parking spaces have always been full. Now while we are making another parking lot for the staff, I need your cooperation. From the beginning of next month, employee parking will be restricted to management positions only. All others will need to find alternative means — either bus or subway. Don't worry, transportation will be reimbursed. Those with special needs, of course, can park as usual, but please see me afterwards. Assistant managers are exempted as well, but only those a year or more on the job. Thank you for your understanding.

訳

シチュエーション： あなたはデパートで新しく採用されたアシスタントマネージャーだ。従業員の緊急会議に呼び出される。デパートの重役が話している。

ご存じと思いますが、わが社は先月イベントホールをオープンして以来、駐車場がいつも満杯になっています。現在、従業員用に別の駐車場を建設中ですが、皆さんの協力が必要です。来月初めから、従業員の駐車は管理職のみに制限されます。ほかの皆さんは全員バスや地下鉄など、代わりの方法を見つける必要があります。交通費は払い戻されますので、心配は要りません。もちろん、障害のある従業員の方は通常通り駐車できますが、後ほど私のところに来てください。アシスタントマネージャーも免除されますが、勤務年数が1年以上の方のみです。ご理解のほど、よろしくお願いいたします。

218

Part 3 演習問題 2

Question: What should you do from next month?

1. Refrain from driving to work.
2. Park at the designated area.
3. Avoid taking the subway.
4. Use a new parking lot.

訳 **質問**：あなたは来月から何をすべきか。

1. 職場に車で行くことを控える。 正解
2. 指定の場所に駐車する。
3. 地下鉄の利用を避ける。
4. 新しい駐車場を使う。

解説　シチュエーションは、デパートに勤務する you が緊急会議で重役の話を聞いているところ。条件は、you が最近雇われた（newly-hired）アシスタントマネージャーであることだ。質問は、来月から何をすべきかなので、来月から何かが変わるのだろうと予想して、重役の話を聞くようにしよう。

　現在、駐車場が不足しており、従業員用の駐車場を新たに建設中である。第 3 文に From the beginning of next month とあるので、この後に注目しよう。来月から従業員用の現駐車場を使用できるのは管理職のみに限ると発表されたが、アシスタントマネージャーである you がこれに含まれるのかは、この後を聞かなければ分からない。管理職以外は車を使わず、ほかの交通機関を使うようにと指示される。

　最後から 2 文目に Assistant managers are exempted as well（アシスタントマネージャーも免除される）とある。その直前で障害を持つ従業員は駐車場を使用してよいと言っているため、アシスタントマネージャーも制限から除外され、身障者と同様に（as well）駐車場を使用できる。ただし、but only those a year or more on the job と付け加えられている点がポイント。you はまだ勤務して間もないので、駐車場は使えないことになる。したがって、正解は 1。Part 3 では、このように、but や however の後に、直前の情報を覆すような重要情報がくる場合が多いので、特に注意して聞くようにしよう。

Vocabulary

□ **emergency meeting** 緊急会議　□ **employee** 従業員、社員　□ **parking lot** 駐車場
□ **cooperation** 協力　□ **restrict** ～を制限する　□ **management position** 管理職
□ **alternative** 代わりの、別の　□ **means** 方法、手段　□ **transportation** 交通費、運賃
□ **reimburse** ～を払い戻す　□ **afterwards** 後で、後に　□ **exempt** ～を免除する
□ **refrain from** *doing* ～することを控える　□ **designated** 指定された
□ **avoid** *doing* ～することを避ける

リスニング学習の5つのカギを知ろう

最後に、リスニング学習をする上で、意識したい5つのカギを伝授します。

1│音を漠然と聞かない

大体こういうことを言っているのだろうといった聞き方ばかりをしていると、聞き取れない部分はいつまでも聞き取れません。分からなかったところはスクリプトで単語や意味を確認した後、もう一歩進んで、音声だけで理解できるように何度か聞き直しましょう。

2│話者のリズムに乗る

話し手は話すと同時にその内容を自分で聞き、意味を考えながら話します。したがって、話者が一気にひとまとめに話すブロックが、大まかな意味の切れ目になります。そこに注目し、聞き手も話者の話すリズムに乗ってブロック単位で理解するように心がけると、聞き取りやすくなります。

3│意味をしっかりつかむ

各単語の発音が聞き取れても、全体の意味が分からなければ何にもなりません。必ず音声の意味をつかむようにしましょう。最初は日本語の助けを借りても構いません。続けていくうちに、自然と英語で理解できるようになります。

4│理解できる単語の発音の幅を広げる

辞書に載っている発音はあくまで典型的な例にすぎません。実際の会話では、もう少し発音に幅があります。例えば接続詞 while や関係副詞 where などは非常に弱く読まれることがあり、辞書の発音とはかなり違うことがあります。聞き取れなかった音はスクリプトで確認し、自分がキャッチできる音の幅を広げていくことが非常に大事です。

5│文法をしっかりと身につける

単語をただ羅列しただけでは意味を成しません。ある規則に沿って並べて初めて、意味あるものになります。その規則とは、いわゆる文法です。文法はリーディングだけではなく、リスニングでも大変重要です。文法がしっかり身についていれば、少々音が不正確でも意味をつかむことができるのです。

Chapter 5

模擬試験
—— 模試 2 セットに挑戦！

模擬試験 1

Part 1

No. 1 ◀ 098
1. Tell Alan to work closely with Steve.
2. Call a sales staff meeting immediately.
3. Obtain the sales figures herself.
4. Complete the report for February instead.

No. 2 ◀ 099
1. Visit the school counselor tomorrow.
2. Eat a meal together as a family.
3. Share their feelings with each other.
4. Talk to more young people.

No. 3 ◀ 100
1. She misplaced her film ticket.
2. She prefers to stay in her apartment.
3. She is participating in a singing contest.
4. She needs to train her voice.

No. 4 ◀ 101
1. Lorna enjoys reading relaxing books.
2. Lorna needs to take some time off.
3. Dave has to prepare for midterms.
4. Dave does not like to eat snacks.

No. 5 ◀ 102
1. An electronic device is not working correctly.
2. A memory card is stuck in the camera.
3. The man cannot arrive within 10 minutes.
4. The woman cannot see the man at the mall.

No. 6 ◀ 103
1. It is worth going to the coast.
2. The couple should save money for a rainy day.
3. The man is not persuasive enough.
4. She does not want to go camping this year.

No. 7　104

1. His tooth is causing him extreme pain.
2. His medication is too expensive to purchase.
3. He dislikes having to check his results.
4. He needs to see the dentist again.

No. 8　105

1. Check the traffic before departure.
2. Get to the train station shortly.
3. Test his phone battery quickly.
4. Talk to an attendant in France.

No. 9　106

1. Greg should contact head office.
2. Greg has found a great solution.
3. Greg agrees with the company's policy.
4. Greg will increase his costs.

No. 10　107

1. Buy some equipment at an office supply store.
2. Travel together with the woman's brother.
3. Invite a friend to visit them for a while.
4. Rent a vacation home for one week in Hawaii.

No. 11　108

1. Request a list of antibiotics at the doctor's office.
2. Listen to the voice message he left in the morning.
3. Cancel his business meeting for the following day.
4. Get some medicine on her way back.

No. 12　109

1. Make a list of expenses for a future trip.
2. Search for a better paying job.
3. Share her credit card payments with a friend.
4. Travel to China in the near future.

Part 2

A | No. 13

1. To see whether a shorter workweek could produce good results.
2. To explain why human resources departments are so important.
3. To research the skills of efficient leaders.
4. To prove that higher pay results in better performance.

No. 14

1. The stress levels of managers declined.
2. Profit levels became much higher.
3. Breaks decreased among staff.
4. Customer satisfaction improved.

B | No. 15

1. He taught at a college in Paris.
2. He established a school for children.
3. He founded an educational institution.
4. He gave up his business for a career in science.

No. 16

1. Its library was the biggest in the city.
2. It had a policy based on gender equality.
3. It mainly recruited women as students.
4. It specialized in art design courses.

C | No. 17

1. They treated boys very harshly.
2. They sometimes gave children to other tribes.
3. They taught every child how to hunt.
4. They embarrassed children in public.

No. 18
1. They were too strict with their children.
2. They valued sons more than daughters.
3. They kept children occupied with housework.
4. They could not judge their children's behavior.

D No. 19
1. It can be stored for later use.
2. It costs less to develop than wind power.
3. It can be combined with gasoline.
4. It requires little electricity to produce.

No. 20
1. Replacing traditional vehicles with electric cars.
2. Extending a fueling network along the entire West Coast.
3. Banning air-polluting cars from other states.
4. Helping cities in Mexico with power generation projects.

E No. 21
1. It is easy to combine with traditional medicine.
2. Its treatments are more comfortable for patients.
3. Medicinal herbs can be found in many places.
4. Its approaches can be learned more quickly.

No. 22
1. It would harm the national healthcare system.
2. Hospitals prefer traditional doctors.
3. There is little evidence of its effectiveness.
4. Trained practitioners are hard to find.

F No. 23
1. She avoided being hit by enemy bullets.
2. She escaped from a German camp.
3. She flew more often than other birds.
4. She helped rescue some soldiers.

No. 24
1. She was put on display.
2. She was taken to a headquarters.
3. She was buried by the military.
4. She was given an award.

Part 3

G No. 25

Situation: You are waiting at a bus stop. The bus has not arrived at the scheduled time. You are not in a hurry. You call the bus company's customer service hotline.

Question: What number should you press?
1. One.
2. Two.
3. Three.
4. Four.

H No. 26

Situation: You are attending the first-year school orientation. You registered for the course online, but you have not received a library ID yet. A staff member is making an announcement.

Question: What should you do first?
1. Apply for the popular class immediately.
2. Visit the information booth.
3. Go to the Academic Affairs Section.
4. Drop by the school cafeteria.

I No. 27

Situation: You go bowling with a group of friends to celebrate your birthday. You want to play three games in total. A member of staff gives you this information.

Question: Which option should you choose?

1. The standard group ticket.
2. The birthday bowl offer.
3. The early bird ticket.
4. The big bowl offer.

J No. 28

Situation: You will study at Brenton College from next year. You are looking for on-campus university accommodation which includes the meal plan. You receive the following voice message.

Question: What should you do?

1. Apply for New Brideswell.
2. Take the room in Sliver Hall.
3. Move to the shared apartment.
4. Wait for a call from Gary Freeburg.

K No. 29

Situation: You bought a mobile phone several years ago. The battery runs down quickly. You were trying to replace the battery, but you couldn't. You call the nearest appliance store.

Question: What should you do first?

1. Find the warranty.
2. Send the battery back to the manufacturer.
3. Check when you bought the product.
4. Contact the service center.

Part 1　放送文と訳・解答・解説

No. 1

098

W: Steve, I haven't received the final report yet. It was supposed to be finished last night. Is there some problem?

M: I haven't finished it. I need to include the final sales numbers for January. Alan hasn't sent them to me yet.

W: They should have been available last week. Did you ask him for them?

M: No, I haven't asked him yet. I'll call him now.

W: Don't worry, I will do it myself. I'm not happy that you haven't asked him for them.

M: He usually sends them through automatically.

訳

W：スティーブ、まだ最終レポートを受け取っていないわよ。昨晩仕上がることになっていたでしょ。何か問題があるの？

M：まだ終わってないです。1月の最終売上高を含める必要がありますが、それがまだアランから届いていないのです。

W：それは先週入手できたはずよ。彼にそれを催促したの？

M：いいえ、まだしていません。今から電話します。

W：いいわ、私が自分でするから。あなたが彼に催促しなかったのは残念だわ。

M：いつもは何も言わなくても送ってくれるのですが。

模擬試験 1

Question: What will the woman do?

1. Tell Alan to work closely with Steve.
2. Call a sales staff meeting immediately.
3. **Obtain the sales figures herself.**
4. Complete the report for February instead.

訳 **質問**：女性は何をするつもりか。

1. アランにスティーブと緊密に仕事をするように言う。
2. 直ちに営業スタッフミーティングを開く。
3. 売上の数字を自分で手に入れる。 正解
4. 代わりに 2 月のレポートを仕上げる。

解説　　上司である女性が男性に、最終レポートはまだかと尋ねるところから会話は始まる。まだ完成していない理由として、男性は Alan から必要なデータが届いていないと答えている。女性の発言 They should have been available ... の they は、その前で男性が言及している the final sales numbers for January を指す。「should have ＋過去分詞」は「〜すべきだったのに、実際にはそうではない」の意味となるため、女性の不満気な様子が感じられる。女性が Did you ask him for them? と聞いているが、ask A for B は「A に B が欲しいと頼む」の意味で、「催促はしたのか?」のニュアンスとなる。

　No と答える男性に対して、女性は自分が催促するからと言いながら、I'm not happy that ... と不機嫌だ。この場合の happy は「満足して」の意味。女性は男性が Alan に催促していなかったことを不満に思っていることが分かる。that 節のほかにも、I'm not happy with your report. (私はあなたのレポートには満足していない) のように、be happy with ... の形でも使うので覚えておくとよいだろう。女性は最後に I will do it myself と、自分で Alan に連絡することを告げている。質問は女性の今後の行動についてなので、正解は 3。sales numbers が、選択肢では sales figures に言い換えられている。

Vocabulary

□ be supposed to *do* 〜することになっている　□ include 〜を含む
□ available 入手できる、利用できる　□ automatically 自動的に　□ closely 緊密に、密接に
□ obtain 〜を手に入れる　□ complete 〜を仕上げる、〜を完成させる

229

Part 1 放送文と訳・解答・解説

No. 2

◀ 099

W: There's something wrong with Chantal, honey.

M: Really?

W: Yes. I talked to the school counselor. She thinks our daughter is being bullied.

M: Hmm. Are you sure the counselor is right?

W: No, but we need to find out. Let's all have dinner tonight and try to get Chantal's side of the story.

M: OK, and she should do most of the talking.

W: Absolutely. Experts say that it's easier for young people to share their feelings if parents don't interrupt them.

訳

W：あなた、シャンタルの様子がどこかおかしいわ。

M：本当に？

W：ええ。私、スクールカウンセラーと話したの。娘はいじめられていると彼女は思っているわ。

M：うーん。カウンセラーは正しいと思う？

W：いいえ、でも調べる必要があるわ。今日皆で一緒に夕食を取って、シャンタル自身の話を聞きましょう。

M：そうだね、そしてもっぱらあの子が話すべきだね。

W：もちろんよ。親が割って入らなければ、子供は気持ちを出すのが容易になるって専門家が言っているわ。

230

模擬試験 1

Question: What does the couple decide to do?

1. Visit the school counselor tomorrow.
2. **Eat a meal together as a family.**
3. Share their feelings with each other.
4. Talk to more young people.

訳 **質問**：夫婦は何をすることに決めたのか。

1. 明日スクールカウンセラーを訪れる。
2. **家族で一緒に食事をする。** 正解
3. お互いの気持ちを伝え合う。
4. もっと多くの若者と話す。

解説 　冒頭の女性の発言で Chantal に何か問題があるらしいことは分かるが、まだこの時点では女性と Chantal の関係は明らかでない。その関係性を探るようなつもりで聞き進めるとよい。すると、女性の 2 番目の発言で、Chantal のことを our daughter と言い換えていることから、男女は夫婦で Chantal が娘であることが判明する。カウンセラーの話によって、娘が学校でいじめられているらしいと心配する女性。その問題の解決策として、3 人で食事をして本人から直接話を聞こうと提案する。男性が OK と応じることで話がまとまった。質問で問われているのは 2 人が決めたことなので、2 が正解。比較的素直な問題である。

　女性はすでにカウンセラーに会っているので、選択肢 1 は合わない。また、3 の Share their feelings with each other. だと、夫婦の間で気持ちを分かち合うことになるので不適切。会話での Let's all have dinner tonight ... の all とは家族 3 人を指しており、正解の選択肢 2 では as a family と言い換えられている。

Vocabulary

□ **bully** 〜をいじめる　□ **find out** 〜を見つける、〜を調べる
□ **〜 side of the story** 〜側の話、〜の言い分　□ **absolutely** まったくその通り
□ **interrupt** 〜を遮る、〜に口をはさむ　□ **visit** 〜を訪れる　□ **meal** 食事

Part 1 放送文と訳・解答・解説

No. 3

100

M: Hello, Brianna. I'm off to the movies at 7:00 p.m. Care to join me?

W: Sorry, Ray. I have singing lessons tonight and I need to practice.

M: Singing lessons! Are you planning to become a singer?

W: No, it's nothing like that. I'm participating in a beauty contest in one month and I chose music as my talent. So that's why I'm practicing.

M: No way! But where's my invitation? I thought we were friends.

W: Don't worry! I haven't forgotten about you. I'll send a card to your apartment.

M: Thanks! I appreciate that.

訳

M：やあ、ブリアナ。午後7時に映画に行くんだけど、一緒に来る？

W：ごめんなさい、レイ。今晩歌のレッスンがあって、練習しなくちゃならないの。

M：歌のレッスン！ 歌手になるつもりなの？

W：違うわ、そんなんじゃないの。1カ月後に美人コンテストに出る予定で、音楽を自分の才能として選んでいるの。だから、練習しているのよ。

M：まさか！ でも、僕への招待状はどこ？ 友達だと思っていたけど。

W：心配しないで。あなたのことは忘れていないわよ。あなたのアパートに招待状を送るわ。

M：ありがとう！ 感謝するよ。

Question: Why can't Brianna go to the movies?

1. She misplaced her film ticket.
2. She prefers to stay in her apartment.
3. She is participating in a singing contest.
4. **She needs to train her voice.**

訳 **質問**：なぜブリアナは映画に行けないのか。

1. 彼女は映画のチケットをどこかに置き忘れたから。
2. 彼女は自宅のアパートにいたいから。
3. 彼女は歌のコンテストに出場するから。
4. 彼女はボイストレーニングをする必要があるから。 正解

解説 男性が最初の発言で、Care to join me? と女性を映画に誘っている。その応答として、女性は歌を練習しなければいけないという理由で断っている。Part 1 では会話の後半（特に最後の方）にヒント箇所が置かれることが圧倒的に多いが、この問題のように、最初の方が質問に関わってくることもあるので注意が必要だ。「歌のレッスンがある」と断った女性に対して、男性が「歌手になるのか？」と問いかけ、女性が「美人コンテストで歌を披露するから」と答える会話の流れをきちんと追っていけると、前半の内容でもしっかりと記憶に残るだろう。

正解は 4 の She needs to train her voice. だ。practice が train に言い換えられ、singing lessons なのだから、トレーニングするのは her voice だと理解できる。会話の後半で、男性が Where's my invitation? と言っているが、これはコンテストの招待状であり映画の招待券などではない。Where とあるので「どこにあるのか探している」と考えて、選択肢 1 の misplaced を選んでしまうかもしれない。また、注意深く聞かないと間違えてしまいそうなのが、3 の singing contest。女性が参加するのは beauty contest である。

Vocabulary

□ be off to ～に出かける　□ care to *do* ～したいと思う　□ practice 練習する
□ participate in ～に参加する　□ talent 才能　□ invitation 招待状
□ appreciate ～に感謝する　□ misplace ～を置き忘れる　□ prefer to *do* ～する方を好む

Part 1 放送文と訳・解答・解説

No. 4
101

W: Dave, these midterm exams are driving me crazy!

M: Calm down, Lorna. Why don't you try reading a book to relax your mind?

W: No, thanks!

M: OK ... how about this? A group of us are meeting tonight to try out the latest *World Hero Games*. We could use an extra player and it will distract your mind.

W: I haven't played video games in ages, so that would be fun. What's the best time to come over?

M: Anytime after 6:00 p.m. And bring some snacks with you!

訳

W：デイブ、今回の中間試験で気が変になりそうよ。

M：落ち着いて、ローナ。本でも読んでリラックスしたらどう？

W：いいえ、結構よ！

M：そう……ではこれはどう？ 僕たち今晩集まって最新版の『ワールド・ヒーロー・ゲーム』をやってみるんだ。もう一人プレーヤーが必要だし、君の気も紛れるよ。

W：ずっとビデオゲームをやっていないから、面白いでしょうね。いつ行けばいい？

M：午後 6 時以降ならいつでもいいよ。それから何かスナックを持って来てね！

模擬試験 1

Question: What do we learn from the conversation?

1. Lorna enjoys reading relaxing books.
2. **Lorna needs to take some time off.**
3. Dave has to prepare for midterms.
4. Dave does not like to eat snacks.

訳 **質問**：この会話から何が分かるか。

1. ローナはリラックスできる本を読んで楽しむ。
2. **ローナは少し休憩する必要がある。** 正解
3. デイブは中間テストの準備をしなければならない。
4. デイブはスナックが好きではない。

解説　女性が中間試験の準備でイライラしているところから会話が始まる。男性はなんとか落ち着かせようと読書を提案するが、女性は応じない。そこで、ほかの仲間と一緒にゲームをしないかと、別の提案をする。We could use an extra player で使われている could use は「～が必要だ、～が欲しい」という意味の口語表現。つまり、男性としてはもう一人プレーヤーがいると嬉しいし、女性にとっては気晴らしになり、一石二鳥ということになる。女性もゲームには乗り気の様子で、何時に行けばよいのかを聞いている。

　質問は、What do we learn from the conversation? なので、会話のどの部分でもヒントになり得、また選択肢も主語が Lorna と Dave に分かれている。正解は 2。いら立つ女性に対して、男性が Why don't you ... relax your mind? / it will distract your mind などと言っていることから判断できる。選択肢 3 は、主語が Dave ではなく Lorna であれば正解になるので注意が必要だ。

Vocabulary

□ **midterm exam** 中間試験、中間テスト　□ **drive A crazy** A の気を変にさせる、A をイライラさせる
□ **calm down** 落ち着く　□ **relax** *one's* **mind** ～の心をリラックスさせる
□ **try out** ～を試してみる　□ **could use** ～が必要である、～が欲しい
□ **distract** *one's* **mind** ～の気をそらす、～の気を紛らわす　□ **in ages** 長い間、ずっと
□ **come over** やって来る　□ **take some time off** 少し休憩する　□ **prepare for** ～の準備をする

Chapter 1 2 3 4 **5**

模擬試験 — 模試 2 セットに挑戦！

235

Part 1 放送文と訳・解答・解説

No. 5

102

M: Lucia, are you ready for our college research project?

W: Sorry, Liam. Strange messages have started flashing across my computer screen and now it's frozen.

M: That doesn't sound good.

W: Yeah! I just called the technician and he'll be here in 10 minutes. So can you come to my apartment later?

M: Yes, of course. I need to buy a memory card for my camera, so I'll go to the mall in the meantime.

W: And I'll call you as soon as my computer is fixed.

訳

M：ルシア、僕らの大学での研究プロジェクトの準備はできたかい？

W：ごめんなさい、リアム。変なメッセージがコンピューターの画面中に点滅し始めて、今フリーズしちゃったの。

M：それは良くない感じだね。

W：そうなのよ！ 今、修理屋さんに電話したところで、10 分したらここに来るわ。だから、後で私のアパートに来てくれる？

M：もちろんいいよ。僕はカメラのメモリーカードを買わなきゃならないから、その間にショッピングセンターに行くよ。

W：じゃあ、コンピューターが直ったらすぐ電話するわね。

Question: What is the problem?

1. An electronic device is not working correctly.

2. A memory card is stuck in the camera.
3. The man cannot arrive within 10 minutes.
4. The woman cannot see the man at the mall.

訳 **質問：**何が問題なのか。

1. 電子機器が正しく作動していない。 正解

2. メモリーカードがカメラに挟まって取れない。
3. 男性は 10 分以内に到着できない。
4. 女性はショッピングモールで男性に会うことができない。

解説 　男性が大学のプロジェクトについて女性に尋ねていることから、2 人は学校の友人同士と考えられる。女性の最初の発言が解答のヒント。彼女のコンピューターの画面にエラーメッセージが出て、フリーズしてしまったと言っている。flashing across ... は聞き取りづらいが、frozen などからコンピューターの調子が悪いのだと判断できれば、選択肢 1 を選ぶことができるだろう。an electronic device（電子機器）は、my computer の言い換え。

　会話の最初にヒントが出てくる珍しいパターンなので、その後の無関係な情報に惑わされないよう注意が必要である。女性が呼んだ技術者が 10 分後に来る予定だと言っていることのひっかけが選択肢 3。10 minutes が耳に残っていると選んでしまいそうだ。男性は修理が終わってから女性のアパートに行くことになっている。その間にカメラのメモリーカードを買いに行くと言っているが、メモリーカードが詰まってしまったわけではないので、2 も除外。不正解の選択肢は、このように会話に出てくるものの、正解とは無関係な単語や話題を使って作られることも多い。惑わされないよう、しっかりと会話を聞くようにしよう。

Vocabulary

□ research 調査、研究　□ flash 点滅する　□ frozen 動かなくなる、フリーズした
□ technician （専門）技術者　□ mall ショッピングモール、ショッピングセンター
□ in the meantime その間に　□ fix ～を修理する　□ electronic device 電子機器
□ work 動く、機能する　□ correctly 正しく　□ stuck in ～にはまり込んで、～から抜け出せない

Part 1 放送文と訳・解答・解説

No. 6

103

W: Honey, I think it's time we made a final decision about this year's vacation.

M: I am happy with anything, as long as it isn't camping again.

W: Not camping? I thought you liked camping.

M: I do, but I really don't want to spend a week being cold and wet again.

W: We were just unlucky last year.

M: I just want to sit on a beach in the sun.

W: It can rain on beaches too, you know.

訳

W：あなた、今年の休暇のことだけど、そろそろ最終的に決めなければいけない頃よ。

M：僕はまたキャンプでない限りは、何でもいいよ。

W：キャンプは駄目なの？ あなたはキャンプが好きなのだと思っていたわ。

M：好きだよ、でもまた寒くて濡れたまま、1週間を過ごすのは嫌だよ。

W：去年は運が悪かっただけよ。

M：ただ太陽の下でビーチに座っていられればいいよ。

W：ビーチでも雨が降る可能性はあるでしょ。

模擬試験 1

Question: What does the woman imply?

    1. It is worth going to the coast.

    2. The couple should save money for a rainy day.

    3. The man is not persuasive enough.

    4. She does not want to go camping this year.

訳　**質問**：女性は暗に何と言っているか。

  1. 海辺に行く価値がある。

  2. 2人は万一の時に備えてお金を貯めるべきだ。

  3. 男性の言うことには十分な説得力がない。 正解

  4. 彼女は今年キャンプに行きたくない。

解説　出だしの I think it's time ... は注意すべき仮定法の表現である。it's time の部分は現在形だが、その後の we made a final decision ... の動詞は過去形になっている。すでに休暇について決めるべき時期なのに、実際にはまだ決まっていないため、現実とは反対の事実を仮定法によって表している。男性は去年のキャンプで雨に降られたことにこりた様子で、キャンプ以外であればどこでも構わないと言いながらも、ただビーチでゆっくりしたいと希望を伝えている。

　女性の最後の発言、It can rain on beaches too が解答のヒント。imply が含まれる質問のヒントは会話の最後にあることが多い。文字通りの意味ではなく、発言者の意図を理解する必要がある。男性が「ビーチで太陽の下で過ごしたい」と言ったのに対して、女性が It can rain on beaches too（ビーチでも雨が降る可能性がある）と返しているので、女性が暗に言いたいのは、男性の言うことには説得力がないということ。したがって、正解は選択肢 3。

Vocabulary

□ it's time ～すべき時である　□ vacation 休暇、休み　□ as long as ～である限りは
□ camping キャンプ（をすること）　□ unlucky 不運な、運の悪い　□ coast 海岸、沿岸
□ for a rainy day 万一の場合に備えて　□ persuasive 説得力のある

Chapter

1

2

3

4

5

模擬試験 —— 模試 2 セットに挑戦！

239

No. 7

W: Mr. Roberts, I can't extract your tooth today.
M: Why not? I need it done now.
W: You have an infection that needs to be treated first. If I perform the extraction, it could be dangerous for your health.
M: Aren't you exaggerating? I don't feel any pain.
W: I'm not surprised because the problem is hidden under your tooth. I'll give you some medication. Then please return next week to check the results.
M: OK, then. I guess I have no choice.

W：ロバートさん、今日は抜歯できません。
M：なぜですか？ 今していただかないと。
W：まず治療が必要な感染症があります。抜歯を行ってしまうと、体に悪いかもしれないんです。
M：大げさなんじゃありませんか？ 痛みはまったくありませんよ。
W：問題のあるところは歯の下に隠れていますから、当然です。お薬を差し上げましょう。結果を調べるため来週いらしてください。
M：それなら分かりました。仕方ないようですね。

模擬試験 1

Question: Why is the man unhappy?

    1. His tooth is causing him extreme pain.

    2. His medication is too expensive to purchase.

    3. He dislikes having to check his results.

    4. He needs to see the dentist again.

訳 **質問:** なぜ男性は不満なのか。

    1. 彼の歯がひどく痛むので。

    2. 彼の薬が高すぎて購入できないので。

    3. 彼は結果をチェックしなければならないことが嫌なので。

    4. 彼は再度、歯医者に診てもらう必要があるので。 正解

解説 冒頭の I can't extract your tooth ... が分かりにくいかもしれない。できればここで、女性が歯科医であることを把握したいところである。患者である男性は、抜歯ができないと聞いて不満そう。I need it done now. は、I need my tooth extracted の意味である。女性は抜歯できない理由を説明するが、男性は「大げさなのではないか?」と不審に思っている様子。まずは薬を飲んで感染症を治療して、完治したことを確認してから抜歯をすることになる。女性が、Please return next week ... と言っていることから、正解は選択肢 4。最後に男性が、I guess I have no choice. と言っている点からも、「ほかに選択肢がない」→「仕方ない」と満足していない様子がうかがえる。男性はおそらく一度の通院で済ませたかったのだろう。Why から始まる質問は、男女どちらかの怒りや不満の原因を問う場合が多い。この会話では、最初に男性が不満を持っていることを理解し、その後はその原因を聞き取るように心がけるとよいだろう。

Vocabulary

□ extract 〜を引き抜く　□ infection 感染症　□ treat 〜を治療する

□ perform 〜を行う、〜を実行する　□ extraction 引き抜くこと

□ exaggerate 大げさに言う、誇張して言う　□ hidden 隠れた、隠された

□ medication 薬、医薬品　□ have no choice 仕方ない、選択の余地がない

□ extreme 極端な、ひどい　□ expensive 高い、費用のかかる　□ purchase 〜を購入する

□ dislike 〜が嫌いである　□ dentist 歯科医、歯医者

241

Part 1 放送文と訳・解答・解説

No. 8

▶ 105

M: Hannah, what time will you arrive?

W: Hi, dad. I just asked the attendant and he told me the train will be at the station in about 20 minutes. Then it will take another 15 minutes to get through security.

M: Why didn't you call me when you passed the border of France?

W: I tried, but my phone battery died, and I had to charge it up. Sorry!

M: OK, as long as you're safe. I'll try to get there about 10 minutes after your security check depending on traffic. I can't wait to see you!

訳

M：ハナ、到着は何時になるかな？

W：あっ、パパ。乗務員さんにたった今聞いたら、あと20分くらいで駅に到着すると言ってたわ。それからセキュリティーを通過するのに約15分かかる見込みよ。

M：なぜフランスの国境を通過したときに電話をくれなかったんだい？

W：しようとしたのだけれど、携帯のバッテリーが切れて、充電しなければならなかったの。ごめんなさい！

M：まあ、おまえが無事ならいいよ。道路の混み具合にもよるけど、ハナがセキュリティーチェックを通過してから10分後くらいにそっちに着くよ。早く会いたいよ！

242

模擬試験 1

Question: What will the man try to do?

1. Check the traffic before departure.
2. **Get to the train station shortly.**
3. Test his phone battery quickly.
4. Talk to an attendant in France.

訳 **質問：** 男性は何をしようとするのか。

　1. 出発前に交通状況を調べる。

　2. まもなく駅に着く。 正解

　3. 携帯のバッテリーを素早く試す。

　4　フランスで乗務員に話す。

解説　女性が男性を dad と呼んでいるため、親子の会話であることが分かる。列車に乗っている娘の到着時刻を電話で聞いている状況を理解しよう。20 分後に駅に到着し、その後、セキュリティーの通過に 15 分かかるなど、細かい点は聞き取りにくい。さらに、携帯の充電が必要だったなど、質問とは関係ない情報も盛り込まれている。ヒントは父親の最後の発言部分。I'll try to get there about 10 minutes ... から、娘を迎えに行くために急いで駅に向かうことが分かる。したがって、正解は選択肢 2。

　この会話では、女性がヨーロッパの長距離列車に乗っているのがイメージしづらいかもしれない。列車で国境を越え、別の国に到着すると、空港と同様にセキュリティーを通過する必要がある。ただし、たとえそれらの状況があまり理解できなくても、最後の部分のみで正解を導くことも可能だ。本番の試験でも、このような問題が出題されることもあるため、最後まで諦めずに聞き続けるように心がけよう。

Vocabulary

□ **attendant** 乗務員、係員　□ **get through security** 保安検査場 [セキュリティー] を通過する
□ **border** 国境　□ **die** (バッテリーなどが) 切れる、なくなる　□ **charge up** ～を充電する
□ **as long as** ～である限りは　□ **depending on** ～次第で　□ **traffic** 交通 (量)
□ **departure** 出発　□ **shortly** まもなく

243

Part 1 放送文と訳・解答・解説

No. 9

M: Hey Suzy, did you read the report that was issued from head office?

W: I sure did, Greg. I'm not sure how I can reduce my costs by that much though.

M: Well, I'm going to try to maintain my costs, but increase my sales.

W: I'm not sure that is what head office was telling us to do.

M: It will have the same result. Anyway, we'll make the company more money this way.

W: Still, you might want to check before you do that.

M: Don't worry, it will be fine.

訳

M：やあ、スージー、本社が出したレポートを読んだかい？
W：もちろん読んだわ、グレッグ。でも、どうしたらあんなに経費を減らせるか分からないわ。
M：うーん、僕は経費はそのままにして、売上を伸ばそうと思うよ。
W：それが本社の指示かしら。
M：結果は同じだろう。いずれにせよ、このやり方なら会社にもっと収益をもたらすことになるよ。
W：それでも、そうする前に確認した方がいいかもしれないわ。
M：心配しないで、うまくいくよ。

模擬試験 1

Question: What does the woman think?

1. **Greg should contact head office.**
2. Greg has found a great solution.
3. Greg agrees with the company's policy.
4. Greg will increase his costs.

訳 質問：女性は何を考えているか。

1. グレッグは本社と連絡を取るべきだ。 正解
2. グレッグは素晴らしい解決法を見つけた。
3. グレッグは会社の方針に同意している。
4. グレッグは経費を増やすだろう。

解説 話題の中心は本社から出されたレポート。そこには経費の削減目標が書かれているが、女性は達成できるかを不安に思っているようである。女性の最初の発言末の though は副詞の扱いで「でも、けれど」の意味。一方、男性は経費はそのままで売上を伸ばすことによって会社に利益をもたらせばよいという独自のアイデアを出す。しかし、女性はそれで果たして本社が納得するのか懐疑的だ。女性の最後の発言 you might want to check before you do that がヒントとなり、正解は 1。check というのは「本社に確認する」ことを指し、do that は「経費はそのままで売り上げを伸ばす」こと。you might want to do は「～するといいでしょう、～した方がいいかもしれません」の意味だ。should や have to を使うときつい印象を与えるのに対して、これは相手にやんわりと提案・忠告などをするときに使える便利な表現である。

選択肢 2 の Greg has found a great solution. は、男性はそう考えているかもしれないが、女性の考えではない。3 は、男性は会社の方針に従っていないので不適切。4 については、Greg は I'm going to try to maintain my costs と発言しているため、内容に合っていない。

Vocabulary

□ issue ～を出す、～を発令する　□ head office 本社　□ cost 経費、コスト
□ maintain ～を保つ、～を維持する
□ might want to do ～した方がいいでしょう、～した方がいいかもしれません
□ contact ～と連絡を取る　□ solution 解決法　□ policy 方針

Chapter

1 2 3 4 5

模擬試験 —— 模試 2 セットに挑戦！

245

Part 1 放送文と訳・解答・解説

No. 10

M: Honey, I saw Elaine today and she invited us to visit her in July.
W: That's great! Her Hawaiian beach home is beautiful, and a perfect place to practice our surfing skills.
M: Let's invite your brother to go with us.
W: I just saw him yesterday. He's working at an office supply store, but he's supposed to be getting vacation time soon.
M: Perfect! I'm sure he has at least one week free, and our travel dates can be flexible.
W: You're right. I'll give him a call right after lunch.

訳

M：ねえ、今日エレインに会ったんだけど、7月に彼女のところへ招待されたよ。
W：それはいいわ！ 彼女のハワイのビーチハウスは美しくて、サーフィンの練習をするのにぴったりな場所よ。
M：君のお兄さんも一緒に誘おうよ。
W：兄にはちょうど昨日会ったわ。事務用品のお店で働いているんだけれど、まもなく休暇を取ることになっているの。
M：完璧だね！ 少なくとも1週間は空くだろうから、旅行の日取りは融通が利くだろう。
W：その通りね。お昼を食べたらすぐ兄に電話するわ。

模擬試験 1

Question: What will the couple probably do in July?

   1. Buy some equipment at an office supply store.

   2. Travel together with the woman's brother.

   3. Invite a friend to visit them for a while.

   4. Rent a vacation home for one week in Hawaii.

[訳] **質問：**2人は7月におそらく何をするか。

   1. 事務用品の店で備品を買う。

   2. 女性の兄と一緒に旅行する。 正解

   3. 友人を自分たちのところにしばらく招待する。

   4. ハワイで別荘を1週間借りる。

[解説] 決して英語が難しいということはないが、会話中の情報量が多いので整理して聞かなければならない。登場人物が多いことも内容を複雑にしている。ここでは、会話をする男女（カップル）のほかに、2人の共通の友人であるElaineと女性の兄も話題になっているため、落ち着いて聞くようにしよう。

  話題は休暇の過ごし方について。男女はElaineのハワイの家に招かれ、7月に行く予定だが、女性の兄も一緒に誘おうということになった。彼は事務用品の店で働いており、休暇を取る予定だという。he's supposed to be getting vacation time soonで使われているbe supposed to doは「〜することになっている、〜するはずである」という予定や予想を表す表現である。質問は、7月のカップルの行動に関するものだが、質問文にprobablyが含まれていることに注目しよう。正解は2のTravel together with the woman's brother.「女性の兄と一緒に旅行する」。会話の最後で女性が、I'll give him a call ... と言っていて、まだ彼が行くことが確定したわけではないが、その前の会話のやり取りから、女性の兄はおそらく一緒にハワイに行くだろうと考えられる。

Vocabulary

□invite 〜を招待する　□practice 〜を練習する　□office supply 事務用品、オフィス用品

□be supposed to do 〜することになっている、〜するはずである

□flexible 融通の利く、柔軟性のある　□equipment 備品、機器　□for a while しばらくの間

□rent 〜を借りる

247

Part 1　放送文と訳・解答・解説

No. 11

M: Did you get my voice message about Amy's doctor appointment? Dr. Pallas wants to see her at 9:00 a.m., and I have to attend a business meeting.

W: No problem, honey. Amy has her ballet class this morning, but I'll call and cancel. Do you think we should be worried about our daughter?

M: I'd say no. The doctor said that she has a throat infection and with the proper antibiotics, she'll be just fine.

W: That's a relief!

M: Sure is. Oh, and **make sure you purchase the medication she needs at the pharmacy before you return home.**

W: Yes, of course! Call you later.

訳

M：エイミーの診察予約についての僕のボイスメッセージを聞いたかい？ パラス先生は午前9時に診察したいようだけど、僕はビジネスミーティングに出なければならないんだ。

W：大丈夫よ、あなた。エイミーは今朝バレエのクラスがあるけれど、電話でキャンセルするわ。あの子のこと、心配すべきかしら？

M：そんなことないよ。先生が言うには、のどの感染症にかかっているけど、適切な抗生物質ですぐ良くなるそうだよ。

W：それでホッとしたわ！

M：確かにね。そうだ、それから家に帰る前に薬局で必要な薬を買うのを忘れないでね。

W：もちろんよ！ 後で電話するわ。

Question: What is one thing the man wants the woman to do?

1. Request a list of antibiotics at the doctor's office.
2. Listen to the voice message he left in the morning.
3. Cancel his business meeting for the following day.
4. **Get some medicine on her way back.**

訳 **質問：**男性が女性にしてほしい一つのことは何か 。

　1. 医院で抗生物質のリストを依頼すること。

　2. 朝に男性が残したボイスメッセージを聞くこと。

　3. 翌日の男性のビジネスミーティングをキャンセルすること。

　4. **帰りに薬を買うこと。** 正解

解説　　この会話では、冒頭の男性の発言 Amy's doctor appointment がキーワード。この時点では、話者たちと Amy の関係性は確定できないが、次の女性の発言に our daughter とあることから、男女は夫婦であり Amy が 2 人の娘だと分かる。娘の病気を心配するべきかと問う母親に対して、父親は I'd say no. と答えて女性を安心させる。このように、夫婦間で子供に関する不安や悩みを共有し、解決に向かうパターンの会話は多く出題されている。

　　質問は、男性が女性に何をしてほしいかだ。男性の最後の発言 make sure 以下から、正解は 4。これは You make sure (that) ... という文の命令形で、that 以下を確実にしてほしいと念を押している。選択肢の on her way back（帰宅途中で）は、before you return home（家に帰る前に）の言い換えだ。選択肢 3 で cancel するのはミーティングではなく、Amy のバレエのレッスン。2 のボイスメッセージは会話の冒頭で出てくるが、これから聞いてほしいと望んでいるわけではない。

Vocabulary

□ **voice message** ボイスメッセージ、音声メッセージ　□ **appointment** 予約、約束
□ **attend** ～に出席する　□ **be worried about** ～を心配する　□ **throat** のど
□ **infection** 感染症　□ **proper** 適切な　□ **antibiotics** 抗生物質　□ **relief** 安心、安堵
□ **make sure** 確実に～する、忘れずに～する　□ **purchase** ～を購入する
□ **medication** 薬、医薬品　□ **pharmacy** 薬局　□ **request** ～を頼む、～を求める
□ **medicine** 薬、医薬品

Part 1 放送文と訳・解答・解説

No. 12
🔊 109

M: Did you enjoy your vacation in Venice, Lynn?

W: Yeah, but it was really expensive, and all of my credit cards are maxed out. I'll have to work around the clock to pay everything off.

M: Hmm. I went to China last year and the same thing happened to me. I learned that it's best to calculate your costs before you travel abroad. Try that the next time.

W: Makes sense! But, for now, I've got to get a better paying job.

M: Well, I'll keep my eyes open and if I see any suitable job posts, I'll let you know.

訳

M：ベニスの休暇は楽しかった、リン？

W：ええ、でも本当に物価が高くて、クレジットカードはどれも限度額まで使い切ったわ。一日中働いて返済しなくちゃいけないの。

M：うーん、僕も去年中国に行って、同じことが起こったよ。海外旅行に行く前に、費用を計算するのが一番いいと分かったよ。次回はそうしてごらん。

W：その通りね！ でも今のところ、お給料の良い仕事を探さないと。

M：そう、こっちも気をつけておいて、何かいい仕事を見つけたら知らせるよ。

250

模擬試験 1

Question: What does the man suggest that the woman do?

1. **Make a list of expenses for a future trip.**
2. Search for a better paying job.
3. Share her credit card payments with a friend.
4. Travel to China in the near future.

訳 **質問：**男性は女性に何をするよう提案しているか。

1. 将来、旅行するときは経費一覧を作る。 正解
2. もっと給料の良い仕事を探す。
3. 友人とクレジットカードの支払いをシェアする。
4. 近い将来、中国に旅行する。

解説 ベニスで休暇を楽しみ、帰国した女性が休暇中に出費がかさみ、クレジットカードの支払いが大変だと話している。同様の経験を持つ男性からのアドバイスは、calculate your costs before you travel abroad（海外旅行前に、費用を計算する）というもの。女性は Makes sense! と納得はするものの、今はクレジットカードの支払いのために、より給料の良い仕事（a better paying job）を探さなくてはならない。質問は、男性が女性にした提案の内容なので、正解は 1。calculate your costs を選択肢では make a list of expenses に言い換えている。また、次回の海外旅行が決まっているわけではないので、for a future trip としている。迷いそうなのが、選択肢 2。「より給料の良い仕事を探す」のは女性が言っていたことで、男性の提案ではない。ただし、質問が What does the woman decide to do? や What will the woman do next? などであれば、2 も正解になり得る。質問文を注意して聞き取ることが大切だ。

Vocabulary

☐vacation 休暇　☐expensive 高い、費用のかかる　☐max out ～を限度額まで使い切る
☐around the clock 一日中、休みなく　☐pay off ～を完済する　☐calculate ～を計算する
☐make sense 理に適う　☐keep *one's* eyes open 常に注意する、気をつけておく
☐suitable ふさわしい、適した　☐expense 費用、出費　☐search for ～を探す

251

A │ *Four-Day Workweek*

In the spring of 2018, Jarrod Haar and his fellow researchers ran an experiment at a New Zealand firm. They reduced the workweek to 4 days, and from 40 hours a week to 32 hours, while the original salaries of all 240 employees remained the same. Many analysts had said that a shorter workweek would be beneficial for companies, but managers had generally resisted the idea. Harr's goal was to find out which side of this debate was correct.

Harr's team eventually came up with data that went against managers' expectations. It was found that a significant percentage of the employees said their work-life balance improved while the experiment lasted. Staff were able to spend more time with their families or on exercising, cooking, or gardening. In addition, employee stress levels decreased and overall work satisfaction grew. Observers were surprised to see that all tasks were completed on time, staff became more creative, and work breaks even became shorter.

訳

週4日勤務

2018年の春、ジャロド・ハーと仲間の研究者たちはニュージーランドの会社で実験を行った。勤務日数を週4日に、そして労働時間を週40時間から32時間に減らし、一方、従業員240人全員のもともとの給料は据え置いた。多くのアナリストは短い労働時間は企業にとって有益になると述べていたが、管理職の人々は概してこの考えに反対していた。ハーの目標はこの議論のどちらが正しいかを見いだすことだった。

ハーの研究チームは、最終的に管理職の予想に反するデータを出した。実験が続いている間、ワークライフバランスが改善した、とかなり高い割合の従業員が述べたことが分かった。従業員はもっと多くの時間を家族と過ごしたり、運動、料理、そしてガーデニングに費やすことができた。さらに、従業員のストレスが減り、全体的な仕事の満足度が上がった。すべての業務が時間通りに終わり、従業員がより創造的になり、仕事中の休憩時間さえ短くなったことを知り、実験観察者たちは驚いた。

■ 展開パターン

① NZ の研究班が、週4日勤務の有効性を実験した

② 実験の結果：1) プライベートが充実　2) 仕事の効率・満足度アップ 　　　　　　　3) ストレス・休憩時間の減少

模擬試験 1

No. 13 Why did the New Zealand firm run the experiment?

1. To see whether a shorter workweek could produce good results.
2. To explain why human resources departments are so important.
3. To research the skills of efficient leaders.
4. To prove that higher pay results in better performance.

No. 14 Why were observers surprised?

1. The stress levels of managers declined.
2. Profit levels became much higher.
3. Breaks decreased among staff.
4. Customer satisfaction improved.

訳 **質問13** なぜニュージーランドの会社は実験を行ったのか。

1. 週労働時間を減らすことが良い結果を生むかどうか調べるため。 正解
2. なぜ人事部が非常に重要なのかを説明するため。
3. 有能なリーダーのスキルを調べるため。
4. 給料が高くなると業績が良くなることを証明するため。

質問14 なぜ実験観察者たちは驚いたのか。

1. 管理職のストレスが減ったため。
2. 収益レベルがはるかに高くなったため。
3. 従業員の間で休憩が減ったため。 正解
4. 顧客満足度が向上したため。

解説 第1パラグラフでは、ニュージーランドで行われた実験の概要が説明されている。週4日の勤務が企業にとって良い結果をもたらすのかどうかを調査することが目的だった。質問13の正解は1。第2パラグラフは、その実験の結果が述べられる「展開パターン」である。プライベート面のみならず、仕事面でもメリットが見られた。質問14のヒントは、最後の Observers were surprised to see that ... 以降。勤務時間が減っても時間内に業務を終え、社員はより創造的になり、休憩時間が減ったと述べられているので、質問14の正解は3。

Vocabulary

□**run an experiment** 実験を行う　□**firm** 会社、企業　□**employee** 従業員、社員
□**analyst** アナリスト、専門家　□**beneficial for** ～にとって有益な、ためになる
□**resist** ～に抵抗する　□**find out** ～を見つけ出す、～を知る　□**debate** 議論、論争
□**eventually** 最終的に、ついには　□**come up with** ～を見つける、～を出す
□**expectation** 予想、予測　□**significant** かなりの、顕著な　□**improve** 改善する、良くなる
□**observer** 観察する人　□**complete** ～を完成させる、～を仕上げる　□**on time** 時間通りに
□**work break** (仕事の)休憩時間　□**human resources department** 人事部
□**efficient** 有能な　□**result in** ～という結果になる

253

B *Peter Cooper's Union*

Back in the 1840s, there were several schools in New York City that offered free education for children. However, there were not many facilities for adults, particularly evening classes that the working class could afford. Peter Cooper, who was a successful local businessman and head of the Public School Society, decided to do something about this. He knew about the Polytechnical School of Paris, which offered free classes in practical subjects for working-class people. In 1859 he established the Cooper Union for Science and Art on similar lines.

The college offered classes to both men and women. Moreover, it treated them the same way, which was unique at that time. The library remained open until 10:00 p.m., allowing people to study after they finished work. The Cooper Union became very popular, and it is now a leading college of architecture, engineering and art.

訳

ピーター・クーパーの大学

さかのぼること1840年代、ニューヨーク市には子供に無償で教育を施す学校がいくつかあった。しかし、成人用の施設、特に労働者階級にとって手頃な夜間クラスはあまりなかった。ピーター・クーパーは成功した地元の実業家、公立学校協会の会長であり、これを何とかしようと決意した。彼はパリのエコール・ポリテクニークについて知っており、そこでは労働者階級の人々に実用的な科目の授業が無料で提供されていた。1859年、彼はそれにならって、クーパー・ユニオン・フォア・サイエンス・アンド・アートを設立した。

この大学は男女両方に授業を提供した。しかも、男女を同じように扱い、それは当時、ほかではないことだった。図書室は午後10時まで開いており、人々は仕事が終わった後、勉強することができた。クーパー・ユニオンは非常に人気となり、今では建築、工学そして芸術のトップ大学である。

■ 展開パターン

① 1859年、Peter Cooper が、成人労働者が無料で学べる夜間学校を NY に設立

② 学校の特色：1) 男女平等　2) 図書室を夜10時まで開放、仕事が終わってから学べる

No. 15 What is one thing we learn about Peter Cooper?

    1. He taught at a college in Paris.

    2. He established a school for children.

    3. He founded an educational institution.

    4. He gave up his business for a career in science.

No. 16 Why was the Cooper Union unique?

    1. Its library was the biggest in the city.

    2. It had a policy based on gender equality.

    3. It mainly recruited women as students.

    4. It specialized in art design courses.

訳 質問15 ピーター・クーパーについて分かる一つのことは何か。

    1. 彼はパリの大学で教えていた。

    2. 彼は子供のための学校を設立した。

    3. 彼は教育機関を創設した。 正解

    4. 彼はビジネスをやめ科学の道に進んだ。

質問16 なぜクーパー・ユニオンは独特だったのか。

    1. 図書室が市で最大だったから。

    2. 男女平等の方針だったから。 正解

    3. 主に女性を学生として受け入れたから。

    4. 芸術デザインのコースを専門としていたから。

解説 第1パラグラフでは、Peter Cooper が学校を設立した背景が説明されている。当時、成人労働者が実用的な科目を無料で学べる場がニューヨークにあまりなかったので、パリの技術学校にならい開校した。質問15の正解は3。第2パラグラフでは、学校 (the Cooper Union for Science and Art) の特色を挙げている。パラグラフ第2文で、it (= the Cooper Union) treated them (= men and women) the same way とあることから、質問16は2が正解。第1パラグラフで概要を述べ、第2パラグラフでは、詳細へと展開するパターンである。

Vocabulary

□ facility 施設、機関　□ particularly とりわけ、特に　□ afford ～を手に入れる金銭的余裕がある
□ polytechnical 技術系の、理工科の　□ practical 実用的な、実際役に立つ
□ subject 教科、科目　□ establish ～を設立する　□ on similar lines 同様の方法で
□ treat ～を扱う　□ unique 独特な、唯一の　□ allow A to *do* Aが～することを可能にする
□ architecture 建築　□ engineering 工学　□ found ～を設立する、～を創設する
□ institution 施設、機関　□ based on ～に基づく　□ gender equality 男女平等
□ recruit ～を募集する、～を新しく入れる　□ specialize in ～を専門に扱う

C *Discipline in the Comanche Tribe*

The Native American Comanche tribe was known for its fierceness when fighting. The Comanche warriors had a habit of attacking other Native Americans as well as European settlements and taking thousands as slaves. Even their name, given to them by another tribe, means "everyone's enemy."

Surprisingly, however, they disciplined their children very gently. Boys and girls were never hit or yelled at. Instead, they were publicly shamed before the tribe members by calling out what they did.

The Comanche believed that parents were too emotionally close to their children. They felt that parents could not recognize a child's misbehavior. Therefore, a teenager of the opposite sex was chosen to discipline children. These youngsters were called a "mean" brother or sister. This arrangement served two purposes: it taught teenagers responsibility and provided an objective opinion when a child's actions were questionable.

訳

コマンチ族のしつけ

アメリカ原住民のコマンチ族は戦闘時のどう猛さで有名だった。コマンチの戦士たちは、ヨーロッパ人の入植地だけでなく、ほかのアメリカ原住民も攻撃し、何千人も奴隷にする習慣があった。コマンチという名前は別の部族が名付けたものだが、それさえ「皆の敵」という意味だ。

しかし驚くことに、彼らは子供を非常に優しくしつけた。少年少女たちは、叩かれたり怒声を浴びせられることは決してなかった。その代わりに、部族のメンバーの面前で自分たちの行為を非難されることで、公に恥をかかされた。

親は子供と感情的に近すぎるとコマンチ族は信じていた。親は子供の非行に気づけないと彼らは思っていた。そこで、異性のティーンエージャーが子供のしつけ役に選ばれた。こうした若者は「いじわるな」兄や姉と呼ばれた。この取り決めは2つの目的を果たした。ティーンエージャーに責任を教えることと、子供の行動に問題があるときに客観的な意見を与えることだった。

■ 展開パターン

① コマンチ族の概要説明：アメリカ原住民の攻撃的な部族

② コマンチ族の子供のしつけ方 #1：悪事を公に非難することで反省させる

③ コマンチ族の子供のしつけ方 #2：親では客観的なしつけができないため "mean" brother/sister に協力を仰ぐ

模擬試験 1

No. 17 How did the Comanche discipline their children?

1. They treated boys very harshly.
2. They sometimes gave children to other tribes.
3. They taught every child how to hunt.
4. **They embarrassed children in public.**

No. 18 What does the speaker mention about Comanche parents?

1. They were too strict with their children.
2. They valued sons more than daughters.
3. They kept children occupied with housework.
4. **They could not judge their children's behavior.**

訳 **質問 17** コマンチ族はどのように子供をしつけたか。

1. 少年を非常に厳しく扱った。
2. 時折子供を他の部族に渡した。
3. すべての子供に狩猟方法を教えた。
4. **公衆の面前で子供に恥ずかしい思いをさせた。** 正解

質問 18 コマンチの親について話者が触れていることは何か。

1. 彼らは子供に厳しすぎた。
2. 彼らは娘より息子を重んじた。
3. 彼らは子供を家事で忙しくさせた。
4. **彼らは子供の行動を判断できなかった。** 正解

解説 3 つのパラグラフから構成されるパッセージである。聞き方において、2 つのパラグラフのパッセージと変わるものではなく、展開がもう一つ増えると考えるとよいだろう。第 1 パラグラフでは、コマンチ族が紹介され、その後の第 2、第 3 パラグラフでは、それぞれコマンチ族のしつけについて、違った面が紹介されている。質問 17 の正解は、第 2 パラグラフから 4。shame が選択肢では embarrass に言い換えられている。質問 18 のヒントは、第 3 パラグラフの冒頭。コマンチ族の親は子供と感情的に近すぎるので、子供の誤った行動に気づくことができないと考えられていた。質問 18 の正解は 4。

Vocabulary

□discipline しつけ、規律 □Comanche tribe コマンチ族 □fierceness 激しさ、どう猛さ
□warrior 戦士、兵士 □settlement 入植地、植民地 □slave 奴隷
□discipline ～をしつける、～を鍛錬する（動詞も名詞と同形） □yell at ～を怒鳴りつける
□call out ～を非難する □misbehavior 不品行、誤った行動 □opposite sex 異性
□mean 意地悪な、厳しい □objective 客観的な □questionable 疑わしい、疑問の余地がある
□harshly 厳しく □embarrass ～に恥ずかしい思いをさせる
□keep A occupied A を忙しくさせておく

| Part 2 | 放送文と訳・解答・解説 |

D｜*Hydrogen and California*

Hydrogen may prove to be the fuel of the future. It can be combined with oxygen to create clean energy. However, the production of pure hydrogen requires large amounts of electricity because hydrogen is mostly bonded with other elements. Alternative energy sources, like the wind or the sun, can be used for that purpose. The pure hydrogen can then be stored in fuel cells, which can later be used to run cars and buses.

California has demonstrated that hydrogen-powered cars can be an alternative to combustion engine vehicles. It has already built a network of 40 hydrogen fueling stations and plans to build 160 more in five years. The next step will be connecting major west coast cities from Canada to Mexico by installing more stations, creating a north-south "hydrogen highway." When completed, it is expected to encourage more people to drive the pollution-free vehicles.

訳

水素とカリフォルニア

水素は未来の燃料になるかもしれない。水素を酸素と結合してクリーンなエネルギーを作ることができるのだ。しかし、水素は通常、別の元素と結合しているので、純粋な水素を作るには大量の電気が必要となる。風力や太陽光などの代替エネルギーをこの目的に使用することができる。純水素は次に燃料電池に蓄積され、その後、車やバスを動かすのに使われる。

カリフォルニア州は、水素自動車が燃焼エンジン車に取って代わる可能性があることを示している。同州はすでに40カ所の水素燃料ステーション網を構築し、今後5年でさらに160カ所を建設する予定だ。次の段階は、さらにステーションを設置して、カナダからメキシコに至る西海岸の主要都市を結び、北から南まで続く「水素ハイウェイ」を構築することだ。完成すれば、この無公害車の利用をさらに促進すると見込まれている。

■ 展開パターン

| ① 水素のエネルギー利用法：純粋な水素を燃料電池に蓄積し、自動車などの燃料として利用 |

| ② カリフォルニアの事例：水素自動車の利用を促す目的で、水素燃料ステーション網を造り、今後も規模を拡大する予定 |

258

模擬試験 1

No. 19 What is true about hydrogen fuel?

1. **It can be stored for later use.**
2. It costs less to develop than wind power.
3. It can be combined with gasoline.
4. It requires little electricity to produce.

No. 20 What is California's next goal?

1. Replacing traditional vehicles with electric cars.
2. **Extending a fueling network along the entire West Coast.**
3. Banning air-polluting cars from other states.
4. Helping cities in Mexico with power generation projects.

訳 **質問 19** 水素燃料について事実であることは何か。

1. **後の使用のために蓄えることができる。** 正解
2. 風力発電より開発コストが安い。
3. ガソリンと混ぜることができる。
4. 生産にほとんど電力を必要としない。

質問 20 カリフォルニア州の次の目標は何か。

1. 従来の車を電気自動車に取り替えること。
2. **西海岸全体に沿って燃料網を拡大すること。** 正解
3. 他州からの大気を汚染する車を禁じること。
4. メキシコの都市の発電プロジェクトを助けること。

解説 第 1 パラグラフでは、水素の燃料としての利用方法を紹介している。純水素の生産には多くのエネルギーを必要とするが、代替エネルギー源を使うことで、環境に優しい燃料として将来有望。パラグラフ最後のセンテンスがヒントとなり、質問 19 は 1 が正解。

第 2 パラグラフでは、カリフォルニアでの事例が具体的に述べられている。すでに 40 カ所の水素燃料テーション網が設置され、将来的には西海岸の主要都市を結ぶ「水素ハイウェイ」の建設を目標にしていることから、質問 20 の正解は 2。

| Vocabulary |

□hydrogen 水素　□prove to be ～であると判明する　□fuel 燃料　□oxygen 酸素
□electricity 電気　□be bonded with ～と結合している
□alternative energy 代替エネルギー　□store ～を蓄える、～を蓄積する　□fuel cell 燃料電池
□alternative 代わりとなるもの、代替物　□combustion engine 燃焼機関、燃焼エンジン
□install ～を設置する　□encourage A to *do* ～することを A に促す
□replace A with B A を B と取り替える　□ban ～を禁止する　□power generation 発電

Chapter

1

2

3

4

5

模擬試験 ―― 模試 2 セットに挑戦！

259

| Part 2 | 放送文と訳・解答・解説 |

E *Alternative Medicine*

Some health specialists in developed countries are advising that alternative medicine be added to conventional medical systems. Alternative treatments include using herbal medicines and other ancient practices to cure patients. People encouraging alternative medicine say that these methods are easier and softer on the body and have far fewer side effects.

Opponents of the idea, however, claim that doctors are already overburdened and could not fit new, unproven medical approaches into their busy hospital schedules. Another problem is that it would be very difficult to decide which branches of alternative medicine should be used. Finally, there are very few studies showing how such a combination of alternative and conventional medicine can be done, and how it would affect people. Although some countries, including Cuba, have successfully placed alternative medicine into medical training and practice, this trend may not become globally accepted anytime soon.

訳

代替医療

先進国の一部の医療専門家は、従来の医療システムに代替医療を加えることを勧めている。代替医療には漢方薬など古くからある治療法が含まれる。代替医療を奨励する人々は、これらの方法はより簡単で体に優しく、副作用もはるかに少ないと言う。

しかしこの考えに反対する人々は、医師たちはすでに過重労働で、効果が証明されていない新しい治療法を忙しい診療スケジュールに入れ込むことはできない、と主張する。もう一つの問題に、代替医療のどの分野を用いるべきか決めるのが難しいということがある。最後に、このような代替医療と従来の医療をどう組み合わせたらよいのか、そしてそれが、患者にどのような影響を与えるかを示す研究がほとんどないということもある。キューバなどの数カ国は、代替医療を医療訓練や診療に導入することに成功しているが、この傾向が世界的に受け入れられることは当分ないかもしれない。

■ 対比パターン

① 代替医療に賛成側の意見：1) 簡単　2) 体に優しい　3) 副作用が少ない

② 代替医療に反対側の意見：1) 医者に余裕がない　2) 代替医療の選択が難しい　　　　　　　　　　　　　3) 取り入れ方が分からず、患者への影響も未知数

模擬試験 1

No. 21 What is one advantage of alternative medicine?

　　1. It is easy to combine with traditional medicine.

　　2. Its treatments are more comfortable for patients.

　　3. Medicinal herbs can be found in many places.

　　4. Its approaches can be learned more quickly.

No. 22 What is one problem with combining alternative and traditional medicine?

　　1. It would harm the national healthcare system.

　　2. Hospitals prefer traditional doctors.

　　3. There is little evidence of its effectiveness.

　　4. Trained practitioners are hard to find.

訳　**質問 21**　代替医療の一つの利点は何か。

　　1. 従来の医療と組み合わせるのが容易である。

　　2. 治療が患者にとってより快適である。 正解

　　3. 漢方薬が多くの場所で見いだせる。

　　4. 治療方法をより速やかに学べる。

　　質問 22　代替医療と従来の医療を組み合わせることの一つの問題は何か。

　　1. 国民医療制度に悪影響を与えるだろう。

　　2. 病院は従来の医師を好む。

　　3. その有効性を示す証拠がほとんどない。 正解

　　4. 訓練された医師を見つけるのが難しい。

解説　　第 1 パラグラフでは、従来の医療システムに代替医療を取り入れるべきとの立場が説明されている。代替医療の利点が 3 つ挙げられるが、そのうちの一つが問われている質問 21 の正解は 2。代替医療は患者の体への負担が少ない。

　　第 2 パラグラフの第 1 文は however を含み、主語が opponents である。これだけで、前パラグラフとは反対の立場が出てくる「対比パターン」なのだと思って聞きたいところだ。opponent（反対者）のほかには、critic（批判する人）も対比パターンの第 2 パラグラフでよく使われる重要単語なので覚えておこう。代替医療に反対する理由が 3 つ挙げられているが、2 つ目の理由が Another problem is that ...、3 つ目の理由が Finally, ... と表現されていることに注目すると、整理して聞くことができる。3 つ目の理由として、その有効性を示した研究結果が少ないことから、質問 22 は 3 が正解。

Vocabulary

□**alternative medicine** 代替医療（西洋医学の代わりとなる医療）　□**developed country** 先進国
□**conventional** 従来の、一般に行われている　□**herbal medicine** 漢方薬、植物薬
□**ancient** 古来の、昔からの　□**encourage** 〜を勧める、〜を奨励する　□**side effect** 副作用
□**opponent** 反対者　□**overburdened**（仕事や問題などを）抱えすぎた、負担が多すぎる
□**unproven** 立証されていない　□**affect** 〜に影響を与える　□**advantage** 利点、長所
□**comfortable** 快適な、心地良い　□**prefer** 〜を好む　□**effectiveness** 有効性
□**practitioner** 医師、専門家

261

| Part 2 | 放送文と訳・解答・解説 |

📢 115

F *Cher Ami's Last Flight*

Cher Ami was a messenger pigeon that served in the First World War, helping Allied troops in France communicate with one another. She became famous for saving the lives of nearly 200 American soldiers who were cut off from their own army and then came under attack by Germans. They were also mistakenly attacked by American forces. In this critical situation, Cher Ami was sent to the American headquarters with a message asking for help.

Cher Ami was shot at several times during her 25-minute flight, which caused her to lose one leg and one eye. Nevertheless, she managed to reach her destination with the Americans' message. Although it was her last flight in service, she became a war hero for her fearlessness that helped save the trapped soldiers. The French government even gave a military award honoring her wartime services. Returning to the U.S., Cher Ami died in 1919, and her stuffed body was exhibited at a museum.

訳

シェール・アミの最後の飛行

シェール・アミは第一次世界大戦で、フランス駐留の連合軍が互いに連絡を取る手助けをした伝書鳩だった。このハトはアメリカ兵約200人の命を救ったことで有名になった。兵士たちは自国の軍隊から分断され、ドイツ軍の攻撃下にあった。また、アメリカ軍にも誤って攻撃された。この危機的状況の中、シェール・アミは助けを求める伝言を携えて、アメリカ軍司令部に向かって放たれた。

25分間の飛行中、シェール・アミは何度か銃撃され、それが原因で片足と片目を失った。にもかかわらず、アミはアメリカ兵の伝言を目的地に何とか届けることができた。これが最後の仕事となったが、身動きが取れなくなった兵士たちの救出に役立った恐れを知らない勇ましさにより、シェール・アミは戦争の英雄となった。フランス政府はアミの戦時中の軍務をたたえて、軍の勲章さえ与えた。アメリカに戻り、シェール・アミは1919年に死亡したが、その剥製が博物館に展示された。

■ 展開パターン

| ① シェール・アミの紹介：第一次世界大戦で活躍した伝書鳩。米兵200人近くの命を救った |

| ② シェール・アミの活躍とその後：戦争の英雄となり、死後はその剥製が博物館に展示された |

模擬試験 1

No. 23 What is one thing Cher Ami was known for?

1. She avoided being hit by enemy bullets.
2. She escaped from a German camp.
3. She flew more often than other birds.
4. **She helped rescue some soldiers.**

No. 24 What happened after Cher Ami died?

1. **She was put on display.**
2. She was taken to a headquarters.
3. She was buried by the military.
4. She was given an award.

訳 **質問 23** シェール・アミが有名だった一つの理由は何か。

1. 敵の弾丸が命中するのを回避した。
2. ドイツ軍の捕虜収容所から逃走した。
3. ほかの鳥よりも多く飛行した。
4. **兵士の救出を助けた。** 正解

質問 24 シェール・アミが死亡した後、何が起こったか。

1. **アミは展示された。** 正解
2. アミは司令部に連れて行かれた。
3. アミは軍隊によって埋葬された。
4. アミは賞を与えられた。

解説 　第 1 パラグラフでは、シェール・アミの概要が紹介されている。第一次世界大戦中に敵軍に攻撃さ
れ、孤立した米兵からの伝書を本部に届けることにより、彼らの命を救った。質問 23 の正解は 4。
　第 2 パラグラフでは、その出来事の詳細とその後の追加情報が述べられている。負傷しながらも任
務を果たしたシェール・アミは、フランス政府から賞を授与され、死後は剥製が博物館に展示された。
質問 24 は 1 が正解。

Vocabulary

□ messenger pigeon 伝書鳩　□ Allied troops 連合国軍
□ be cut off from ～から切り離されている、～から分断されている
□ mistakenly 誤って、間違って　□ critical 危機的な、危険な　□ headquarters 本部、司令部
□ nevertheless それにもかかわらず、それでもやはり　□ destination 目的地、行き先
□ fearlessness 大胆さ、恐れを知らない勇気　□ trapped 身動きがとれなくなった、閉じ込められた
□ honor ～をたたえる　□ stuffed 剥製の、詰め物をされた　□ exhibit ～を展示する
□ bullet 弾丸　□ be put on display 展示されている

263

Part 3 放送文と訳・解答・解説

◀ 116

G

You have 10 seconds to read the situation and Question No. 25.

Situation: You are waiting at a bus stop. The bus has not arrived at the scheduled time. You are not in a hurry. You call the bus company's customer service hotline.

Thank you for calling Knight Bus. We are open from 9 a.m. to 7 p.m. every day. If you are calling about the bus schedule for a particular route, press one now. To find out about expected delays, their causes, and probable length, press two. To get information on our standard prices and the special rate for international travelers, press three. If you wish to speak to a staff member immediately, please press four. Also, if you are calling about the part-time position with us, please call during regular business hours.

訳

シチュエーション: あなたはバス停で待っている。バスが時間通りに来ない。あなたは急いでいるわけではない。あなたはバス会社のカスタマー・サービス・ホットラインに電話をする。

ナイト・バスにお電話いただき、ありがとうございます。営業時間は毎日午前 9 時から午後 7 時までです。特定の路線の運行スケジュールについてお電話いただいている場合は、1 を押してください。予測される遅延、その原因、遅延の推定時間についてお知りになりたい方は、2 を押してください。通常運賃と外国人旅行者の特別運賃についての情報は、3 を押してください。直ちに係の者とお話しになりたい方は、4 を押してください。また、パートタイムの仕事についてお電話いただいている場合は、通常の営業時間内におかけ直しください。

264

No. 25 **Question:** What number should you press?

1. One.
2. **Two.**
3. Three.
4. Four.

訳 **質問：** あなたは何番を押すべきか。

1. 1。
2. 2。 正解
3. 3。
4. 4。

解説　you はバス停でバスを待っているが、予定の時刻に来ないためバス会社に電話をするというシチュエーション。質問は What number should you press? で、選択肢には番号が並んでいるため、「バスの運行状況を知るためには何番を押すべきか」を聞き取ればよいのだろうと推測できる。

冒頭で営業時間を言っていることから、現在は営業時間外であるため、録音された音声ガイダンスが流れているのだと理解しよう。第4文の To find about expected delays ... 以降がヒントとなり、正解は 2。このような電話での自動カスタマーサービスの問題は比較的聞き取りやすくやさしいので、必ず正解するようにしたい。後半に If you wish to speak to a staff member immediately（すぐに係の者と話したい場合は）とあるが、シチュエーションで「急いでいない」とあるため、選択肢4は除外できる。なお、staff は要注意の単語。日本語で「スタッフ」という場合には一人ひとりのスタッフを指すが、英語の staff はスタッフ全体を集合的に表す。一人であれば、a staff member / a member of staff / a staffer などと表現する。

Vocabulary

□ scheduled 予定された　□ in a hurry 急いで　□ particular 特定の
□ expected 予想される、あり得る　□ find out about ～について情報を得る
□ immediately 直ちに、すぐに

| Part 3 | 放送文と訳・解答・解説 |

🔊 117

H

You have 10 seconds to read the situation and Question No. 26.

Situation: You are attending the first-year school orientation. You registered for the course online, but you have not received a library ID yet. A staff member is making an announcement.

Attention, students. For those who have yet to register, the registration deadline for your course is the end of this week, so please register online as soon as possible. If you don't know how to register, please come to the information booth near the gate. Enrollment for some popular classes are taken on a first come, first served basis, so you need to hurry up. For those who have registered online, if you haven't received two of your IDs — one for the library and the other for the cafeteria — please go to the Academic Affairs Section immediately. If you already have those two with you, enjoy your first lunch at our newly-built cafeteria.

シチュエーション： あなたは1年生のオリエンテーションに出席している。コースにはオンラインで登録したが、図書館のIDをまだ受け取っていない。スタッフがアナウンスをしている。

学生の皆さん。コースの登録締切日は今週末ですので、まだ登録していない方は、なるべく早くオンラインで登録してください。登録方法が分からない方は、入り口のそばにあるインフォメーションブースに来てください。いくつかの人気クラスの登録は先着順ですので、急ぐ必要があります。オンライン登録済みで、2種類の身分証明書、つまり図書館とカフェテリアの身分証明書をまだ受け取っていなければ、直ちに教務課に行ってください。すでにその2つを持っている方は、新築のカフェテリアで初めてのランチを楽しんでください。

模擬試験 1

No. 26　Question: What should you do first?

1. Apply for the popular class immediately.
2. Visit the information booth.
3. **Go to the Academic Affairs Section.**
4. Drop by the school cafeteria.

訳　**質問：** あなたはまず何をすべきか。

1. 直ちに人気クラスに申し込む。
2. インフォメーションブースを訪れる。
3. **教務課に行く。** 正解
4. 学校のカフェテリアに立ち寄る。

解説　you は新入生のためのオリエンテーションに参加しているというシチュエーション。条件としては、コースの登録はオンラインで済ませたが、まだ図書館の ID を受け取っていない。質問は「最初にすべきこと」だ。

冒頭の For those who have yet to register の have yet to *do* は、「まだ～していない」の意味なので要注意である。you はすでに登録を済ませているので、これには当てはまらない。したがって、この時点で 1 と 2 が除外できる。中ほどに For those who have registered online とあり、ここからが解答のヒントになる。大勢に向かって話すアナウンスは、「○○の人は……」「△△の人は……」のように、聴衆の中で対象者を分けて指示を出すことが多い。ここでは、すでにオンラインで登録した人をさらに 2 つに分けている。if you haven't received two of your IDs（まだ 2 種類の身分証明書を受け取っていなければ）と言っているが、you は図書館の身分証明書を受け取っていないため、このカテゴリーに分類される。したがって、正解は 3。選択肢 4 は、すでに 2 つの身分証明書を受け取っている人の取るべき行動である。drop by は「～にちょっと立ち寄る」の意味。

[Vocabulary]

□ **register** 登録する　□ **ID** 身分証明書（identification の省略形）
□ **registration deadline** 登録締切（日）　□ **enrollment** 登録
□ **on a first come, first served basis** 先着順で、早い者勝ちで　□ **hurry up** 急ぐ
□ **Academic Affairs Section** 教務課、教務係　□ **immediately** 直ちに、すぐに
□ **apply for** ～に申し込む

Part 3 放送文と訳・解答・解説

118

Ⅰ

You have 10 seconds to read the situation and Question No. 27.

Situation: You go bowling with a group of friends to celebrate your birthday. You want to play three games in total. A member of staff gives you this information.

I see we have a large group here! Usually I'd offer you our standard group ticket, but there's a better value ticket as you said today is a special day. We have a birthday bowl offer that gives a 50% discount and free shoe rental for groups of up to eight, so let me count you … ah, you're ten people. Sorry. In that case, since it's only four o'clock, you can choose between the early bird ticket and the big bowl offer. With the early bird ticket, you can play three games with a 40% discount. Or with the big bowl offer, you can play four or more games for half price.

訳

シチュエーション： あなたは友人グループとあなたの誕生日を祝うため、ボーリングに行く。全部で3ゲームプレーしたい。従業員の一人が次のような情報をくれる。

大人数でのご利用ですね！通常はスタンダード・グループ・チケットをご提供するのですが、今日は特別な日だとおっしゃったので、もっとお得なチケットがあります。8人様までのグループでしたら、50％割引とシューズレンタルが無料になるバースデー・ボール・オファーがございますので、数えさせてください……ああ、10人様ですね。すみません。それでしたら、まだ4時ですので、アーリーバード・チケットとビッグ・ボール・オファーのどちらかをお選びいただけます。アーリーバード・チケットですと、40％割引で3ゲームプレーすることができます。またビッグ・ボール・オファーでは、半額で4ゲーム以上プレーしていただけます。

268

模擬試験 1

No. 27 **Question:** Which option should you choose?

1. The standard group ticket.
2. The birthday bowl offer.
3. **The early bird ticket.**
4. The big bowl offer.

訳 **質問：**あなたは何を選ぶべきか。

1. スタンダード・グループ・チケット。
2. バースデー・ボール・オファー。
3. アーリーバード・チケット。 正解
4. ビッグ・ボール・オファー。

解説 シチュエーションは、誕生日に大勢の友人とボーリングに来ているというもの。条件として 3 ゲームをプレーしたいが、どのオプションを選ぶべきかを答える。通常は団体チケット（standard group ticket）がお勧めだが、この日は誕生日であるため、よりお得なチケット（better value ticket）があるとスタッフから説明された。この時点で選択肢の 1 が除外できる。チケットの種類は聞き取りにくいので、必ず選択肢を見ながら、一つずつチェックするようにしよう。

誕生日であれば、プレー代が半額になり、シューズのレンタルも含まれる birthday bowl offer がお得ではあるが、適用されるのは 8 人までのグループのみ。シチュエーションでは、You go bowling with a group of friends と人数は書かれていないものの、ここでスタッフが人数を数えて 10 人のグループであることが分かる。残りは選択肢の 3 と 4 になるが、3 ゲームするのが希望なので、40% オフになる early bird ticket の 3 が正解。選択肢 4 の big bowl offer だと半額になるが、4 ゲーム以上プレーしたい場合である。

groups of up to eight（8 人までのグループ）の up to（～まで）は「最高、最大」を表し、示される数も含む。一方、more than（～より多い）ではその数は含まれない。パッセージ最後で you can play more than four games としてしまうと、4 は入らず「5 ゲーム以上」の意味になってしまう。本文で you can play four or more games（4 ゲーム以上プレーできる）としているのはそのためである。

Vocabulary

□ **celebrate** ～を祝う　□ **in total** 全部で、合計で　□ **offer** ～を提供する
□ **discount** 割引、値引き　□ **shoe rental** 靴の貸し出し、シューズレンタル
□ **up to** 最高 [最大] ～まで　□ **count** ～を数える

Part 3 放送文と訳・解答・解説

119

J

You have 10 seconds to read the situation and Question No. 28.

Situation: You will study at Brenton College from next year. You are looking for on-campus university accommodation which includes the meal plan. You receive the following voice message.

Hello. My name is Gary Freeburg from Brenton College. I'm calling to tell you about some of our favorite accommodations. First of all, if you want to spend a lot of time on your studies and social life, choose New Brideswell. This is a catered residence and is very close to the library as well. There is also a nice room that's available in Silver Hall. Unlike New Brideswell, which is located on campus, this is a bit far from the campus, but rent is all-inclusive, so you don't have to worry about anything including your meals. We also have a list of shared apartments in town. These types of apartments are located off campus and they are self-catered. So, you can eat what you like when you like.

訳

シチュエーション： あなたは来年からブレントン大学で学ぶ。食事付きのキャンパス内の学生寮を探している。あなたは次のような音声メッセージを受け取る。

もしもし。ブレントン大学のゲアリー・フリーバーグです。われわれのイチオシの物件についてお伝えするため、お電話しています。まず、勉強や社会生活に多くの時間を費やしたかったら、ニュー・ブライズウェルを選んでください。ここは食事付きですし、すぐ近くに図書館もあります。シルバー・ホールにも入居可能な良い部屋があります。キャンパス内にあるニュー・ブライズウェルと違って、ここはキャンパスから少し離れていますが、家賃にはすべてが含まれていますから、食事も含めて何も心配する必要がありません。街中のシェアアパートのリストもあります。この種のアパートはキャンパスの外で自炊になります。ですから、好きなものを好きなときに食べることができます。

270

模擬試験 1

No. 28　**Question:** What should you do?

1. **Apply for New Brideswell.**
2. Take the room in Sliver Hall.
3. Move to the shared apartment.
4. Wait for a call from Gary Freeburg.

訳 **質問:** あなたは何をすべきか。

1. **ニュー・ブライズウェルに申し込む。** 正解
2. シルバー・ホールの部屋を借りる。
3. シェアアパートに引っ越す。
4. ゲアリー・フリーバーグからの電話を待つ。

解説　来年から大学生になる you は学生寮を探している。条件は、大学のキャンパス内であることと、食事付きであること。大学からの録音メッセージを聞いて答えるが、必ず選択肢を見ながら聞くようにしよう。特に固有名詞は、文字を見ず、音だけだと聞き取りづらいものである。

最初のお勧めは New Brideswell。ここは食事付き（catered residence）であり、図書館にも非常に近いと説明している。大学の職員が the library と言っているのだから、大学の図書館だろうと推測される。ということは New Brideswell はキャンパス内にあるのだろうか? ここはややトリッキーだ。次に紹介される Silver Hall は、Unlike New Brideswell, which is located on campus だという。つまり、New Brideswell は on campus だが、Silver Hall は off campus だと理解できる。Silver Hall の家賃は食事も含めて all-inclusive なのでこの点は条件に合うが、キャンパス内ではないため、正解は 1。shared apartment は off campus である上、自炊（self-catered）をする必要があるので、条件を満たしていない。

| Vocabulary |

□ **look for** 〜を探す　□ **on-campus** キャンパス内の、学内の
□ **accommodation** 宿泊施設、住宅　□ **voice message** 音声メッセージ、録音メッセージ
□ **favorite** 一番気に入った、最有力の　□ **catered** 食事付きの、賄い付きの
□ **residence** 住居、住宅　□ **available** 利用できる、入居できる　□ **unlike** 〜と違って
□ **rent** 家賃　□ **all-inclusive** すべてを含む
□ **shared apartment** シェアアパート、ソーシャルアパートメント
□ **be located** 位置している、（場所に）ある　□ **off campus** キャンパス外の、学外の
□ **self-catered** 自炊の、賄いのない　□ **apply for** 〜に申し込む　□ **wait for** 〜を待つ

Part 3　放送文と訳・解答・解説

🔊 120

K

You have 10 seconds to read the situation and Question No. 29.

Situation: You bought a mobile phone several years ago. The battery runs down quickly. You were trying to replace the battery, but you couldn't. You call the nearest appliance store.

About the ACE Phone you purchased, we heard that product accidents occurred in their battery packs for smartphones, causing the products to ignite while users were charging them. If you purchased their batteries within the last six months, there is no need for concern. For batteries purchased up to three years ago, you should refrain from using them, and return your order to the manufacturer at their expense. They'll send you the replacement promptly. If you are not sure when you bought your phone, but if the battery cannot be removed, that was definitely made more than three years ago. In that case, call the customer service immediately.

シチュエーション：あなたは数年前に携帯電話を購入した。そのバッテリーがすぐ消耗する。バッテリーを交換しようとしたが、できなかった。あなたは最寄りの家電店に電話をする。

お客様が購入されたACEフォンに関しましては、携帯電話のバッテリーパックに製品事故が発生し、ユーザーが充電中に発火したと聞きました。過去6カ月以内に同製品のバッテリーをご購入されたなら、ご心配は要りません。3年前までに購入されたバッテリーについては、使用をお控えになって、メーカー負担で製品を送り返してください。すぐにメーカーが代わりのバッテリーをお送りします。電話の購入時期が分からず、バッテリーが外せない場合は、確実に3年以上前のものです。その場合は、直ちにカスタマーサービスに電話してください。

No. 29 Question: What should you do first?

1. Find the warranty.
2. Send the battery back to the manufacturer.
3. Check when you bought the product.
4. **Contact the service center.**

訳 **質問:** あなたはまず何をすべきか。

1. 保証書を見つける。
2. バッテリーをメーカーに送り返す。
3. 製品をいつ購入したか調べる。
4. **サービスセンターに連絡する。** 正解

解説 　シチュエーションでは、you が何年か前に買った携帯電話 (the ACE Phone) のバッテリーの消耗が早くなり、家電店に電話をしている。バッテリーを交換しようとしてもできないのが条件。店員からは ACE フォンに関する事故の説明があり、購入時期によって対応が異なることが伝えられる。If you ... / For ... の部分を聞きながら、you がどれに該当するのかを判断するようにしよう。

　最初は If you purchased their batteries within the last six months (この 6 カ月以内にバッテリーを買ったのであれば) なので、several years ago に購入したという設定と矛盾する。次の For batteries purchased up to three years ago (3 年前までに買ったバッテリーであれば) だけでは判断ができない。もし 3 年以内の製品であれば、使用をやめてメーカーに送り返すことになり、2 が正解となる可能性もある。しかし、その後「バッテリーが外せない場合は (if the battery cannot be removed)」という一文があり、これにより you の電話は 3 年以上前のものであることが判明する。call (～に電話をする) が選択肢では contact (～に連絡をする) に言い換えられ、正解は 4。最後まで聞かないと正解が特定できない、難易度の高い問題である。

Vocabulary

□ **mobile phone** 携帯電話　□ **run down** 消耗する、徐々に動かなくなる
□ **replace** ～を取り替える　□ **appliance** 電化製品、家電　□ **purchase** ～を購入する
□ **occur** 起こる、発生する　□ **ignite** 発火する、燃える　□ **charge** ～に充電する
□ **concern** 懸念、心配　□ **up to** 最高［最大］～まで　□ **refrain from** *doing* ～することを控える
□ **manufacturer** 製造業者、メーカー　□ **at** *one's* **expense** ～の費用で
□ **replacement** 交換品、取替品　□ **promptly** すぐに、素早く　□ **remove** ～を取り除く
□ **definitely** 確実に、間違いなく　□ **immediately** 直ちに、すぐに　□ **warranty** 保証書

模擬試験 2

Part 1

No. 1 ◀ 121
1. The acting left nothing to be desired.
2. The plot was hard to follow.
3. The movie's original story was better.
4. The movie was ruined by the ending.

No. 2 ◀ 122
1. Inform the company that he is leaving.
2. Find and correct his mistakes more carefully.
3. Report to the woman on the numbers.
4. Ignore the errors and submit his work.

No. 3 ◀ 123
1. Call the company as soon as possible.
2. Check the medical equipment first.
3. Discuss the examination with her family.
4. Tell the physician about her health problem.

No. 4 ◀ 124
1. He plans to become a debt counselor.
2. He often buys things he cannot afford.
3. He wants to return some electronic products.
4. He offers to help the woman with her finances.

No. 5 ◀ 125
1. Her husband might miss his scheduled flight.
2. Her husband may arrive too late for an event.
3. Zack might not be able to attend the concert.
4. A train station could be closed until tomorrow.

No. 6 ◀ 126
1. He might miss their trip.
2. He didn't want to swim with her.
3. He met up with his friends.
4. He doesn't want to go on a trip.

No. 7　127

1. He prefers to travel by himself.
2. He does not want food included in the service.
3. He decides to take the woman's offer.
4. He considers trying another tour company.

No. 8　128

1. The room temperature is ideal now.
2. Air conditioners should be installed in each room.
3. He can handle the situation better.
4. It is too hot to run the computers.

No. 9　129

1. Cancel his subscription order.
2. Return his check payment.
3. Send him a gift certificate.
4. Mail a credit card statement.

No. 10　130

1. To tell George about a change of plan.
2. To ask George's sister for his number.
3. To watch a movie at George's apartment.
4. To reschedule a tennis match with George.

No. 11　131

1. Pay with a credit card.
2. Take the cheaper option.
3. Change the model of vacuum.
4. Purchase bags for the cleaner.

No. 12　132

1. Talk to the woman about his class.
2. Look for a different place to live.
3. Tell his roommate to stop playing games.
4. Go to bed much earlier than before.

Part 2

A No. 13
1. It is made up of tiny particles.
2. It is spread over several oceans.
3. Most pieces sink deep into the ocean.
4. The size of the patch is constantly changing.

No. 14
1. They are designing ships to move the patch.
2. They are making better microscopes.
3. They are creating cleanup equipment.
4. They are warning the public about pollution.

B No. 15
1. His teammates were already using helmets.
2. He wanted to avoid fatal injury.
3. He had seen other players getting hurt.
4. His doctor invented the football helmet.

No. 16
1. Unsafe helmets were banned in the sport.
2. The first plastic headgear was made.
3. Leather head protectors were created.
4. Plastic helmets became common in the U.S.

C No. 17
1. Some ants eat different types of leaves.
2. Ant populations are declining around the world.
3. Two species of fungus can live together peacefully.
4. Leafcutter ants have to fight a certain type of fungus.

No. 18

1. It supports the whole ant colony.
2. It needs very little food.
3. It is able to release different substances.
4. It is helpful to other parasites.

D | No. 19

1. Convert trucks into large containers for ships.
2. Try a new way to handle goods.
3. Build the largest tanker in the world.
4. Manufacture containers for trains.

No. 20

1. It required less money.
2. It replaced transportation by train.
3. It used special boxes and crates.
4. It was supported by dock workers.

E | No. 21

1. It offered a variety of facilities.
2. It was the only free bath in Rome.
3. It took a fairly short time to build.
4. It was designed by a leading architect.

No. 22

1. To become a leader of Rome.
2. To honor his beloved wife.
3. To ensure that he was remembered.
4. To copy other famous structures.

F No. 23

1. They mostly serve big businesses.
2. They specialize in developing apps.
3. They are popular among small investors.
4. They make it easier to borrow money.

No. 24

1. Hidden fees are sometimes included.
2. Professional advice is not part of the service.
3. Approval from regulators is often necessary.
4. Too much paperwork is required.

Part 3

G No. 25

Situation: You plan to stay at a log cabin with your family of four including a toddler. You have stayed in this campsite once before. You call the campsite and hear this recorded message.

Question: What should you do?

1. Call the campsite during office hours.
2. Enter the registration number.
3. Leave a message after the beep.
4. Reserve a cabin online.

H No. 26

Situation: You are joining a yoga therapy group session for chronic headache sufferers. You have never done yoga. The instructor is giving a talk.

Question: What should you do first?

1. Try Cat pose.
2. Lie on your back with legs up.
3. Do knees to chest.
4. Twist while sitting.

I | No. 27

Situation: You are listening to the literature professor on the first day of the second semester. You want to enter an advanced class next year.

Question: What should you do to raise your score?

1. Complete assignments on time.
2. Prepare for discussions.
3. Give a presentation.
4. Write multiple papers.

J | No. 28

Situation: You are thinking of joining a ballet class with your 3-year-old daughter. You are available only in the morning on weekdays. You want to exercise with other parents. You listen to the receptionist.

Question: Which course should you join?

1. Course A.
2. Course B.
3. Course C.
4. Course D.

K | No. 29

Situation: You check in for a flight. You have an extra suitcase with you. The check-in assistant gives you the following information.

Question: What should you do now?

1. Go to the customer service center.
2. Use your phone to pay the fee online.
3. Take the suitcase to airline's sales office.
4. Pay the fee to the check-in assistant.

Part 1 放送文と訳・解答・解説

No. 1

121

M: Hey, Jane. What did you think of the movie, *Castle in the Air*?

W: Well, to be honest, it wasn't as good as I expected at all.

M: What do you mean? It is a blockbuster film. I was on the edge of my seat the whole time!

W: Well, I prefer the original book. In fact, I just didn't like the cast very much.

M: No? I think all of the actors fit into their characters so well.

W: I don't think you read the book thoroughly enough.

訳

M：ねえ、ジェーン。映画『天空の城』をどう思った？

W：そうね、正直言って、全然期待したほどじゃなかったわ。

M：どういうこと？　大ヒット作だよ。僕なんかずっと身を乗り出して見ていたけどね。

W：うーん、私は原作の方が好きだわ。実際、配役があまり好きじゃなかったの。

M：そう？　僕はすべての俳優がはまり役だったと思うけど。

W：あなたは原作をちゃんと読んでいないのだと思うわ。

Question: What is the woman's opinion of the movie?

1. The acting left nothing to be desired.
2. The plot was hard to follow.
3. **The movie's original story was better.**
4. The movie was ruined by the ending.

訳　**質問**：女性の映画に対する意見は何か。

1. 演技は申し分なかった。
2. 映画の筋を理解するのが難しかった。
3. 映画の原作の方が良かった。　正解
4. 映画はエンディングで台無しになった。

解説　男性に映画の感想を聞かれた女性は、it wasn't as good as I expected ... と期待していたほど良くなかったと答えている。すると男性はその返事に驚いた様子。I was on the edge of my seat ...（身を乗り出していた）は、やや難しい表現だが、女性とは違う印象を持ったことを理解できるとよいだろう。男女の意見が異なるパターンの会話であることに気づくと、その後が聞き取りやすくなる。女性は原作の方が良かったと言っていることから、正解は選択肢3。彼女は原作を読んで期待して映画を見たにもかかわらず、キャストが気に入らなかったようだ。

　選択肢1の leave nothing to be desired は「望むことが何も残っていない」から「まったく申し分ない」の意味。これは、男性の意見であって女性の意見ではない。男女の意見が異なる場合には、特に質問文をしっかりと聞き取ることが大切である。関連表現として、leave little to be desired（ほとんど申し分ない）、leave much to be desired（不十分な点が多い）もあわせて覚えておくとよいだろう。

Vocabulary

□ to be honest 正直に言えば　□ blockbuster 大ヒット作
□ on the edge of *one's* seat 身を乗り出して、ワクワクして、手に汗握って
□ the whole time その間中ずっと、終始　□ prefer ～を好む　□ cast 配役、キャスト
□ actor 俳優、役者　□ fit into ～にしっくり合う　□ character 登場人物
□ thoroughly 徹底的に、十分に　□ nothing to be desired 申し分ない　□ plot 筋書き
□ ruin ～を損う、～を駄目にする

Part 1 放送文と訳・解答・解説

No. 2

122

W: Andrew, have you reviewed this spreadsheet?

M: Yes, Jenny asked me to check it last week. Why do you ask?

W: Well, I think that some of the addition is incorrect.

M: I checked all the numbers twice. They were correct when I printed it.

W: If you have a look at the front page, see, that doesn't add up.

M: Hmm, I don't know what happened, but I'll go over it again.

W: Perhaps you were going too fast and weren't thorough enough.

M: Maybe. I'll get back to you soon.

訳

W：アンドリュー、この集計表を見直した？

M：うん、先週ジェニーにチェックするよう頼まれたよ。どうしてそんなことを聞くんだい？

W：あの、足し算が少し間違っていると思うの。

M：すべての数字を 2 回チェックしたよ。僕が印刷したときは正しかったけど。

W：1 ページ目を見れば、ほら、合わないわよ。

M：うーん、何が起こったか分からないけれど、もう一度見直すよ。

W：もしかすると急いでやりすぎて、丁寧さに欠けていたかもしれないわね。

M：そうかもね。後ですぐ連絡するよ。

Question: What will the man do next?

1. Inform the company that he is leaving.
2. **Find and correct his mistakes more carefully.**
3. Report to the woman on the numbers.
4. Ignore the errors and submit his work.

訳 **質問：**男性は次に何をするか。

1. 会社に自分が退職することを知らせる。
2. 自分の間違いをより注意深く見つけて正す。 正解
3. 数字のことで女性に報告する。
4. 誤りを無視して自分の仕事を提出する。

解説　女性が冒頭で have you reviewed this spreadsheet? と尋ねていることから、集計表に何か問題があるのではないかと予想できる。review は「～を見直す、～を再検討する」の意味。男性は Jenny に頼まれてチェックしたと返答し、review を check に言い換えている。男性は二度見直したと言うが、1ページ目から間違いがあることを指摘され、I'll go over it again（もう一度見直す）と答えている。go over も、review や check とほぼ同じ意味で使われていることに注意しよう。質問は男性の次に取る行動が問われているので、正解は 2。前回はチェックが徹底していなかった（not thorough enough）ので、今回はより注意深く（more carefully）見直して間違いを正す、と表現を変更している。

　男性の最後の発言にある I'll get back to you soon. は人と話していて別れ際によく使われる表現だ。文字通りの意味は「すぐあなたのところへ戻ってきます」ということだが、「後で連絡します」という意味で使われる。ここでは、「書類をチェックしたら、また連絡する」の意味。電話での会話で使われるのであれば、「また後でかけ直します」ということになる。

Vocabulary

□**review** ～を見直す　□**spreadsheet** スプレッドシート、集計表　□**addition** 足し算、加算
□**incorrect** 間違った、不正確な　□**add up** ～の計算が合う　□**go over** ～を調べる
□**thorough** 徹底的な、綿密な　□**get back to** ～に後で連絡する［電話する］
□**inform** ～に知らせる　□**mistake** 誤り、間違い　□**report to A on B** B について A に報告する
□**ignore** ～を無視する　□**submit** ～を提出する

Part 1 放送文と訳・解答・解説

No. 3

W: Honey, I just got a call from the company I applied to work with. They said I need a complete physical examination.

M: OK, just call and ask Dr. Martin for an appointment.

W: But he doesn't have the latest medical equipment at the clinic. I think I'll go to the hospital instead.

M: Do what you have to do. And **don't forget to tell the doctor at the hospital about your high blood pressure**. It's been bothering you lately, right?

W: Yeah. I hope this doesn't affect my opportunities with the company.

M: Don't worry! I'm sure it won't.

訳

W：ねえ、あなた、就職を希望した会社からちょうど電話をもらったの。人間ドックを受ける必要があるって言われたわ。

M：そう、マーティン先生に電話して予約すればいいよ。

W：でも、先生の診療所には最新の医療機器がないわ。代わりに病院に行こうと思うの。

M：やるべきことをすればいいよ。それから、病院で医者に高血圧のことを言うのを忘れないように。最近それで困っているだろう？

W：ええ。このことが就職のチャンスに影響しなければいいのだけれど。

M：心配ないさ！ 影響しないよ。

模擬試験 2

Question: What does the man suggest that the woman do?

1. Call the company as soon as possible.
2. Check the medical equipment first.
3. Discuss the examination with her family.
4. **Tell the physician about her health problem.**

訳 **質問:** 男性は女性に何をするよう提案しているか。

1. できるだけ早く会社に電話する。
2. まず医療機器を調べる。
3. 家族とその検査について話し合う。
4. 医師に女性の健康問題を話す。 正解

解説 女性が仕事に応募し、人間ドックを受診する必要があると連絡を受けた。男性に対して、Honey と呼びかけていることから、この男女はカップルだろうと想像できる。男性が予約を取るように勧めた Dr. Martin は、町で診療所 (clinic) を営むかかりつけのドクター。女性は、最新機器を備えた病院 (hospital) での検査を希望する。

男性の Do what you have to do. は、「あなたのすべきことをしなさい」→「会社から言われた人間ドックが受けられる病院ですればいい」ということ。その後の don't forget to tell the doctor ... が正解のヒントとなっている。男性が女性に提案しているのは、彼女の高血圧について病院の医者に伝えること。ここでの the doctor は、Dr. Martin ではなく彼女の行こうとしている病院にいる医者を指す。正解の選択肢 4 では、the doctor を the physician に言い換えている。また、実際に医者に伝えるのは高血圧であることだが、これが抽象的に her health problem と表現されている。不正解の選択肢 1 の call や 2 の medical equipment は、会話に出てくるからといって選んでしまわないように注意しよう。

| Vocabulary |

□apply 応募する　□complete physical examination 人間ドック　□appointment 予約
□medical equipment 医療機器　□high blood pressure 高血圧
□bother 〜を困らせる、〜を悩ませる　□affect 〜に影響を与える
□opportunity 機会、チャンス　□examination 診察、検査　□physician 医者、医師

Chapter　1　2　3　4　5

模擬試験 —— 模試 2 セットに挑戦！

285

No. 4

M: Elise, can you lend me $50?

W: Out of money already, Larry? Didn't you get paid lately?

M: Yeah, but I can't seem to stop buying electronics. And now I have a huge credit card bill, as I usually do!

W: I used to be in debt myself, but I learned to control my spending. Have you spoken to a debt counselor?

M: No. Do you suggest that I do?

W: Certainly. They can help you get your finances in check. I'll give you the name of the counselor I use.

訳

M：エリース、50ドル貸してくれない？

W：もうお金がなくなったの、ラリー？ 最近給料をもらったんじゃないの？

M：うん、でも電子機器を買うのをやめられそうにないんだよ。それでいつものように今、多額のクレジットカードの支払いがあるんだ。

W：私自身も昔借金があったけど、出費をコントロールすることを学んだわ。債務カウンセラーに相談したことはある？

M：いや。そうした方がいいと思う？

W：もちろん。カウンセラーが財政管理の手助けをしてくれるの。私が相談しているカウンセラーの名前を教えてあげるわ。

Question: What do we learn about the man?

1. He plans to become a debt counselor.
2. **He often buys things he cannot afford.**
3. He wants to return some electronic products.
4. He offers to help the woman with her finances.

訳 **質問：**男性について何が分かるか。

1. 彼は借金カウンセラーになるつもりだ。
2. 彼はしばしば無理な買い物をする。 **正解**
3. 彼はいくつかの電子機器を返品したい。
4. 彼は女性の財政状態を助けることを申し出ている。

解説 　会話の冒頭で、男性が女性に50ドルを貸してほしいと言い、女性は「また金欠なの？」とあきれた様子。電子機器の買い物がやめられない男性が、I have a huge credit card bill と言っていることから、正解は2。支払い能力を超える電子機器を買うので、クレジットカードの支払いが大変になってしまう。正解の選択肢に、He often buys ... と often が入っているのは、男性の発言の as I usually do によって表現されている。

　Part 1 では会話の後半（特に、最後の方）に解答のヒントがあることが多いが、この問題では前半部分である。このような場合もあると知っておくとよいだろう。その後、女性が男性にカウンセラーに相談するように勧め、さらに彼女のカウンセラーを紹介すると言っている。これらは、正解には直接関係のない情報だが、選択肢1には、debt counselor が含まれ、選択肢4の offers to help ... はひっかけの選択肢になっているので注意が必要である。

Vocabulary

□lend ～を貸す　□out of ～がなくなって　□electronics 電子機器　□huge 莫大な
□bill 請求書　□used to be かつては～だった　□in debt 借金があって
□certainly その通り、もちろん　□finances 財政状態、懐具合
□in check 抑制して、コントロールして　□afford ～を持つ［買う］余裕がある　□product 製品

No. 5

M: Rose, my flight schedule changed. I won't arrive until 11:00 p.m. tomorrow night.

W: Oh no! Zack has been practicing for months to play the piano. He'll be heartbroken if you're not here to see his performance at 6:00 p.m.

M: I know. Then, I'll take the overnight train to the Cliffview Station. I'll catch the early bus and should be there by noon.

W: Umm, are you sure you'll make it?

M: I'll do my best! I wouldn't miss Zack's performance for the world.

W: Well, it would mean the world to him. Besides, I don't want to go without you.

訳

M：ローズ、飛行機のスケジュールが変わったんだ。明日の夜11時までは着かないよ。

W：えー、そんな！ ザックは何カ月もピアノを練習してきたのよ。あなたがこっちにいなくて午後6時の演奏を見られなかったら、あの子はとても悲しむわ。

M：分かったよ。それなら、夜行列車でクリフビュー駅に行くよ。早朝のバスに乗れば、昼までにはそっちに着くはずだ。

W：うーん、本当に間に合うと思う？

M：最善を尽くすよ。絶対にザックの演奏は見逃さないさ。

W：ええ、あの子にはとても大事なことでしょうから。それに、私もあなたが一緒でないといやだわ。

模擬試験 2

Question: What is the woman's concern?

1. Her husband might miss his scheduled flight.
2. **Her husband may arrive too late for an event.**
3. Zack might not be able to attend the concert.
4. A train station could be closed until tomorrow.

訳 **質問**：女性は何を心配しているか。

1. 夫が予定していた飛行機に乗り遅れるかもしれない。
2. **夫があるイベントに間に合わないかもしれない。** 正解
3. ザックがコンサートに出られないかもしれない。
4. 駅が明日まで閉鎖されるかもしれない。

解説　冒頭の男女の発言から、この 2 人が夫婦であり、会話のテーマは息子のピアノの発表会であることをしっかりと聞き取ろう。男性の飛行機のスケジュールが変更となり、発表会に間に合わなくなってしまった。前半で問題提起がされ、後半では問題解決に向かうパターンである。男性の中ほどの発言から、夜行列車からバスに乗り継ぐことで間に合うようだ。

質問では、女性が心配している内容を聞いている。男性が上記の解決策を伝えているにもかかわらず、女性は are you sure you'll make it? と聞いており、間に合うかどうかを心配していると判断できる。したがって正解は 2。an event とは、ピアノの発表会のことである。

make it は「うまくいく、実現する、成功する」という意味の表現で、さまざまな状況で使うことができる。この会話では「（発表会の）時間に間に合う」の意味で使われているが、状況によっては、「参加する」「出世する」「合格する」「（病気が）回復する」などの意味にもなり得る。いずれも「思い通りになる」というニュアンスなので、それぞれの場面での具体的な意味は文脈から判断しよう。男性は飛行機には乗らない予定なので、選択肢 1 は不適切。flight の代わりに train であれば正解となるので、慌てずに読む必要がある。

Vocabulary

□ practice 練習する　□ heartbroken 悲しみに打ちひしがれた　□ overnight train 夜行列車
□ make it うまくいく、間に合う　□ miss ～を逃す　□ not ~ for the world 絶対に～でない
□ mean the world to ～にとって極めて重要である

Chapter

1

2

3

4

5

模擬試験 —— 模試 2 セットに挑戦！

289

Part 1 放送文と訳・解答・解説

No. 6

126

M: Oh Sally, I feel terrible. I need to go to the doctor.

W: You seem to have a very high temperature.

M: Yeah, I couldn't sleep at all last night. I shouldn't have gone swimming in that icy lake.

W: Guy! I told you not to go! Why did you do that?

M: Well, it seemed like it would be fun.

W: But you knew you might get sick. That water was freezing. We're going on a trip this weekend!

M: Don't worry, I'll be fine.

W: You had better be fine.

訳

M：ああ、サリー、気分がひどく悪いよ。医者に行かなくちゃ。

W：熱がとても高いようね。

M：そう、昨夜は全然眠れなかったよ。あのすごく冷たい湖へ泳ぎに行かなきゃよかった。

W：ガイったら！ 行かないように言ったでしょ！ なぜ行ったの？

M：うーん、面白いだろうと思ったんだよ。

W：でも、具合が悪くなるかもしれないって分かってたでしょ。あそこの水は凍えるように冷たかったのよ。今週末は旅行に行くのに！

M：心配しないで、良くなるよ。

W：良くならないと困るわよ。

290

Question: Why is Sally upset with Guy?

1. **He might miss their trip.**
2. He didn't want to swim with her.
3. He met up with his friends.
4. He doesn't want to go on a trip.

訳 **質問**：サリーはなぜガイに怒っているか。

1. 彼が旅行に行けないかもしれないから。 正解

2. 彼が彼女と一緒に泳ぎたくなかったから。

3. 彼が友人たちと会ったから。

4. 彼が旅行に行きたくないから。

解説 　男性は具合が悪そうにしている。熱もあり、昨夜は眠れなかったようだ。原因として、I shouldn't have gone swimming in that icy lake. と言っている。「should have ＋過去分詞」が「〜すべきだった（のにしなかった）」の意味であるのに対して、「shouldn't have ＋過去分詞」は「〜すべきでなかった（のにしてしまった）」の意味となる。

　水温の低い湖で泳いだため体調を崩してしまった男性を、女性は I told you not to go! と怒った様子で責める。「面白そうだった」という男性の発言に注目しよう。it seemed like 〜という表現は会話でもよく使われるが、like の後にセンテンスを置き、「〜のようだった」の意味を表すことができる。

　会話の後半で、女性の怒りの理由が分かる。We're going on a trip this weekend! と言っていることから、女性は男性と一緒に旅行に行けなくなるのではないかと怒っているのだ。正解は 1。選択肢で使われている might は may よりも可能性が低いことを表す助動詞なので、「男性が旅行に行けないかもしれない」という低い可能性を示唆している。男性は最後に Don't worry. I'll be fine. と発言。旅行に行きたくないわけではないため、4 は不適切。

Vocabulary

□ terrible（体調などが）ひどく悪い　□ high temperature 高熱　□ icy 氷のように冷たい
□ get sick 病気になる、具合が悪くなる　□ freezing 凍るような、氷のように冷たい
□ go on a trip 旅行する　□ had better 〜しないと困る　□ miss 〜を逃す、〜をしそこなう
□ meet up with 〜に会う、〜と集まる

Part 1 放送文と訳・解答・解説

No. 7

W: Welcome to Jaz Tours. Can I help you?

M: Hi! My wife and I would like to explore the town. Can I hire a private van and driver?

W: Yes, sir. It's $300, but if you don't mind sharing with other passengers, the price is $25 per person.

M: No, we prefer to be by ourselves.

W: Understood. If you'd like to add dinner and snacks, it's $50 more. Would you like to include this service?

M: Why not? Might as well enjoy ourselves to the full.

訳

W：ジャズ・ツアーズにようこそ。ご用件を伺えますか？

M：こんにちは！ 妻と私はこの街を回りたいのですが、貸し切りでバンとドライバーを頼めますか？

W：はい、お客様。300 ドルになりますが、ほかのお客様とご一緒でも差し支えなければ、お値段はお一人 25 ドルになります。

M：いえ、自分たちだけの方がいいです。

W：承知いたしました。食事と軽食を追加されたければ、あと 50 ドルいただくことになります。このサービスを加えられますか？

M：ええ、そうします。思いっきり楽しんだ方がよさそうです。

Question: What does the man imply?

1. He prefers to travel by himself.
2. He does not want food included in the service.
3. **He decides to take the woman's offer.**
4. He considers trying another tour company.

訳 **質問:** 男性は暗に何と言っているか。

1. 彼は一人で旅することを好んでいる。
2. 彼はサービスに食事を含めたくない。
3. 彼は女性の提案を受けることに決めている。 正解
4. 彼は別の旅行会社に行くことを考えている。

解説 冒頭の Welcome to Jaz Tours. から、女性は旅行代理店のスタッフ、男性はそこに来た客である ことが分かる。Part 1 ではこのような、店員と客というシチュエーションが一定の割合で出題される。多くは常識的な会話の流れとなるため、状況が分かると比較的聞きやすいだろう。この会話では男性がバンとドライバーを手配してほしいと希望を述べ、スタッフから値段が伝えられる。さらに食事のオプションはどうかと提案され、応じるという自然な流れである。

質問は What does the man imply? だ。男性が暗に言っている内容が問われているが、このような imply を使った質問の多くは、会話の最後の部分が答えとなる。ただし、直接的な表現ではないため注意が必要。女性が Would you like to ... と提案したのに対して、男性は Why not? と答えている。これは「なぜしないのだろうか?（しない理由はない）」→「そうしよう」の意味で、提案・依頼に対して「いいですよ」と同意する際によく使われる口語表現である。not が含まれても断っているわけではないので気をつけよう。その後の might as well ... も「〜する方がよい」の意味。したがって、正解は 3。the woman's offer とは、食事や軽食を追加することを指している。

Vocabulary

□explore 〜を見て回る　□hire 〜を雇う　□mind 〜を気にする
□share with 〜と共有する、〜と共同で使う　□passenger 乗客　□prefer to *do* 〜する方を好む
□include 〜を含む　□might as well 〜する方がよい、〜してもよい　□to the full 最大限に
□by *oneself* 一人で　□consider 〜を検討する

Part 1 放送文と訳・解答・解説

No. 8

🔊 128

M: It's extremely hot in here. When will the air conditioning be fixed?

W: You know what? I just got a phone call from the company. This weekend is the earliest the maintenance people can get here.

M: You must be kidding. I cannot possibly stand this for another hour! Also, I'm sure this is not good for the computers.

W: I was totally unaware of that! You are right. This does need to be handled promptly.

M: Can you contact the headquarters office?

W: OK, I will.

訳

M: ここはひどく暑いな。いつエアコンは修理されるんだろう?

W: あのね。会社からちょうど電話をもらったところなの。メンテナンスの人がここへ来られるのは早くて今週末ですって。

M: まさか。あと1時間こんな状態に耐えるなんて絶対無理だよ! それに、きっとコンピューターにも良くないよ。

W: それにはまったく気づかなかったわ! その通りよ。ほんとにこれはすぐに何とかする必要があるわね。

M: 本社に連絡してくれるかい?

W: ええ、連絡するわ。

模擬試験 2

Question: What is the man's opinion?

1. The room temperature is ideal now.
2. Air conditioners should be installed in each room.
3. He can handle the situation better.
4. **It is too hot to run the computers.**

訳　**質問：**男性の意見は何か。

　　1. 室内の温度は今、理想的だ。
　　2. エアコンは各部屋に設置されるべきだ。
　　3. 彼はもっとうまく事態に対処できる。
　　4. コンピューターを動かすには暑すぎる。 正解

解説　　男性の冒頭の発言から、夏の暑いときにエアコンが故障して困っている様子が想像できる。女性によると、修理は早くても週末になるという。the earliest が少々分かりにくいかもしれないが、ここはしっかりと「週末まで待たなくてはならない」という状況を把握しよう。男性は、I cannot possibly stand this ... と言っているが、possibly を入れることで「絶対に耐えられない、到底耐えられない」という意味になり、単に I cannot stand ... と言うより表現が強調される。また、not を使わない I can hardly stand ...「ほとんど耐えられない、耐えるのが非常に難しい」なども会話でよく使われる表現なので、覚えておくとよい。
　　出だしは、家庭での会話のようにも思えるが、男性が「本社に連絡してくれるかい?」と言っていることから、最後にオフィスでの会話であることが分かる。正解は 4。I'm sure this is not good for the computers. を選択肢では、It is too hot to run the computers. と言い換えている。ここでの run は他動詞で「（機械など）を動かす」の意味である。

Vocabulary

□extremely 極めて、ひどく　□air conditioning 空調、エアコン　□fix ～を修理する、～を直す
□maintenance メンテナンス、維持管理　□You must be kidding. まさか、冗談でしょう
□cannot possibly 絶対に～できない　□cannot stand ～に耐えられない
□be unaware of ～に気づいていない　□handle ～を処理する、～に取り組む
□promptly 速やかに　□headquarters office 本部、本社　□temperature 温度、気温
□install ～を設置する、～を取り付ける

Part 1 放送文と訳・解答・解説

No. 9

🔊 129

W: Thank you for calling Technology Tomorrow.

M: Hello. My name is Alexis Bane, account number TT0183.
   I subscribed to this magazine for one year, but my credit
   card statement says you charged for two years! Can you check my
   information?

W: Give me a moment please, sir.

M: Yeah, sure.

W: Thank you.... You're right. There was an error during the billing
   process. We'd be happy to send you a partial refund. It could be a
   check or a gift card. Which one do you prefer?

M: The second option is best.

訳

W：テクノロジー・トゥモローにお電話いただき、ありがとうございます。

M：もしもし、アレクシス・ベインと申します。顧客番号はTT0183です。この雑誌を1年間定期購読したのですが、
   クレジットカードの明細書には2年分請求されています！ 私の情報を確認していただけますか？

W：少々お待ちください。

M：はい、分かりました。

W：ありがとうございます……。おっしゃる通りです。課金プロセスでミスがあったようです。もちろん、一部を返
   金させていただきます。小切手か商品券にできます。どちらになさいますか？

M：商品券がいいです。

模擬試験 2

Question: What does the man want the woman to do?
1. Cancel his subscription order.
2. Return his check payment.
3. **Send him a gift certificate.**
4. Mail a credit card statement.

訳 **質問：**男性は女性に何をしてほしいか。
1. 彼の定期購読の注文を取り消す。
2. 彼の小切手払いを返金する。
3. 彼に商品券を送る。 正解
4. クレジットカードの明細書を郵送する。

解説　女性の発言が Thank you for calling ... から始まっているので、電話での会話であることが分かる。顧客がコールセンターなどに電話をした際には、このような応答になることが多い。男性は何かを問い合わせるために、電話をしているはずだ。雑誌を 1 年間定期購読したつもりが、2 年分請求されてしまったことを伝えると、そのミスを女性がすぐに確認。したがって、1 年分の購読料を返金することになるが、その方法として 2 つのオプションが提示される。It could be a check or a gift card. の It は、a partial refund を指し、多く課金してしまった 1 年分の購読料のこと。小切手か商品券のどちらかでの返金が可能だとした上で、Which one do you prefer? と尋ねている。

　男性の答えは The second option is best. だが、the second option（後者）とは、商品券で返金することを指している。注意深く聞いていないと、どちらが「前者・後者」なのかを聞き逃してしまいそうだ。質問は男性が女性に求めていることなので、正解は 3。gift card を選択肢では gift certificate に言い換えている。

Vocabulary

☐ **account number** 顧客番号　☐ **subscribe to** 〜を定期購読する　☐ **statement**（請求）明細書　☐ **charge** 請求する　☐ **billing process** 課金プロセス　☐ **partial** 部分的な、一部だけの　☐ **refund** 払い戻し、返金　☐ **check** 小切手　☐ **subscription** 定期購読　☐ **gift certificate** 商品券

No. 10

M: Hello, George. This is Barry. How's it going?

W: Hi! He's at the library and left his phone at home. I'm his sister, Riaan.

M: Oh ... hi. I'm calling because George and I were going to play tennis later, but I hurt my leg running in the park this morning.

W: Sorry about that. Are you canceling your outing?

M: Actually, I was going to ask him to come over to my apartment to watch a movie. Can you ask him to call me back to confirm?

訳

M：もしもし、ジョージ。バリーだよ。元気？

W：もしもし！ ジョージは今、図書館にいますが、家に携帯を置き忘れてしまったの。私は妹のリーアンです。

M：あ……こんにちは。ジョージと僕は後でテニスをする予定だったんだけど、今朝公園で走っていたら脚を痛めてしまって。それで、電話しているんだ。

W：それはお気の毒に。外出はやめるんですか？

M：実は、ジョージに僕のアパートに来てもらって、映画を見ようと言うつもりだったんだ。それでいいかどうか僕に電話をくれるよう、言ってもらえるかな？

Question: Why did the man make a phone call?

1. **To tell George about a change of plan.**
2. To ask George's sister for his number.
3. To watch a movie at George's apartment.
4. To reschedule a tennis match with George.

訳 質問：なぜ男性は電話をかけたのか。

1. ジョージに計画の変更について伝えるため。 正解
2. ジョージの妹に彼の電話番号を尋ねるため。
3. ジョージのアパートで映画を見るため。
4. ジョージとのテニスの試合を別の日に変更するため。

解説 冒頭の男性の発言、Hello / This is ... から電話での会話だと理解できる。電話を取ったのは、話そうとしていた George ではなく、その妹だった。George が携帯電話を置き忘れて出かけてしまったという状況を把握するのが難しい。会話の中ほどで、I'm calling because ... と電話をかけた目的が述べられている。男性は George と一緒に出かける予定だったが、脚を痛めてしまったので、予定を変更して、自分のアパートで一緒に映画を見たいと考えている。正解は選択肢 1 で、予定の変更をGeorge に伝えるため。実際に伝えた相手は電話に出た彼の妹だったが、当初の目的が問われているので要注意である。

　最後に男性が、Can you ask him to call me back ...? と依頼していることがひっかけとなり、選択肢 2 を選んでしまうかもしれない。さらに 3 もトリッキーである。映画を見る場所は George のアパートではなく、男性（Barry）のアパート。4 の reschedule だと、テニスの日程を変更することになるので不適切。このような場面での reschedule は事実上、put off / postpone などに言い換えられると覚えておくとよい。

Vocabulary

□library 図書館　□hurt 〜を痛める　□outing 外出　□come over to 〜にやって来る
□confirm 〜を確認する　□reschedule 〜の予定［日程］を変更する

Part 1 放送文と訳・解答・解説

No. 11

◀ 131

W: Hi there. I wanted to buy a new vacuum cleaner.

M: Well, you've come to the right place. Did you have any preferences?

W: Yes, I'd like a portable model without a bag.

M: In that case, we only have this one model.

W: Looks perfect. I'll take it. Can I use a credit card to pay?

M: If you pay cash instead, I can provide you with a 10% discount today.

W: Hmm, OK then. May as well save some money.

M: Good choice. I'll organize it right away.

訳

W：こんにちは。新しい電気掃除機を買いたいのですが。

M：はい、ちょうどこちらでお求めになれます。どのようなタイプをお考えですか？

W：はい、紙パックがいらないハンディタイプがいいんですけど。

M：それでしたら、こちらの型のみになります。

W：とても良さそうね。それにします。支払いにクレジットカードは使えますか？

M：カードの代わりに現金払いにされますと、本日は 10% の割引をご提供できます。

W：そうね、いいわ、いくらか節約した方がよさそう。

M：良いご選択です。すぐにご用意いたします。

模擬試験 2

Question: What does the woman decide to do?

1. Pay with a credit card.
2. **Take the cheaper option.**
3. Change the model of vacuum.
4. Purchase bags for the cleaner.

訳 **質問：**女性はどうすることに決めたのか。

1. クレジットカードで支払う。
2. **より安い方の選択肢を選ぶ。** 正解
3. 掃除機のモデルを変える。
4. 掃除機の紙バックを買う。

解説 最初の発言から、女性が掃除機を買うために電気店を訪れ、男性店員と話している場面を思い浮かべよう。I wanted to buy ... / Did you have ...? のように過去形を使うことによって、直接的な表現を避け、丁寧な印象を与えることができる。女性が要望を伝えると、店員はある商品を勧める。Looks perfect. I'll take it. の発言から、女性が購入を即決したことが分かる。このような状況で使われる take は buy の意味だ。

この会話のポイントは、その後の支払い方法について。女性はクレジットカードで払おうとするが、店員は現金で支払うと 10% 引きになると告げる。provide A with B（A に B を提供する）の表現は、give A B と言い換えてもよい。give の場合には、目的語を 2 つ取るので注意しよう。

質問では、女性がどうすることに決めたかが問われている。10% の割引があることを知り、女性は May as well save some money. と答えている。文頭に I が省略されているが、これは may as well do「～した方がよい」という表現。had better do よりも婉曲的なニュアンスになる。「節約した方がよい」ということは、「より安い選択肢を選ぶ」ことになるため、正解は 2。選択肢の cheaper option とは、現金で支払い 10% の割引価格で購入することを指している。

Vocabulary

☐ vacuum cleaner 電気掃除機　☐ preference 好み　☐ portable 携帯用の、ポータブルの
☐ provide A with B A に B を提供する　☐ discount 割引、ディスカウント　☐ save ～を節約する
☐ organize ～を準備する、手配する　☐ right away すぐに　☐ option 選択肢
☐ purchase ～を購入する

301

Part 1 放送文と訳・解答・解説

No. 12

W: Frank, you've got dark circles under your eyes!

M: Yeah, I study most nights for architecture classes. Then when I try to sleep, my roommate stays up watching late-night TV. He does it all the time now.

W: That's terrible. What will you do?

M: I left a note at the Housing and Residential Services office asking to be transferred to another dorm.

W: Good. And if things don't change, just move off campus.

M: That's not a bad idea.

訳

W: フランク、目の下にくまができているわよ!

M: そう、ほとんど毎晩、建築の授業に備えて勉強してるんだ。それで眠ろうとすると、ルームメイトが夜遅くまでテレビの深夜番組を見て起きている。彼は今ではいつもそうなんだよ。

W: それはひどいわね。どうするつもり?

M: 大学のハウジングオフィスにメモを残して、別の寮に変えてもらうよう頼んだんだ。

W: それはいいわね。そしてもし事態が変わらなかったら、学外に引っ越せばいいわ。

M: それも悪くないね。

模擬試験 2

Question: What will the man most likely do if the situation doesn't improve?

1. Talk to the woman about his class.
2. **Look for a different place to live.**
3. Tell his roommate to stop playing games.
4. Go to bed much earlier than before.

訳 **質問**：もし状況が改善しなければ、男性はおそらく何をするか。

1. 女性に彼の授業のことを話す。
2. **別の居住先を探す。** 正解
3. ルームメイトにゲームをやめるように言う。
4. 以前よりもっと早く寝る。

解説　冒頭で女性が男性に向かって、you've got dark circles under your eyes!（目の下にくまができているわよ！）と言ったところで、男性が何らかの問題を抱えているのだと分かる。dark circles は聞き取りにくい音だが、少なくとも話し方の調子などから「心配している」または、「良くない話である」ことを理解しよう。

これを受けて、男性がルームメイトのせいで睡眠不足であることを伝えている。Part 1での典型的な「問題 → 解決」のパターンである。すでに男性は寮を変えてもらうように学校に依頼しているが、もしもそれがかなわなければ寮を出るようにと女性は促している。女性の最後の発言、And if things don't change, just move off campus. から、正解は選択肢2。move off campusは「学外に引っ越す」の意味。つまり、寮を出ることだ。少なくとも、off を聞き取り「離れる」がイメージできるとよいだろう。女性の提案に対して、男性が That's not a bad idea. と応じているが、これは同意の表現であり、事態は解決に向かうだろうと考えられる。

Vocabulary

☐dark circle（目の下の）くま　☐architecture 建築、建築学　☐stay up 夜遅くまで起きている
☐late-night TV テレビの深夜番組　☐terrible ひどい、過酷な　☐note メモ
☐residential 居住の、住宅の　☐transfer ～を移す、～を移動させる　☐dorm 寮
☐move 引っ越す　☐improve 改善する、良くなる　☐look for ～を探す

303

Part 2 放送文と訳・解答・解説

A｜ *The Great Pacific Garbage Patch*

Environmentalists all over the world are concerned about a large garbage patch floating in the Pacific Ocean. The patch is a collection of plastic trash that drifts on these waters. Its exact size is hard to determine because the pieces that make up the garbage island are very small and, therefore, invisible to satellites.

Scientists believe that it is this tiny size of the floating particles that causes the main problem. Due to the combined action of sunlight and air, the plastic debris falls apart into tiny pieces, called "microplastics," which fish and other marine animals eat. The toxins that these microplastics contain cause serious health problems in the species that digest them, as well as their predators, including humans. Because of this, some engineers are designing special machines to catch plastics in the ocean before they break down, and others are trying to find ways to filter out microplastics.

訳

太平洋ゴミベルト

世界中の環境問題専門家が、太平洋に浮かぶ大きなゴミベルトのことを懸念している。ゴミベルトはこの海域を漂流するプラスチックゴミが集まったものだ。その正確な規模を特定するのは難しい。このゴミの島を形成するプラスチック片は非常に小さく、そのため人工衛星では確認できないからだ。

この浮遊粒子の小さなサイズこそが主な問題の原因である、と科学者は考えている。日光と空気が共に作用し、プラスチックゴミは「マイクロプラスチック」と呼ばれる小さな断片に分解され、それを魚などの海洋生物が食べるのだ。これらのマイクロプラスチックに含まれる毒素が、それを消化する種にも、人間などそれを食べる捕食者にも、深刻な健康上の問題を引き起こす。このため、海洋に浮かぶプラスチックを分解前にとらえる特別な機械装置を設計しているエンジニアもいれば、マイクロプラスチックをろ過する方法を見つけようとしているエンジニアもいる。

■ 展開パターン

> ① 太平洋上のゴミベルトの状況：極小のプラスチック片(microplastics)で構成されるため、正確な大きさは分からない

> ② マイクロプラスチックの問題点と解決法：有毒物質を含むため、海洋生物が摂取することで、生態系全体に悪影響を及ぼす → エンジニアがプラスチックゴミを取り除く装置を考案中

模擬試験 2

No. 13 Why is it hard to know how big the garbage patch is?

1. It is made up of tiny particles.

2. It is spread over several oceans.

3. Most pieces sink deep into the ocean.

4. The size of the patch is constantly changing.

No. 14 What is one thing engineers are doing?

1. They are designing ships to move the patch.

2. They are making better microscopes.

3. They are creating cleanup equipment.

4. They are warning the public about pollution.

訳 **質問 13** なぜゴミベルトの大きさを知ることが難しいのか。

1. 小さな粒子でできているから。 正解

2. いくつかの海洋に渡って広がっているから。

3. 大部分の破片は海深くに沈むから。

4. ゴミベルトの大きさは常に変化しているから。

質問 14 エンジニアが行っている一つのことは何か。

1. ゴミベルトを動かす船を設計している。

2. より優れた顕微鏡を作っている。

3. 除去装置を作っている。 正解

4. 汚染について世間に警告している。

解説　第 1 パラグラフでは、太平洋ゴミベルトの状況が説明されている。人工衛星から確認できないほど極小のプラスチック片から構成されるため、規模を特定することができない。したがって、質問 13 の正解は 1。選択肢の particles は pieces の言い換え。

　　第 2 パラグラフは、マイクロプラスチックの問題点がまず述べられ、その後、現在考えられている解決法へと話が展開する。後者が問われている質問 14 の正解は 3。

Vocabulary

☐ Great Pacific garbage patch 太平洋ゴミベルト（海洋ゴミが集まる北太平洋の海域）
☐ environmentalist 環境問題専門家、環境保護論者　☐ float 浮かぶ、漂う　☐ trash ゴミ、くず
☐ drift 漂流する、漂う　☐ determine ～を決定する、～を特定する　☐ make up ～を構成する
☐ invisible 目に見えない　☐ satellite 人工衛星　☐ tiny とても小さい　☐ particle 粒子
☐ due to ～が原因で、～のせいで　☐ debris 破片、瓦礫　☐ fall apart ばらばらになる、分解する
☐ microplastics マイクロプラスチック（非常に細かいプラスチック粒子）
☐ marine animal 海洋動物　☐ toxin 毒素　☐ digest ～を消化する
☐ predator 捕食者、捕食動物　☐ break down 分解する、ばらばらになる
☐ filter out ～をろ過して取り除く　☐ be made up of ～から成る　☐ sink 沈む
☐ microscope 顕微鏡　☐ equipment 装置、設備　☐ pollution 汚染、公害

305

Part 2　放送文と訳・解答・解説

134

B　*Football Helmets*

In the early days of professional American football, players did not wear anything to protect their heads. Joseph Reeves was the first player to wear a helmet, made of leather, in 1893. He had been warned by his doctor that another injury to his head could easily kill him. Nevertheless, for the next three decades, helmets were still optional and some players never wore one throughout their entire careers.

Things began to change in the 1920s. Padded leather helmets became widespread among players, although they were not very effective and rather uncomfortable to wear. In addition, they did not have face masks, so injuries were still common. In 1939, a manufacturing company from Chicago made the first plastic helmets. They were lighter, more comfortable, and offered more protection, but leather was still more favored for a while. Plastic eventually won out, though, so since the 1950s, players have been wearing lightweight and sturdy plastic helmets to protect themselves.

訳

フットボール用ヘルメット

プロのアメリカンフットボールの創成期には、選手たちは頭部を守る物は何も身に着けていなかった。1893年にジョゼフ・リーブズが革製のヘルメットをかぶった初めての選手となった。彼は、再び頭部にけがをすれば、容易に命を落とすことになるかもしれないと医者に言われていたのだ。それでもなお、その後30年間、ヘルメットの着用は依然として任意であり、引退するまで一度もかぶらない選手もいた。

1920年代に事態は変わり始めた。効果は少なく着け心地も良くなかったが、パッド入りの革製ヘルメットが選手の間で広まるようになった。さらに、フェイスガードがなかったため、まだけがはよく起こった。1939年、シカゴの製造会社が最初のプラスチック製ヘルメットを作った。それらはより軽量で、着け心地が良く、さらに保護効果も増したが、革製の方がまだしばらくは好まれた。しかし最終的にはプラスチック製が使用されるようになり、1950年代以降、選手たちは身を守るために、軽量で頑丈なプラスチック製ヘルメットを着用している。

■ 時系列パターン

① アメリカンフットボールのヘルメットの起源：1893年、Joseph Reevesが初めて革製のヘルメットを使用。その後は普及しなかった

② ヘルメットの変遷：1) 1920年代、パッド入り革製ヘルメットが普及　2) 1939年、プラスチック製のヘルメットが登場　3) 1950年代以降、プラスチック製が主流に

306

模擬試験 2

No. 15 Why did Joseph Reeves start wearing a helmet?

1. His teammates were already using helmets.
2. **He wanted to avoid fatal injury.**
3. He had seen other players getting hurt.
4. His doctor invented the football helmet.

No. 16 What happened to American football in 1939?

1. Unsafe helmets were banned in the sport.
2. **The first plastic headgear was made.**
3. Leather head protectors were created.
4. Plastic helmets became common in the U.S.

訳 **質問 15** なぜジョゼフ・リーブズはヘルメットをかぶり始めたのか。

1. チームメイトがすでにヘルメットを使用していたから。
2. 致命的なけがを避けたかったから。 正解
3. ほかの選手がけがをするのを見ていたから。
4. 彼の医者がフットボール用ヘルメットを発明したから。

質問 16 1939 年にアメリカンフットボールに何が起こったか。

1. 安全性の低いヘルメットがフットボールで禁止された。
2. 初めてのプラスチック製ヘッドギアが作られた。 正解
3. 革製のヘッドプロテクターが作られた。
4. プラスチック製ヘルメットがアメリカで一般的になった。

解説 アメリカンフットボールのヘルメットの移り変わりを時系列で説明している。年代ごとに整理しながら聞いていくとよいだろう。第 1 パラグラフでは、アメリカンフットボールで初めてヘルメットが登場したときのエピソードが紹介される。Joseph Reeves が医者から、another injury to his head could easily kill him と警告されたことが使用のきっかけだったことから、質問 15 の正解は 2。

第 2 パラグラフは内容がやや込み入っている。「1920 年代、パッド入り革製ヘルメットが普及」→「1939 年、プラスチック製が登場するが、まだ革製が主流」→「1950 年代、プラスチック製が主流に」の流れを聞き取ろう。質問 16 では、1939 年の出来事が問われているので、正解は 2。選択肢の headgear は helmet の言い換え。

Vocabulary

□ leather 革、レザー □ warn ～だと警告する □ injury けが、負傷
□ nevertheless にもかかわらず、それでも □ optional 任意の、選択の
□ padded 詰め物をした、パッド入りの □ widespread 普及した
□ effective 効果的な、効き目がある □ uncomfortable 不快感がある、心地良くない
□ manufacturing company 製造会社 □ protection 保護 □ favor ～の方を好む
□ eventually 最終的に、ついには □ win out 最終的に勝つ [成功する] □ lightweight 軽量の
□ sturdy 頑丈な、がっしりした □ fatal 命に関わる、致命的な □ invent ～を発明する
□ headgear (ヘルメットなどの) かぶり物、ヘッドギア

C *Leafcutter Ants*

Sarah Worsley, a researcher at the University of East Anglia, has been studying the behavior of leafcutter ants. Earlier, scientists believed that a leafcutter ant nest was a perfect example of two species living harmoniously. Worker ants gather leaves that they use to grow a certain type of fungus. The fungus, in return, breaks down the leaves into edible form. Upon close examination, however, Worsley realized that there was a "chemical war" going on between the ant and a different, parasitic fungus.

The fungus, called Escovopsis, invades the nest of the leafcutter ants and spreads over their food, producing chemicals that can eventually kill a whole colony. The leafcutter ants have developed certain techniques to fight off the Escovopsis fungus, but the fungus responds by producing new, varied chemicals that can overcome these defenses.

訳

ハキリアリ

イースト・アングリア大学の研究者、サラ・ワースリーはハキリアリの行動を研究している。以前、科学者たちは、ハキリアリの巣は2つの種が共生する最適な例だと考えていた。働きアリは葉を集め、それを使ってある種類の菌を育てる。菌は、そのお返しに、葉をアリが食べられる形状に分解する。しかしよく調べると、ハキリアリと別の寄生菌の間で「化学戦争」が起きていることにワースリーは気づいた。

エスコボプシスと呼ばれるこの菌は、ハキリアリの巣に侵入してエサの上に広がり、最終的にアリの巣全体を壊滅できるような化学物質を生み出す。ハキリアリはエスコボプシス菌を撃退する特定の方法を生み出したが、菌の方は、このアリの防衛を打ち破れる新しいさまざまな化学物質を作り出すことで反撃している。

■ 展開パターン

① ハキリアリと菌の関係性：互いに依存しながら共生すると考えられていたが、ある菌との間では攻撃の応酬が明らかになった

② ハキリアリと菌（Escovopsis）の攻防：菌が化学物質を出しハキリアリを絶滅させようとすると、アリは応戦し、菌はまた別の化学物質により反撃する

模擬試験 2

No. 17 What did Worsley's discovery show?

1. Some ants eat different types of leaves.
2. Ant populations are declining around the world.
3. Two species of fungus can live together peacefully.
4. **Leafcutter ants have to fight a certain type of fungus.**

No. 18 Why can the Escovopsis fungus survive?

1. It supports the whole ant colony.
2. It needs very little food.
3. **It is able to release different substances.**
4. It is helpful to other parasites.

訳 **質問17** ワースリーの発見は何を示したか。

1. 一部のアリはさまざまな種類の葉を食べる。
2. 世界中でアリの数が減っている。
3. 2種の菌が平和に共存できる。
4. **ハキリアリはある種の菌と戦わなければならない。** `正解`

質問18 なぜエスコボプシスは生き延びられるのか。

1. それはアリの巣全体を支えるから。
2. それはエサがほとんど要らないから。
3. **それはさまざまな物質を放出できるから。** `正解`
4. それは他の寄生生物の役に立つから。

解説　ハキリアリと菌は共依存すると考えられていたが、Sarah Worsley は、ある菌（Escovopsis）とハキリアリとの間では「化学戦争」が行われていることを発見した。内容も難しく、聞き取りにくいパッセージである。

　第1パラグラフでは、Worsley がハキリアリと菌の新たな関係性を発見したことが述べられている。パラグラフの最終文で however が使われていることに注目しよう。質問17の正解は4。選択肢の a certain type of fungus とは Escovopsis のことだ。

　第2パラグラフでは、ハキリアリと Escovopsis との間の攻防の詳細が説明されている。質問18は3が正解。Escovopsis はハキリアリの防衛に対して、また新たな化学物質を使って生き残りを図る。選択肢の different substances は、new, varied chemicals の言い換え。

Vocabulary

□ leafcutter ant ハキリアリ　□ nest 巣　□ species 種　□ harmoniously 仲良く、調和して
□ fungus 菌（類）　□ in return 見返りに、引き換えに　□ break down ～を分解する
□ edible 食べられる、食用になる　□ chemical 化学の、化学的な
□ going on 起きている、発生している　□ parasitic 寄生する、寄生性の
□ Escovopsis エスコボプシス（寄生菌の一種）　□ invade ～に侵入する
□ spread 広がる、分布する　□ eventually 最終的に、ついには　□ colony コロニー、巣
□ fight off ～を撃退する　□ overcome ～に打ち勝つ、～を克服する　□ substance 物質
□ parasite 寄生生物

309

Part 2 放送文と訳・解答・解説

D │ *The Man Who Changed the Shipping Industry*

Malcolm McLean was born in North Carolina. After he finished high school, he bought a used truck and started a trucking company. By the 1950s, he had 1,700 trucks. At that time, boxes were loaded onto cargo ships by hand, and the process was time-consuming and costly. Containers existed, but were only used on trains to carry the luggage of passengers. McLean decided to adapt that idea to transport commercial goods over the sea.

In 1956, he bought two oil tankers. He converted them into ships that could carry containers on top of and under their decks. The work took almost four months and the first ship, carrying 53 containers, left the Port of Newark in April.

McLean's idea became popular soon, because loading containers by machine was much faster, easier and cheaper than loading crates and boxes by hand. The sealed containers also prevented dock workers from stealing. By 1996, about 90 percent of all internationally-traded goods were transported in shipping containers.

訳

海運業を変えた男

マルコム・マクリーンはノースカロライナ州で生まれた。高校卒業後、彼は中古のトラックを買い、トラック運送会社を始めた。1950年代までには、1,700台のトラックを所有していた。当時、箱は人の手で貨物船に積み込まれていたため、この方法は時間とコストがかかった。コンテナはすでにあったが、乗客の荷物を運ぶため列車でのみ使われていた。マクリーンはその考えを応用して、商品を海外に輸送しようと決めた。

1956年、彼はオイルタンカーを2隻購入した。彼はそれを改造し、デッキの上や下にコンテナを置けるようにした。この作業はほぼ4カ月かかり、4月に最初の船が53個のコンテナを積んで、ニューアーク港を出港した。

マクリーンのアイデアはすぐに人気となった。機械でコンテナを積む方が、人の手で大小の箱を積み込むより格段に速く、簡単かつ安かったからだ。密閉されたコンテナは港湾労働者による窃盗も防いだ。1996年までに、国際貿易で取引される全貨物の約90%が輸送コンテナで運ばれた。

■ 展開パターン

① Malcolm McLean の着想：コンテナを利用した輸送方法を思いつく

② 1956 年に実現：タンカーを改造した船にコンテナを積み、ニューアーク港を出港

③ 新たな輸送方法の利点：1) 荷物を手で積むよりも簡便・安価　2) 港湾労働者による窃盗を防止

模擬試験 2

No. 19 What did McLean decide to do?
1. Convert trucks into large containers for ships.
2. Try a new way to handle goods.
3. Build the largest tanker in the world.
4. Manufacture containers for trains.

No. 20 Why did McLean's idea become successful?
1. It required less money.
2. It replaced transportation by train.
3. It used special boxes and crates.
4. It was supported by dock workers.

訳 **質問 19** マクリーンは何をすることを決めたか。
1. トラックを改造して船舶用の大型コンテナにする。
2. 貨物を扱う新しい方法を試す。 正解
3. 世界最大のタンカーを造る。
4. 列車用のコンテナを製造する。

質問 20 なぜマクリーンのアイデアは成功したのか。
1. それは費用が安く済んだから。 正解
2. それは列車による輸送に取って代わったから。
3. それは特別な大小の箱を用いたから。
4. それは港湾労働者に支持されたから。

解説 3つのパラグラフから構成される「展開パターン」のパッセージである。第1パラグラフでは、McLean が当時列車でのみ使われていたコンテナに着目し、商品を船で海外に輸送する際に利用しようと考えた。質問 19 の正解は 2。選択肢にある a new way とはコンテナを利用する方法のこと。

　第2パラグラフでは、McLean が前述のアイデアを実行に移した経緯を述べる。後にこの方法は人気となるが、その理由が第3パラグラフで挙げられる。質問 20 の正解は 1。以前のように人間の手による荷積みよりも much faster, easier and cheaper と説明されている。

Vocabulary

□ shipping industry 海運業　□ load ～を積み込む　□ cargo ship 貨物船
□ time-consuming 時間のかかる　□ costly 費用がかさむ　□ container コンテナ
□ luggage 手荷物、スーツケース類　□ passenger 乗客　□ adapt ～を適合 [適応] させる
□ goods 商品、貨物　□ convert A into B A を B に変える [改造する、転用する]
□ deck デッキ、甲板　□ port 港　□ crate 梱包用の大きな箱　□ sealed 密封された
□ prevent A from *doing* A が～するのを防ぐ　□ dock worker 港湾労働者
□ manufacture ～を製造する　□ replace ～に取って代わる

Chapter 1 2 3 4 **5**

模擬試験 ―― 模試2セットに挑戦！

311

E｜ *The Baths of Caracalla*

The Baths of Caracalla was a huge spa complex in ancient Rome. Its development was ordered by Caracalla, one of the cruelest leaders of the empire, and it was completed in 216 A.D. Though there were 900 baths in Rome at the time, Caracalla's construction was by far the most magnificent. Unlike any other spas, the complex had libraries, meeting rooms, gardens, massage parlors and cafés, and was decorated with beautiful mosaics and sculptures. Despite the great expense it took to build the Baths, entrance, similarly to all public baths, was free for all Roman citizens.

The place was certainly impressive by almost any standard. By creating such a luxurious structure, Caracalla wanted to make a mark for himself in history. He certainly managed to do that, but he could not enjoy the baths for long. Just one year after the opening ceremony, the much-hated figure was killed by one of his bodyguards.

訳

カラカラ浴場

カラカラ浴場は古代ローマの巨大な複合温泉施設だった。その開発はローマ帝国で最も残酷なリーダーの一人、カラカラ帝によって命じられ、西暦216年に完成した。当時ローマには900の浴場があったが、カラカラの建造物は最も壮麗なものだった。ほかの温泉施設と異なり、この複合施設には図書館、会議室、庭園、マッサージ室やカフェがあり、美しいモザイクや彫刻で飾られていた。この浴場の建設に要した莫大な費用にもかかわらず、すべての公衆浴場同様、入場は全ローマ市民が無料だった。

この浴場はほぼどんな基準に照らしても、実に素晴らしかった。こうした豪華な構造物を造ることで、カラカラは歴史に名を残したかったのだ。確かに彼はそれができたが、その浴場を長く楽しむことはできなかった。開業式のわずか1年後に、この非常に嫌われた人物は護衛の一人に殺害された。

■ 展開パターン

① カラカラ浴場の紹介：ローマ皇帝カラカラの命により216年に完成。さまざまな設備を完備した豪華な複合温泉施設

② カラカラ浴場建設の目的：カラカラが歴史に名を刻むこと

No. 21 What made Caracalla's spa complex special?

1. It offered a variety of facilities.
2. It was the only free bath in Rome.
3. It took a fairly short time to build.
4. It was designed by a leading architect.

No. 22 Why did Caracalla order the construction of the Baths?

1. To become a leader of Rome.
2. To honor his beloved wife.
3. To ensure that he was remembered.
4. To copy other famous structures.

訳 **質問 21** 何がカラカラ浴場を特別にしたか。

1. それはさまざまな設備を提供した。 正解
2. それはローマで唯一の無料浴場だった。
3. それはかなり短時間で建設された。
4. それはある一流建築家が設計した。

質問 22 なぜカラカラは浴場の建設を命じたのか。

1. ローマのリーダーになるため。
2. 彼の愛する妻をたたえるため。
3. 確実に後世に名を残すため。 正解
4. ほかの有名な構造物をまねるため。

解説 第 1 パラグラフは、古代ローマに建設されたカラカラ浴場の説明。多額の費用をかけたが、ローマ市民は無料で利用でき、浴場内には各種施設が設けられていた。質問 21 は 1 が正解。

第 2 パラグラフでは、カラカラ浴場が造られた理由と完成後の出来事に触れている。質問 22 は、カラカラが浴場の建設を命じた理由を問う問題だが、Caracalla wanted to make a mark for himself in history がヒントとなり、正解は 3。完成の翌年、カラカラは殺されるが、自身の名を冠した浴場によって、後世に名を残した。

Vocabulary

- the Baths of Caracalla カラカラ浴場　□complex 複合施設　□ancient 古代の、大昔の
- cruel 残酷な、無慈悲な　□empire 帝国　□complete ～を完成させる
- A.D. 西暦、キリスト紀元　□construction 建造物、建築物　□magnificent 壮麗な、壮大な
- massage parlor マッサージ室 [店]　□be decorated with ～で飾られている
- mosaic モザイク（模様、画）　□sculpture 彫刻、彫像　□expense 費用　□entrance 入場
- similarly to ～と同様に　□impressive 強い印象を与える、見事な
- luxurious 豪華な、ぜいたくな　□make a mark 足跡を残す、名を残す
- manage to do 何とか [どうにか] ～する　□figure 人物　□bodyguard 護衛、ボディーガード
- facility 設備、施設　□beloved 最愛の、愛しい　□ensure ～を確実にする、～を確かにする

F *New Banks*

In many emerging economies, banks prefer to lend only to large companies or government organizations. This has left local small businesses with few finance options. Specialized firms have now stepped in, making loans more accessible, and the application process simpler and faster through user-friendly apps. These new lenders are part of the Financial Technology or FinTech trend spreading worldwide, and have become especially popular among small businesses in developing economies in Africa and Asia.

Financial experts point out, though, that FinTech companies often charge much higher fees than traditional banks. Some of them operate without the tough regulations that govern large banks, and most have no branches or customer service features. The FinTech lenders do not provide loan consultation or business plan analyses; instead, their decisions are made entirely through mathematical models. Small companies using these apps are thereby missing out on valuable information that banks provide.

訳

新しい銀行

多くの新興経済国で、銀行は大企業や政府組織にのみ貸し付けることを好む。このため、地域の小企業には資金調達の方法がほとんどない。そこで特化型企業が参入して、ユーザーフレンドリーなアプリにより融資を受けやすくし、申請手続きを簡単でスピーディーにしている。こうした新しい貸付業者は、世界的に広がる金融テクノロジー（フィンテック）の流れの一つで、アフリカやアジアの途上国の小企業の間で特に人気がある。

しかし、金融専門家の指摘によると、フィンテック企業はしばしば従来の銀行より手数料が高い。メガバンクを管理する厳しい規制を受けずに営業しているところもあり、また、ほとんどに支店やカスタマーサービスといった特色もない。フィンテック企業は融資の相談やビジネスプランの分析も提供せず、その代わりに融資の判断は完全に数理モデルに基づいて行われる。その結果、こうしたアプリを用いる小企業は、銀行が提供する貴重な情報を得る機会を逃してしまうのだ。

■ 対比パターン

① FinTech により、発展途上国の小企業が融資を受けやすくなっている

② FinTech の問題点：1）手数料が高い　2）運営上の規制がない
　　　　　　　　　3）支店・カスタマーサービスがない　4）融資に関する情報提供がない

模擬試験 2

No. 23 What is one thing we learn about specialized financial companies?

1. They mostly serve big businesses.
2. They specialize in developing apps.
3. They are popular among small investors.
4. **They make it easier to borrow money.**

No. 24 What is one issue to consider before using a FinTech app?

1. Hidden fees are sometimes included.
2. **Professional advice is not part of the service.**
3. Approval from regulators is often necessary.
4. Too much paperwork is required.

訳 **質問 23** 特化型金融企業について分かる一つのことは何か。

1. 主に大企業を対象にしている。
2. アプリの開発を専門にしている。
3. 小口投資家の間で人気がある。
4. **融資を受けやすくしている。** 正解

質問 24 フィンテックのアプリを使う前に検討すべき一つの問題は何か。

1. 隠れた手数料が時折含まれている。
2. **専門家の助言はサービスに含まれていない。** 正解
3. 規制当局からの認可がしばしば必要である。
4. あまりにも多くの書類手続きが必要である。

解説 　第 1 パラグラフでは、FinTech の概要とその利点が述べられている。通常ならば銀行からの融資を受けられないような小規模の会社でも、アプリを使って容易に資金調達ができる。質問 23 の正解は 4。

　第 2 パラグラフの第 1 文に though が使われている。副詞の用法で however と同様の働きをし、前パラグラフとの対比を表す目印と考えるとよい。その後、FinTech の問題点が 4 つ挙げられ、質問 24 ではその内の一つが問われている。FinTech lenders do not provide loan consultation or business plan analyses がヒントとなり、正解は 2。

Vocabulary

- □ emerging economy 新興経済国　□ prefer ～を好む　□ leave A with B A を B の状態にする
- □ specialized 専門の、特化した　□ step in 中に入る、参入する、介入する
- □ accessible 利用可能な、利用しやすい　□ application 申請、申し込み
- □ app (= application) アプリ　□ point out ～を指摘する　□ regulation 規制
- □ feature 特色、目玉　□ consultation 相談　□ mathematical 数理的な、数学の
- □ thereby それによって、その結果　□ miss out on ～のチャンスを逃す
- □ valuable 貴重な、役に立つ　□ investor 投資家　□ approval 承認、認可
- □ regulator 規制者、規制団体

315

| Part 3 | 放送文と訳・解答・解説 |

G

You have 10 seconds to read the situation and Question No. 25.

Situation: You plan to stay at a log cabin with your family of four including a toddler. You have stayed in this campsite once before. You call the campsite and hear this recorded message.

Thank you for calling Jackman Campsite. Regular office hours are from 9 a.m. to 7 p.m. every day. If this is your first visit, please call us during regular office hours. If you have stayed with us before, your name is already registered, so please follow the instructions. If your group is less than four people, you can book a cabin on our website at www.jackmancamp.com. If you want to change your booking, please leave a message after the beep. For all other inquiries, please press your registration number. A representative will contact you the following business day.

シチュエーション： あなたは幼児を含む家族4人でログキャビンに泊まることを計画している。以前に一度、このキャンプ場に滞在したことがある。キャンプ場に電話すると、次のような録音メッセージが聞こえる。

ジャックマン・キャンプ場にお電話いただき、ありがとうございます。通常の営業時間は毎日午前9時から午後7時までです。初めてのお客様は、通常の営業時間内にお電話ください。以前ご利用いただいたお客様は、お名前がすでに登録されていますので、次の指示に従ってください。お客様の人数が4人より少ない場合は、当社のサイトwww.jackmancamp.comでキャビンをご予約いただけます。予約の変更をご希望の場合には、発信音の後にメッセージをお残しください。その他すべてのお問い合わせにつきましては、登録番号を押してください。係の者が翌営業日にご連絡を差し上げます。

模擬試験 2

No. 25　**Question:** What should you do?

1. Call the campsite during office hours.
2. **Enter the registration number.**
3. Leave a message after the beep.
4. Reserve a cabin online.

訳　**質問：** あなたは何をすべきか。

1. 営業時間内にキャンプ場に電話する。
2. **登録番号を入力する。** 正解
3. 発信音の後にメッセージを残す。
4. オンラインでキャビンを予約する。

解説　　you は家族でログキャビンに滞在したいと考えている。シチュエーションでは、1) 4 人家族、2) 幼児が 1 人含まれている、3) このキャンプ場を以前利用したことがある、の 3 つの条件が与えられ ている。これらをしっかり頭に入れ、滞在するために取るべき行動を録音メッセージから聞き取るよ うにしよう。

　If から始まる条件節が数回繰り返されるのは、このような録音メッセージではよくあることだ。you の条件に合うかどうかを判断し、合わない場合は直後の内容にはあまり注意を払う必要はない。例え ば、第 3 文の If this is your first visit は you に当てはまらないので、その後の情報は不要である。 逆に、次の If you have stayed with us before は当てはまるので、その後を注意して聞くようにする。 しかし、If your group is less than four people は you の条件と合わない。less than four には 4 人が含まれないことに注意しよう。次の If you want to change your booking も希望していること ではない。これまでの条件にはどれも当てはまらないため、最後の For all other inquiries 以下がヒ ントとなり、正解は 2。シチュエーションで示された「幼児が 1 人含まれている」の条件は解答には関 わっていないが、このようなこともまれにある。

Vocabulary

□ log cabin 丸太小屋、ログキャビン　□ toddler 幼児、よちよち歩きの子供
□ campsite キャンプ場　□ register 〜を登録する　□ instruction 指示　□ book 〜を予約する
□ beep ピーッという発信音　□ inquiry 問い合わせ、質問　□ registration number 登録番号
□ representative 代理人、係員　□ reserve 〜を予約する

Part 3 放送文と訳・解答・解説

140

H

You have 10 seconds to read the situation and Question No. 26.

Situation: You are joining a yoga therapy group session for chronic headache sufferers. You have never done yoga. The instructor is giving a talk.

In order to stop chronic daily headaches from happening, yoga is worth trying. I want to suggest 4 poses to help alleviate headaches. Cat pose. This beginner-friendly pose is a great way to relieve tension in the spine, shoulders and neck. Legs up the wall. It can ease your headache in just a few minutes, but you need to have a knack for it. Apanasana. This is also called "knees-to-chest pose." If you have tried yoga before, try this restorative pose! Seated spinal twist. This dynamic pose awakens many parts of the body. It usually takes a while to try this properly.

シチュエーション：あなたは慢性頭痛に悩む人向けのヨガセラピーのグループセッションに参加している。ヨガは未経験である。インストラクターが話している。

日々の慢性頭痛を防ぐために、ヨガは試してみる価値があります。頭痛の緩和に役立つ4つのポーズを提案したいと思います。猫のポーズ。この初心者向けのポーズは、背骨、肩そして首の緊張を和らげる素晴らしい方法です。壁に向けて脚を上げるポーズ。これはわずか数分で頭痛を和らげてくれますが、コツをつかむ必要があります。アパナーサナ。これは「膝を胸に引き寄せるポーズ」とも呼ばれています。以前ヨガを行ったことがあるなら、この心身回復ポーズを試してみましょう！ 座って背骨をねじる。このダイナミックなポーズは体の多くの部分を目覚めさせます。これを適切に行うには、通常、やや時間がかかります。

模擬試験 2

No. 26 **Question:** What should you do first?

1. Try Cat pose.
2. Lie on your back with legs up.
3. Do knees to chest.
4. Twist while sitting.

訳 **質問：** あなたはまず何をすべきか。

1. 猫のポーズを試す。 正解
2. 仰向けに寝て足を上げる。
3. 膝を胸に引き寄せる。
4. 座ったまま体をねじる。

解説 you は慢性頭痛を和らげるためにヨガセラピーのグループに参加している。シチュエーションで与えられた条件は、you がヨガの初心者であることのみ。質問は「最初にすべきこと」なので、ヨガの経験がない人が何をすべきなのかを聞き取るようにする。

第 2 文で、インストラクターは 4 つのポーズを提案すると言っているので、選択肢に挙げられた 4 つのポーズを文字で追いながら聞くとよいだろう。1 つ目の Cat pose は、初心者向け（beginner-friendly）なので条件に合致する。この時点で、1 が正解である可能性が高いが、最後までチェックしていこう。2 つ目の Legs up the wall は短時間で効果が出ることが期待できるが、you need to have a knack for it（コツをつかむ必要がある）と言っているため初心者向きではない。このように、先に利点を挙げ、but の後で you にとってのマイナス面や条件に合わない点が示されることはよくある。3 つ目の Apanasana は knees-to-chest pose とも呼ばれる、ヨガの経験者向きのポーズ。最後の Seated spinal twist も、It usually takes a while to try this properly. とすぐに実行するのは難しい。つまり、選択肢 2、3、4 はすべて初心者向きではないので、正解は 1。Part 3 の正解のヒントはパッセージの後半にあることが多いが、この問題のように最初にくることもある。

Vocabulary

□ **therapy** 治療法、セラピー　□ **chronic** 慢性の、長い間続く　□ **headache** 頭痛
□ **sufferer** 苦しむ人、患者　□ **instructor** 指導者、インストラクター
□ **worth** *doing* ～する価値がある　□ **alleviate** ～を緩和する、～を軽減する
□ **relieve** ～を和らげる　□ **tension** 緊張　□ **spine** 背骨、脊椎
□ **ease** ～を和らげる、～を楽にする　□ **knack** コツ、要領　□ **knee** 膝　□ **chest** 胸
□ **restorative**（健康などを）回復させる　□ **spinal** 背骨の、脊椎の
□ **awaken** ～を目覚めさせる、～を覚醒させる　□ **properly** 適切に、ほどよく
□ **lie on** *one's* **back** 仰向けに寝る

319

| Part 3 | 放送文と訳・解答・解説 |

141

I

You have 10 seconds to read the situation and Question No. 27.

Situation: You are listening to the literature professor on the first day of the second semester. You want to enter an advanced class next year.

Hello, everyone. Unlike the first semester, in this semester, we are going to focus on something more practical. You will be given more reading assignments, and asked to discuss these in class. Also, you will be required to make a short presentation at least once every month about the assignments you are interested in. There won't be a final exam in this class. Instead, you need to develop one of your presentations into a paper. If you write more than one paper, I'll give you some extra points. As you are all aware, based on your final grade, it will be decided whether you can join an advanced class next year.

シチュエーション： あなたは2学期の初日に文学の教授の話を聞いている。あなたは来年、上級クラスに入りたいと思っている。

こんにちは、皆さん。1学期と違って、今学期はより実践面を重視します。リーディングの課題が増えますし、授業でそれについて討論することを求められます。また、少なくとも1カ月に1度、興味がある課題について短いプレゼンを義務付けられます。この授業に期末試験はありません。その代わり、プレゼンの一つを元にレポートを書く必要があります。レポートを2本以上書けば、点数を上乗せします。皆さんご存じのように、最終成績によって、来年上級クラスに入れるかどうかが決まります。

模擬試験 2

No. 27　**Question:** What should you do to raise your score?

1. Complete assignments on time.
2. Prepare for discussions.
3. Give a presentation.
4. **Write multiple papers.**

訳　**質問：** あなたは点数を上げるために何をすべきか。

1. 期限に遅れずに課題を終える。
2. 討論の準備をする。
3. プレゼンをする。
4. **複数のレポートを書く。** 正解

解説　大学生の you が、初日の文学の授業で教授の話を聞いているというシチュエーション。条件は、来年は上級クラスを取りたいこと。教授が上級クラスを取るためにどうしたらよいかを話すはずなので、それを待ち構えて聞くようにしよう。

教授は、単位を取るための必須課題を順番に挙げている。例えば、第 3 文の You will be given more reading assignments ... は当然すべきことなので、選択肢の 2 は除外される。続く you will be required to make a short presentation ... も全員がすることなので、3 も不正解。Instead 以降の「レポートを 1 本書く」も必須課題。その後の If you write more than one paper からが正解のヒント。2 本以上レポートを書けば加点（extra points）が与えられることから、正解は 4。multiple（複数の）は、more than one の言い換えである。来年上級クラスに入るためには、今期良い成績を取らなければならない。そのためには、複数のレポートを書いて加点をもらう必要がある。

Vocabulary

☐literature 文学　☐semester 学期　☐advanced 上級の　☐unlike ～と違って
☐focus on ～に重点を置く　☐practical 実践的な、実用的な　☐assignment 課題、宿題
☐presentation 発表、プレゼン　☐be interested in ～に興味がある　☐final exam 期末試験
☐instead その代わりに、そうではなく　☐develop A into B A を B に発展させる
☐based on ～に基づいて　☐on time 時間通りに、予定通りに　☐multiple 複数の

Part 3 放送文と訳・解答・解説

◀ 142

J

You have 10 seconds to read the situation and Question No. 28.

Situation: You are thinking of joining a ballet class with your 3-year-old daughter. You are available only in the morning on weekdays. You want to exercise with other parents. You listen to the receptionist.

Isn't it fun to dance with your children? We offer several lessons 7 days a week. Course A has private lessons on Monday and Tuesday mornings. It begins with activities that encourage participants to use their imagination. Course B offers lessons every afternoon. These two classes are for children 18 months up to the age of 3. If you prefer a weekend class, Course C is typically offered for children 3-7 years old. Course D is offered every day and is appropriate for children 2-4 years of age. In these two morning classes, you can practice fun dance steps with other parents so that you can promote social connections.

シチュエーション：あなたは3歳の娘と一緒にバレエ教室に参加しようと考えている。平日の午前中のみ参加できる。ほかの親たちと一緒に練習したい。あなたは受付係の話を聞いている。

お子さんと一緒に踊るのは楽しいですよね。私どもは週7日いくつかのレッスンをご提供しています。コースAは月曜日と火曜日の午前中に行われる個人レッスンです。参加者の方に想像力を発揮していただくような活動で始まります。コースBは毎日午後のレッスンです。この2つのクラスは、18カ月から3歳までのお子さん向けです。週末のクラスをご希望でしたら、コースCは通常3歳から7歳のお子さん向けに提供されています。コースDは毎日行われ、2歳から4歳のお子さんに適しています。この2つの午前クラスでは、ほかの親御さんと一緒に楽しい踊りのステップを練習し、交流を深めることができます。

模擬試験 2

No. 28 **Question:** Which course should you join?

1. Course A.
2. Course B.
3. Course C.
4. **Course D.**

訳 **質問：** あなたはどのコースに参加すべきか。

1. コース A。
2. コース B。
3. コース C。
4. **コース D。** 正解

解説　you はバレエのレッスンに参加しようと考えているが、条件は、1）3 歳の娘と参加したい、2）平日の午前中に参加したい、3）ほかの親子と一緒に参加したい、の 3 つ。受付係から説明を聞き、これらの条件を満たすコースを選ぶ。

コース A は個人レッスンなので、すぐに除外できる。コース B は毎日午後にレッスンがあるため参加できない。その後、If you prefer a weekend class, ... とコース C を紹介しているが、これも週末に行われるため条件に合わない。最後のコース D は毎日提供される。every day なので weekdays も当然含まれる。子供の年齢は、appropriate for children 2-4 years of age で条件を満たしている。さらに、In these two morning classes, ... と、コース C とコース D は午前のレッスンということが分かる。these two は、直前の 2 つのクラスを指す。また、you can practice fun dance steps with other parents と続いており、ほかの親子との交流もできる。したがって、3 つの条件すべてを満たすのはコース D であり、正解は 4。シチュエーションで weekdays の午前中となっていたのが、パッセージでは every day が使われている点がトリッキーだ。

Vocabulary

☐ available 参加可能な　☐ on weekdays 平日に　☐ exercise 運動する、練習する
☐ receptionist 受付係　☐ encourage A to *do* ～するよう A を促す、～するよう A に奨励する
☐ participant 参加者　☐ imagination 想像力　☐ up to 最高～まで　☐ prefer ～を好む
☐ typically 一般的に、通常　☐ appropriate 適切な、妥当な　☐ practice ～を練習する
☐ promote ～を促進する、～を促す

Part 3 放送文と訳・解答・解説

◀ 143

K

You have 10 seconds to read the situation and Question No. 29.

Situation: You check in for a flight. You have an extra suitcase with you. The check-in assistant gives you the following information.

OK, let me weigh that suitcase for you. It's 18 kilograms, which means you'll have to pay extra. My advice for next time would be to pay for all your luggage when you book your flight online. It costs twice as much to pay at the airport itself. Now, I can check in your bags here, but unfortunately I can't accept the payment at this desk. Can you see the customer service center, next to our sales office? Take this form over there to pay the fee, which will be $60.

訳

シチュエーション: あなたは飛行機の搭乗手続きをする。追加のスーツケースがある。搭乗手続き係員があなたに次のような情報を伝える。

では、お客さまのスーツケースを量らせてください。18キログラムですので、追加料金を払っていただくことになります。次回ご利用の際には、オンラインで飛行機の予約をされるときに、お荷物の料金をすべてお支払いになることをお勧めします。空港でのお支払いは2倍になりますので。さて、こちらでお荷物はお預かりできますが、残念ながら、当カウンターでお支払いをお受けすることはできません。私どもの営業所の隣にあるカスタマーサービスセンターがご覧になれますでしょうか。この用紙をそちらへお持ちになって、料金をお支払いください。60ドルになります。

模擬試験 2

No. 29 **Question:** What should you do now?

1. Go to the customer service center.
2. Use your phone to pay the fee online.
3. Take the suitcase to airline's sales office.
4. Pay the fee to the check-in assistant.

訳 **質問：** あなたは今何をすべきか。

1. カスタマーサービスセンターに行く。 正解
2. 携帯を使ってオンラインで料金を払う。
3. スーツケースを航空会社の営業所に持って行く。
4. 搭乗手続き係員に料金を払う。

解説　空港で搭乗手続きをしている場面である。追加のスーツケースがある you が取るべき行動が問われている。搭乗手続きの係員から、追加料金を払う必要があることが伝えられる。My advice for next time would be ... 以下は次回のためのアドバイスなので、今すべきことではない。ここがひっかけになっているので気をつけよう。係員によると、オンラインでの予約時に手荷物の料金も払うと空港で支払う金額の半分で済むという。しかし、今することではないので、選択肢 2 は誤り。係員は手荷物のチェックインはするが、料金の支払いは別の場所でするように指示している。Can you see the customer service center ...? とあるので、正解は 1。カスタマーサービスセンターの場所が next to our sales office だという情報も内容を複雑にしている。直後に Take this form over there ... とあるため、3 の Take the suitcase ... を選んでしまいそうである。take、suitcase、sales office など、パッセージに出てきた単語だけを見て選んでしまわずに、内容を正確に聞き取るようにすることが重要である。

Vocabulary
□ check in 搭乗手続きをする　□ weigh ～の重さを量る　□ extra 追加料金、割増料金
□ luggage 手荷物　□ book ～を予約する　□ unfortunately 残念ながら、あいにく
□ form 用紙、伝票　□ fee 料金、手数料

模擬試験 1

問題番号			1 2 3 4
Part 1		No. 1	① ② ③ ④
		No. 2	① ② ③ ④
		No. 3	① ② ③ ④
		No. 4	① ② ③ ④
		No. 5	① ② ③ ④
		No. 6	① ② ③ ④
		No. 7	① ② ③ ④
		No. 8	① ② ③ ④
		No. 9	① ② ③ ④
		No. 10	① ② ③ ④
		No. 11	① ② ③ ④
		No. 12	① ② ③ ④
Part 2	A	No. 13	① ② ③ ④
		No. 14	① ② ③ ④
	B	No. 15	① ② ③ ④
		No. 16	① ② ③ ④
	C	No. 17	① ② ③ ④
		No. 18	① ② ③ ④
	D	No. 19	① ② ③ ④
		No. 20	① ② ③ ④
	E	No. 21	① ② ③ ④
		No. 22	① ② ③ ④
	F	No. 23	① ② ③ ④
		No. 24	① ② ③ ④
Part 3	G	No. 25	① ② ③ ④
	H	No. 26	① ② ③ ④
	I	No. 27	① ② ③ ④
	J	No. 28	① ② ③ ④
	K	No. 29	① ② ③ ④

模擬試験 2

問題番号			1 2 3 4
Part 1		No. 1	① ② ③ ④
		No. 2	① ② ③ ④
		No. 3	① ② ③ ④
		No. 4	① ② ③ ④
		No. 5	① ② ③ ④
		No. 6	① ② ③ ④
		No. 7	① ② ③ ④
		No. 8	① ② ③ ④
		No. 9	① ② ③ ④
		No. 10	① ② ③ ④
		No. 11	① ② ③ ④
		No. 12	① ② ③ ④
Part 2	A	No. 13	① ② ③ ④
		No. 14	① ② ③ ④
	B	No. 15	① ② ③ ④
		No. 16	① ② ③ ④
	C	No. 17	① ② ③ ④
		No. 18	① ② ③ ④
	D	No. 19	① ② ③ ④
		No. 20	① ② ③ ④
	E	No. 21	① ② ③ ④
		No. 22	① ② ③ ④
	F	No. 23	① ② ③ ④
		No. 24	① ② ③ ④
Part 3	G	No. 25	① ② ③ ④
	H	No. 26	① ② ③ ④
	I	No. 27	① ② ③ ④
	J	No. 28	① ② ③ ④
	K	No. 29	① ② ③ ④

■ 著者紹介

佐野健吾 (Kengo Sano)
上智大学比較文化学部卒業。英検®上位級、全国通訳案内士試験、TOEIC®等の分析や教材開発に携わった後、2001年1月、東京にCEL英語ソリューションズを設立。試験対策のみならず、実際に役立つ英語力の土台構築を目指すコースを開設。現在、同校最高開発責任者。英検®1級、TOEIC®990点、全国通訳案内士の資格を持つ。著書に『最短合格！英検®1級リスニング問題完全制覇』、『TOEICテスト駆け込み寺』(以上、ジャパンタイムズ出版)。

花野幸子 (Sachiko Hanano)
国際基督教大学(ICU)卒業後、イギリスに滞在し上級英語を学ぶ。英語個人教授、通訳を経験したのち、英検®の指導など英語教育に携わる。CEL英語ソリューションズの立ち上げと同時に、試験だけでなく実生活でも役立つ総合的英語力の向上を目指すAdvancedコースの開設に参画し、現在に至るまでその講師を務める。英検®1級、全国通訳案内士の資格を持つ。著書に『最短合格！英検®1級リスニング問題完全制覇』(ジャパンタイムズ出版)。

田中亜由美 (Ayumi Tanaka)
上智大学外国語学部卒業。ペンシルベニア州立テンプル大学大学院教育学修士課程TESOL専攻。企業や大学にて役員秘書、通訳などを経験。1997年より語学学校および官公庁、企業、大学にて、英検®、TOEIC®、TOEFL®、英会話などの指導経験を積む。現在、CEL英語ソリューションズにて、英検®1級1次試験対策コース、通訳ガイド1次対策英語コースを担当。英検®1級、TOEIC®990点、全国通訳案内士の資格を持つ。著書に『最短合格！英検®1級リスニング問題完全制覇』(ジャパンタイムズ出版) など。

CEL英語ソリューションズ　https://www.cel-eigo.com/

最短合格！英検®準1級リスニング問題完全制覇［新装版］

2025年4月20日　初版発行

著　者	佐野健吾・花野幸子・田中亜由美 & ジャパンタイムズ出版 英語出版編集部
	© Kengo Sano, Sachiko Hanano, Ayumi Tanaka & The Japan Times Publishing, Ltd., 2025
発行者	伊藤秀樹
発行所	株式会社　ジャパンタイムズ出版
	〒102-0082 東京都千代田区一番町2-2 一番町第二TGビル2F
	ウェブサイト　https://jtpublishing.co.jp/
印刷所	日経印刷株式会社

本書の内容に関するお問い合わせは、上記ウェブサイトまたは郵便でお受けいたします。
定価はカバーに表示してあります。
万一、乱丁落丁のある場合は、送料当社負担でお取り替えいたします。
(株)ジャパンタイムズ出版・出版営業部あてにお送りください。
このコンテンツは、公益財団法人 日本英語検定協会の承認や推奨、その他の検討を受けたものではありません。

Printed in Japan　ISBN978-4-7890-1918-7